2020年国家社科基金西部项目《脱贫攻坚与乡村振兴有效衔接过程中的乡村旅游内卷化问题及其规避机制研究》（编号：20XGL012）阶段成果

中国书籍学术之光文库

新时代乡村旅游提质增效

来自贵州的乡村旅游发展实践

邓小海 | 著

中国书籍出版社
China Book Press

图书在版编目（CIP）数据

新时代乡村旅游提质增效：来自贵州的乡村旅游发展实践/邓小海著.—北京：中国书籍出版社，2021.1

ISBN 978－7－5068－7944－6

Ⅰ.①新… Ⅱ.①邓… Ⅲ.①乡村旅游—旅游业发展—研究—贵州 Ⅳ.①F592.773

中国版本图书馆 CIP 数据核字（2020）第 150901 号

新时代乡村旅游提质增效：来自贵州的乡村旅游发展实践

邓小海　著

责任编辑	牛　超
责任印制	孙马飞　马　芝
封面设计	中联华文
出版发行	中国书籍出版社
地　　址	北京市丰台区三路居路 97 号（邮编：100073）
电　　话	（010）52257143（总编室）　（010）52257140（发行部）
电子邮箱	eo@chinabp.com.cn
经　　销	全国新华书店
印　　刷	三河市华东印刷有限公司
开　　本	710 毫米×1000 毫米　1/16
字　　数	256 千字
印　　张	16
版　　次	2021 年 1 月第 1 版　2021 年 1 月第 1 次印刷
书　　号	ISBN 978－7－5068－7944－6
定　　价	95.00 元

版权所有　翻印必究

前 言

乡村旅游已成为我国旅游业发展的新热点，是最具潜力与活力的旅游板块之一。伴随中国特色社会主义进入新时代，我国社会主要矛盾已经转化为人民日益增长的美好生活需要和不平衡不充分的发展之间的矛盾。当前，我国经济发展转向高质量发展新阶段，供给侧结构性改革深入推进，脱贫攻坚进入攻坚拔寨关键时期，乡村振兴蓄势待发。新时代乡村旅游必将成为农村经济形态进入现代化时代的重要发展方式，乡村旅游发展质量与效益必将迎来新的蜕变。消费的升级推动乡村旅游向多元化发展，个性化休闲时代的到来促进乡村旅游产品进入创意化、精致化发展新阶段。对于地处西部欠发达地区的贵州，如何把握机遇，推动优势产业提质增效，以实现新时代贵州经济社会发展的历史性跨越，显得尤为重要。对贵州而言，发展乡村旅游既是脱贫攻坚的重要渠道，又是实现乡村振兴战略的一种路径选择。近年来，贵州坚持把乡村旅游发展作为老百姓增收致富，贫困户脱贫致富的重要手段，各地依托大力发展全域旅游的重要机遇，以"百区千村万户"乡村旅游扶贫工程为抓手，乡村旅游实现快速发展。乡村旅游发展已成为农村发展、农业转型以及农民致富的重要渠道。但乡村旅游带动脱贫不等于实现振兴，如何通过持续推动乡村旅游发展实现脱贫攻坚与乡村振兴协同融合有机衔接、持续培育农村发展动力成为当前亟待解决的问题。

本书正是在上述背景下展开研究的，按照提出问题——分析问题——解决问题的路径思路，由六章组成。

第一章：对新时代乡村旅游提质增效的背景进行了分析，对乡村旅游提质增效的已有研究进行了梳理，并对本书的研究思路、框架等进行了阐述。

我国经济社会发展已经进入新时代，经济从高速增长转向中高速增长已经成为未来一段时间的新常态。供给侧结构性改革的根本目标就是通过对劳动力、土地、资本、创新等生产要素进行最优配置，以及通过生产技术的提升和生产方式的转变，实现旅游业结构的调整，从而促进产业规模的扩大、提升旅游经济增长的质量和效率。乡村旅游产业地位日益凸显，已成为旅游业的重要组成部分和全域旅游的重要载体，是脱贫攻坚的重要渠道和乡村振兴的重要抓手。乡村旅游提质增效关乎贵州大扶贫、大生态战略目标，事关贵州农业供给侧改革、区域协调发展和乡村振兴。

乡村旅游明显要超出农家乐形式，内容上不再是单纯的观光，而是包含观光、休闲、度假复合型，其具有游客感知的乡村性、吸引物的原生态性、产品开发的体验性、分布区域的多样性等特征。国外乡村旅游发展要早于国内，因此，在对乡村旅游发展的研究上也先于国内。国外对乡村旅游"乡村性"关注度较高，强调乡村旅游的卖点和营销应以原真的乡村景观和民俗文化为基础，在乡村旅游发展过程中注重乡村景观和历史文化风貌的保护。并且，在乡村旅游发展不同阶段发展重点也有差别，其影响因素多样。我国学者对乡村旅游提质增效研究大致经历了三个阶段。第一阶段，立足乡村旅游持续发展，关注乡村旅游产品质量提升。这一阶段有关乡村旅游提质增效的研究成果多见于乡村旅游发展问题方面的研究文献。第二阶段，立足产业转型，关注乡村旅游发展质量提升。第三阶段，立足供给侧改革，关注乡村旅游提质增效。学者们对乡村旅游转型升级的研究多是针对具体案例点，要么是围绕某一旅游区（旅游景点）来展开，并针对案例点提出转型升级的对策，缺乏对普适性的乡村旅游转型升级系统研究。由于已有的研究绝大多数并非直接以乡村旅游提质增效为研究对象，而仅是研究内容涉及乡村旅游提质增效，因此，对乡村旅游提质增效的理论基础、作用机理、实现路径、制度设计、政策优化等的系统性研究相对较为欠缺。

第二章：系统阐述了新时代乡村旅游提质增效的内涵特征，分析了新时代乡村旅游提质增效的运行机制。

新时代提质增效的本质在于直面社会主要矛盾的新变化，不断推进经济社会平衡充分发展，不断满足人民美好生活需求。乡村旅游作为经济发展的组成部分，其发展必然融入经济社会发展的大背景之中，乡村旅游提质增效要以我国经济发展为本底和主要遵循。新时代我国经济发展的本质在于直面社会主要矛盾，不断推进经济社会平衡充分发展，满足人民美好生活需求。因此，新时代乡村旅游提质增效必然也要立足社会主要矛盾新变化，在保持乡村旅游适度规模发展的同时，不断优化结构，推动乡村旅游从要素投入驱动转向内容创新，实现质量与效益提升，促进乡村旅游平衡充分发展，满足人民美好生活需要。新时代乡村旅游提质增效以乡村旅游稳定发展为前提，以乡村旅游结构优化为着力点，以乡村旅游质量效益提升为结果，以乡村旅游合理化和高度化为标志。新时代乡村旅游提质增效的内在动因在于人们美好生活需求所引致的旅游需求的变化、政府对高质量发展的政策引导、激烈的乡村旅游市场竞争、乡村旅游目的地及乡村旅游各主体内在发展的追求。新时代乡村旅游提质增效通过内部机制与外部机制相互作用实现，其中内部机制由稳定发展、结构优化和质量效益等三个子系统构成，外部机制由经济社会状况反馈调节、市场需求导向、政府监督协调等机制构成。

第三章：回顾了贵州乡村旅游发展历程，归纳了贵州乡村旅游发展的经验与典型模式。

贵州乡村旅游起步于改革开放初期。回顾贵州乡村旅游发展历程，大致可以分为四个阶段，呈现出较为鲜明的阶段特征。（1）起步发展阶段（1978—2005）：伴随旅游业的发展，乡村旅游开始从贵阳及其他城市郊区农村、大景区周边逐步发展起来，带有典型的"自我开发"特点，乡村旅游带动不明显。（2）规范提升发展阶段（2006—2010）：政府加强对乡村旅游的规范和引导，出台了《贵州省乡村旅舍等级评定与管理》《贵州省旅游民族村寨设施与服务规范》《农家乐经营管理规范》等，乡村旅游规范化发展得到较大提升。(3) 项目带动发展阶段 (2011—2015): 在"五个 100 工程"和扶贫开发项目的带动下, 乡村旅游取得全面发展, 呈现出旅游开发主体多元化、旅游开发对象人本化的典型特点。(4) 提质增效发展阶段 (2016—): 在经济新常态背景下, 以供给侧结构性改革为抓手, 大力推进全域旅游建设, 乡村旅游步入提质增效发展阶段。经过近 40 年的探索, 贵州乡村旅游产品体系逐步完善, 形成了一批有代表性的、可复制可推广的复合型乡村旅游特色样板, 探索出了市场带动型 (桐梓县)、景区带动型 (江口县)、资源开发型 (雷山县)、融合发展型 (湄潭县) 和转型发展型 (盘州市) 等具有代表性的乡村旅游发展模式。其经验主要包括: 领导重视, 高位推进; 规范引领, 强化标准; 示范带动, 品牌培育; 加大投入, 项目带动。

第四章: 系统分析了贵州乡村旅游提质增效的基础条件, 包括旅游资源基础、旅游服务设施基础以及组织和政策保障基础。

贵州是中国旅游资源最丰富、最有特色的省份之一, 既有秀丽的自然山水风光, 又有历史悠久和极具民族特色的人文景观。贵州省是名副其实的"山的王国", 自然旅游资源丰富多样、组合性好, 且具有明显的第二阶梯特征。贵州有着从未中断的人类文明和多元多彩的民族文化, 被誉为"多彩贵州""文化千岛", 山地文明特征突出。贵州旅游设施服务条件不断改善, 为乡村旅游提质增效奠定了建设的基础。在旅游交通方面, 以民航、铁路 (高铁)、高速公路为支撑的立体交通基本形成, 旅游交通更为多元, "快旅慢游"体系加快覆盖, 绿色交通悄然升起。贵州省旅游景区、旅游餐饮、旅游住宿、旅游交通、旅游购物等旅游要素保障和服务水平稳步提升。在全省范围内建立和完善以党委或政府"一把手"为组长的旅游发展和改革领导小组机制, 形成各成员单位工作联动, 共同推动全域旅游发展的良好局面。在《贵州省全域山地旅游发展规划 (2017—2025 年)》基础上, 全面展开"1 + N"规划体系编制, 推动旅游综合执法多方联动。国家和省级出台的一系列政策措施, 为贵州乡村旅游提质增效提供了重要的政策保障, 是推动贵州乡村旅游提质增效的重要依据和基础。

第五章：从发展现状和存在的问题两方面系统分析了新时代贵州乡村旅游提质增效的现实起点。

经过40年左右的发展，贵州省乡村旅游规模不断扩大、类型不断丰富、品质不断提升、发展基础不断夯实、效益初步显现。贵州乡村旅游从无到有，规模从小到大，类型从单一到多元，已成为贵州旅游业的重要组成部分和增长点，成为推动农村经济社会发展，特别是脱贫攻坚的重要力量。然而，必须充分认识到，贵州乡村旅游无论在质量上还是在效益上，离新时代社会主要矛盾变化而引致的旅游发展变化要求存在较大差距，突出表现为乡村旅游发展不平衡、不充分，具体为：乡村旅游供给类型、供给质量与需求不匹配，乡村旅游市州、城县以及县域之间发展不平衡，旅游产业自身平衡发展不足，乡村旅游市场主体不强、产品质量不高，乡村旅游经济效益不高、社会生态效益有待提升等。

第六章：从发展动能转换、发展方式转变和发展政策优化等三个方面，系统阐述新时代贵州乡村旅游提质增效的路径。

新时代贵州乡村旅游提质增效实现路径必然要基于新时代社会主要矛盾，立足于贵州乡村旅游发展的现实条件，围绕乡村旅游提质增效内外部运行机制，通过乡村旅游发展动能转换、乡村旅游发展方式转变和乡村旅游发展政策优化，来实现贵州乡村旅游持续发展和结构优化，最终促进贵州乡村旅游平衡充分发展，满足人民日益增长的乡村旅游需求，实现乡村旅游质量和效益提升。在乡村旅游发展动能转换方面，包括从政府主导转向市场主导、从要素驱动转向创新驱动、从单一动力转向综合动力；在乡村旅游发展方式转变方面，包括从点线发展转向全域发展、从单一发展转向多元融合、从分散粗放转向集约专业、从做大规模转向做优质量；在乡村旅游政策优化方面，包括从简单叠加转向协同发力、从大水漫灌转向精准滴灌。

目 录
CONTENTS

第一章 绪 论 ... 1

第一节 研究背景 ... 1
一、经济转向高质量发展 ... 1
二、旅游业供给侧结构性改革深入推进 ... 2
三、乡村旅游产业地位日益凸显 ... 5
四、乡村旅游成为脱贫攻坚和乡村振兴的重要引擎 ... 9

第二节 概念及已有研究梳理 ... 14
一、乡村旅游的概念及特征 ... 14
二、乡村旅游提质增效研究 ... 18

第三节 研究价值与思路框架 ... 24
一、研究价值 ... 24
二、研究思路与框架 ... 25

第二章 新时代乡村旅游提质增效的内涵与运行机制 ... 29

第一节 新时代乡村旅游提质增效的内涵 ... 29
一、提质增效的提出 ... 29
二、我国经济提质增效阐释 ... 30
三、新时代乡村旅游提质增效的本质内涵 ... 34

第二节　新时代乡村旅游提质增效运行机制 ……… 43
　　一、新时代乡村旅游提质增效的动因分析 ……… 43
　　二、新时代乡村旅游提质增效运行机制的构成与特征 ……… 47
　　三、新时代乡村旅游提质增效运行机制的构建 ……… 52

第三章　贵州乡村旅游发展的历程、经验与典型模式 ……… 56
第一节　贵州乡村旅游发展的历程 ……… 56
　　一、起步发展阶段（1978—2005） ……… 56
　　二、规范提升发展阶段（2006—2010） ……… 57
　　三、项目带动发展阶段（2011—2015） ……… 58
　　四、提质增效发展阶段（2016—） ……… 60

第二节　贵州乡村旅游发展的经验 ……… 60
　　一、领导重视，高位推进 ……… 61
　　二、规范引领，强化标准 ……… 61
　　三、示范带动，品牌培育 ……… 62
　　四、加大投入，项目带动 ……… 65

第三节　贵州乡村旅游发展的典型模式 ……… 66
　　一、市场带动型乡村旅游发展模式 ……… 67
　　二、景区带动型乡村旅游发展模式 ……… 71
　　三、资源开发型乡村旅游发展模式 ……… 75
　　四、融合发展型乡村旅游发展模式 ……… 81
　　五、转型发展型乡村旅游发展模式 ……… 84

第四章　新时代贵州乡村旅游提质增效的基础条件 ……… 88
第一节　新时代贵州乡村旅游提质增效的旅游资源基础 ……… 88
　　一、自然旅游资源基础分析 ……… 89
　　二、人文旅游资源基础分析 ……… 92

第二节　新时代贵州乡村旅游提质增效的设施服务基础 …………… 96
 一、旅游交通条件极大改善 ……………………………………… 96
 二、旅游要素保障与公共服务水平稳步提升 …………………… 107
第三节　新时代贵州乡村旅游提质增效的组织与政策基础 ………… 116
 一、组织保障基础 ………………………………………………… 117
 二、政策保障基础 ………………………………………………… 120

第五章　新时代贵州乡村旅游提质增效的现实起点 ……………… **124**

第一节　贵州乡村旅游发展现状分析 ………………………………… 124
 一、贵州乡村旅游规模不断扩大 ………………………………… 124
 二、乡村旅游发展质量不断提升 ………………………………… 129
 三、乡村旅游效益初步显现 ……………………………………… 132
第二节　贵州乡村旅游发展存在的问题 ……………………………… 135
 一、乡村旅游发展不平衡 ………………………………………… 136
 二、乡村旅游充分发展不足 ……………………………………… 151

第六章　新时代贵州乡村旅游提质增效的路径 …………………… **165**

第一节　推动乡村旅游发展动能转换 ………………………………… 165
 一、从政府主导转向市场主导 …………………………………… 166
 二、从要素驱动转向创新驱动 …………………………………… 170
 三、从单一动力转向综合动力 …………………………………… 176
第二节　推动乡村旅游发展方式转变 ………………………………… 179
 一、从点线发展转向全域发展 …………………………………… 179
 二、从单一发展转向多元融合 …………………………………… 184
 三、从分散粗放转向集约专业 …………………………………… 189
 四、从做大规模转向做优质量 …………………………………… 193

第三节　推动乡村旅游发展政策优化 ·············· 199
    一、从简单叠加转向协同发力 ················· 199
    二、从大水漫灌转向精准滴灌 ················· 202

附　录　贵州省乡村旅游甲级村寨、精品级客栈及五星级经营户（农家乐） ························ 206

参考文献 ································ 218

第一章

绪　论

第一节　研究背景

改革开放40余年来，我国经济一直保持着较快的增长速度，然而随着经济总量的快速增长，当前中国经济的发展也逐渐呈现出一些较为深层的问题，经济增长总量和质量效益之间的不协调，经济发展过程中资源的过度消耗、环境污染以及社会收入分配不均匀、民生改善等问题越来越严重地影响着我国经济的可持续发展。在此背景下，越来越多的经济学家将经济发展的重点放在了经济增长的质量和效益上，逐渐淡化对经济增长总量的重视度。党的十八大以来，我国提出新常态经济的宏观战略，其核心任务就是要全面提升经济发展的质量和效益，适应当前国内外的经济、政治的变化趋势，重视经济发展方式的转变。当前，旅游供给侧结构性改革正深入推进，这将为旅游业的持续发展注入强大动力。经过近40年的发展，乡村旅游从无到有、地位日益凸显，成为旅游业的重要组成部分和全域旅游的有效载体，是助推脱贫攻坚和实现乡村振兴的重要引擎。

一、经济转向高质量发展

我国经济社会发展已经进入新时代，经济从高速增长转向中高速增长已经成为未来一段时间的新常态，经济进入周期性深度调整，产业升级、结构调整，诸多不确定因素的共同作用，对经济社会改革发展带来较大的影响。党的十八大报告就提出了"要加快新的经济发展方式形成，把推动经济发展的立足点由规模发展转到提高质量和效益上来。"党的十九大报告明确指出，我国经济发展已经由原来的高速增长转为高质量发展，正处于结构优化、发展方式转变、增长动力转换的攻关期，经济发展要坚持质量第一、效率为先，不断提高全要素生产率，加快推动动力变革、质量变革、效率变革。2017年全国经济工作会议又提出，推动高质量发展是我国当前和今后经济发展思路、实施宏观调控和制定经济政策的根本要求。

当前，我国大力实施"供给侧结构性改革"是在我国经济进入新常态，经济由高速增长进入低速增长以及产能过剩的背景下进行的。自"供给侧"概念提出以来，"供给侧改革"被中央密集提及（2015年11月，九天四提），其强调提高供给的质量和效率，并成为我国"十三五"经济发展的主旋律。[①] 因此，供给侧改革的核心目标是提高供给的质量和效率，具体而言，就是通过改革的办法调整供给结构，合理配置生产要素，推动产业转型升级，扩大有效供给，增强供给对市场需求变化的灵活性和适应性，提高生产效率，从而更好地满足市场需求，促进经济社会的可持续发展。就贵州而言，全力推进高质量发展已成为当前贵州经济发展的重要内容。以供给侧结构性改革为主线，围绕全面提升特色产业质量和效益，贵州不断优化实体经济发展环境，加快构建现代产业体系，推动三产之间融合发展，推动现代服务业优质高效发展，加快实现动力变革、质量变革和效率变革。

二、旅游业供给侧结构性改革深入推进

正如十九大报告所指出的，人民已从追求物质生活满足转向追求美好生

[①] 金辉. 财政部财科所所长贾康：未来改革应从供给侧入手[N]. 经济参考报，2013-10-10（08）.

活转变,高品质、高端化的产品和服务越来越受市场青睐。这种转变体现在旅游消费需求上,就表征为从单一的观光旅游转向体验、休闲等多样化的旅游需求。这种转变反映到旅游业发展上,就是"广大人民群众日益增长的更加多样化和个性化的旅游需求与非均衡的旅游产业结构之间的矛盾"。[1]

近年来,伴随着人均收入水平的提高,通过加大旅游投资,旅游业获得了很大增长,但未来不可能过度依赖投资的大规模扩张,必须通过调整供给结构,进行旅游业供给侧改革。2016年1月11日,国务院副总理汪洋在国务院旅游工作部际联席会议上,强调"加快转变旅游发展方式,着力推进旅游供给侧改革。"虽然,在我国旅游业发展的进程中,旅游产业自身结构一直在不断变化,但当前我国旅游供给依然与旅游市场需求存在较大差距,依然不能满足旅游者多样化、个性化需求,积累了一定的结构性矛盾,突出体现在景区、旅行社、酒店、旅游购物品等旅游产品供给矛盾。[2] 因此,目前我国旅游业发展面临的主要问题,已不再是旅游业发展初期的供给不足,而是旅游业供给结构不合理,供给缺乏竞争力,旅游供给与旅游市场需求存在错位。

我国旅游产业正在由粗放型转向集约型发展,由关注规模扩张向扩大规模和提升效益并重转变,由重视经济功能向发挥综合功能转变。在此转变过程中,旅游业态创新是必然的趋势。新业态的多元化是社会进步、时代发展、经济发展和科技进步共同作用的结果。目前,众多各具特色的旅游新业态的涌现,不仅是当前旅游业发展走向成熟的标志,同时也是进一步推动中国旅游业的发展和整个社会和谐进步的必然要求。我国旅游产业由最初的创收外汇的经济功能定位,到后来旅游只是少数人享受得起的"高大上",再到今天的旅游成为普通老百姓日常生活方式的"小确幸",旅游需求的大众

---

[1] 戴斌,夏少颜. 论我国大众旅游发展阶段的运行特征与政策取向 [J]. 旅游学刊,2009,24 (12):13-17.
[2] 马波. 中国旅游业转型发展的若干重要问题 [J]. 旅游学刊,2007,22 (12):12-17.

化和常态化不断催生着旅游本身去创新和变革。旅游业态的更新实际上就是旅游行业不断满足游客新需求，不断开辟精细市场产品的过程。尤其是以信息化为导向的业态创新更是引起了各个层面的高度重视。2015年1月10日，国家旅游局印发了《关于促进智慧旅游发展的指导意见》，提出把以大数据和云技术为核心的现代信息技术作为旅游业创新发展的驱动力，也是提升旅游业发展水平、促进旅游业全面转型升级、提高游客满意度的重要抓手。适应新的旅游需求的业态创新只有起点没有终点，是一个"永远在路上"的过程，新的业态必然要求旅游产品的转型升级。正如2018年全国旅游工作会议上发布的《2018年全国旅游工作报告》所指出的"我国正在朝着优质旅游发展新时代迈进，要努力推动旅游向优质发展转变。"①

对贵州而言，推进旅游供给侧结构性改革是贯彻落实"五大发展理念"的必然要求，是顺应新一轮产业转移和转型的必然要求，是贵州"十三五"时期实现弯道取直、赶超跨越的重要战略机遇，是解决脱贫攻坚、共同小康和实现乡村振兴的主要手段之一。旅游业作为贵州省委省政府确定的守住"两条底线"的战略选择，全省转型发展的五大新兴产业，促进经济转型升级的动力产业，通过旅游供给侧改革加大供给，提高旅游服务品质质量，完善旅游设施建设，建立有效的旅游行业监督机制，扩大旅游行业有效供给，并促进旅游经济结构优化，实现旅游业对三次产业的拉动效应，对贵州经济发展意义重大。目前，贵州省旅游业总体上有效供给不足，供给结构失衡、供需不协调等问题十分突出。加快推进旅游业供给侧结构性改革，一方面，有利于满足国内外旅游者日益多样化、个性化的旅游需求，促进旅游产品结构优化，引领旅游消费转型升级，引导游客回流；另一方面，有利于推动旅游业转型升级，提升旅游业国际竞争力，实现旅游业可持续发展。

旅游业供给侧结构性改革最终目标指向提质增效。旅游供给侧结构性改

---

① 李金早.2018年全国旅游工作报告［EB/OL］. http：//travel. china. com. cn/txt/2018－01/09/content_ 502059 65. htm，2019－05－30.

革的根本目标就是通过对劳动力、土地、资本、创新等生产要素进行最优配置，以及通过生产技术的提升和生产方式的转变，实现旅游业结构的调整，从而促进产业规模的扩大、提升旅游经济增长的质量和效率。对贵州而言，旅游业供给侧结构性改革的重点主要是围绕提质增效来展开，具体包含以下几个方面：在规模上，要扩大旅游业的有效市场供给；在结构上，要不断推动旅游产品向高端化发展，增加"商、养、学、闲、情、奇"要素供给；在效率上，要不断提升旅游经济的运行效率，提升旅游产业投入产出效率。从实现路径看，要实现供需两端发力，既要针对需求提高有效供给，也要通过供给"培育形成新供给新动力扩大内需"，也就是通过加大旅游业供给侧结构性改革，增加有效供给，引导旅游需求，实现旅游供求平衡，以促进旅游产业的大发展。一般来说，旅游业的供给侧结构性改革需要从如下几个问题入手：一是通过产业升级解决旅游产业结构、产品结构与旅游需求结构不匹配的问题；二是通过提质增效解决旅游业主要依靠要素投入增加实现增长的问题；三是通过补齐短板解决公共产品供给不足的问题，表现为游客服务中心、集散中心、信息服务、咨询服务、交通基础设施及旅游人才等旅游公共产品供给不足，难以满足旅游消费需求和旅游业大发展的现实需要。

三、乡村旅游产业地位日益凸显

（一）乡村旅游成为旅游业的重要组成部分

当前，乡村旅游已经成为我国旅游发展的重要内容，是我国旅游业发展的重要方向之一。近年来，随着经济的持续发展，生活水平不断提高，旅游特别是乡村旅游已逐步成为人们日常生活的重要内容。根据《中国乡村旅游发展指数报告（2016）》，在国家政策引导、新型城镇化、投资驱动、新消费革命、汽车普及等五大推手的助力下，未来我国乡村旅游热还将持续10年以上。[①] 从近五年我国乡村旅游接待人数来看（详见图1-1、图1-2、图

---

① 李阳波. 中国乡村旅游发展指数报告：去年乡村旅游人次达13.6亿 [EB/OL]. http://mini.eastday.com/a/161-105105508693.html，2018-09-06.

1-3），2014—2018 年我国乡村旅游接待人数从 12 亿人次增长到 30 亿人次，增长了 150%；乡村旅游接待人次占全国旅游接待总人次的比重由 31.91% 增长到 54.15%，达到一半以上。

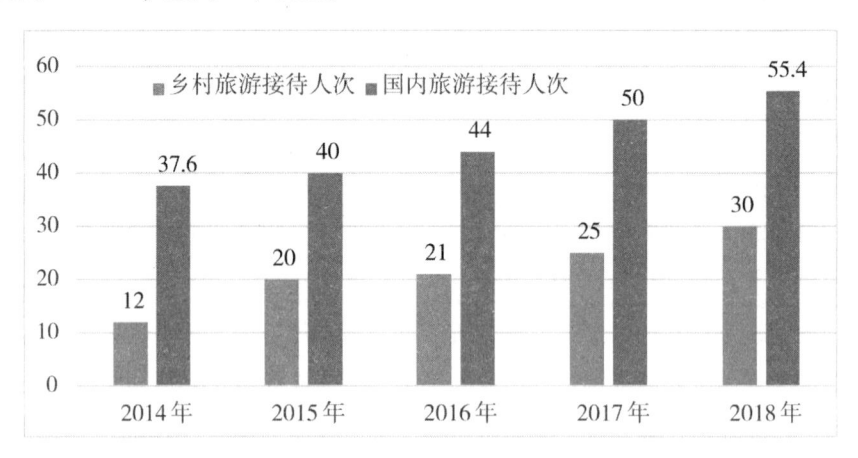

图 1-1　2014—2018 年全国乡村旅游与国内旅游接待人次对比

注：2014—2017 年数据来源于：郭玉琼. 中国乡村旅游发展报告（2017）[C]//两岸创意经济研究报告（2018），2018；2018 年乡村旅游数据来源于：2018 年全国休闲农业和乡村旅游营业收入超过八千亿元[EB/OL]. http://country.people.com.cn/n1/2019/0214/c419842-30674249.html，2019-03-08；国内旅游数据来源于《中华人民共和国文化和旅游部 2018 年文化和旅游发展统计公报》。

就贵州而言，乡村旅游同样也是全省旅游的重要组成部分，2014—2018 年贵州乡村旅游接待人数从 1.29 亿人次增长到 4.62 亿人次，增长了 258.14%，高于全国增长水平；乡村旅游接待人次占全省旅游接待总人次的比重由 40.19% 增长到 47.68%。从趋势来看，无论是全国还是贵州，乡村旅游接待人次增长速度总体都高于旅游接待人次增长速度（图 1-4），2018 年全国乡村旅游接待人次增长高于国内旅游接待人次增长 9.2 个百分点。2018 年贵州省乡村旅游接待游客 4.62 亿人次，占全省接待游客的 47.68%，同比增长 33.91%，高于全省旅游接待人次增长 3.76 个百分点。因此，在当前旅游业供给侧改革和提质升级的重要时期，乡村旅游发展质量和发展效益的提升成为旅游业高质量发展的重要内容。

图 1-2　2014—2018 年贵州乡村旅游与国内旅游接待人次对比

注：2014—2017 年数据来源于《贵州年鉴（2015—2018）》，2018 年数据来源于《2018 年贵州国民经济和社会发展统计公报》。

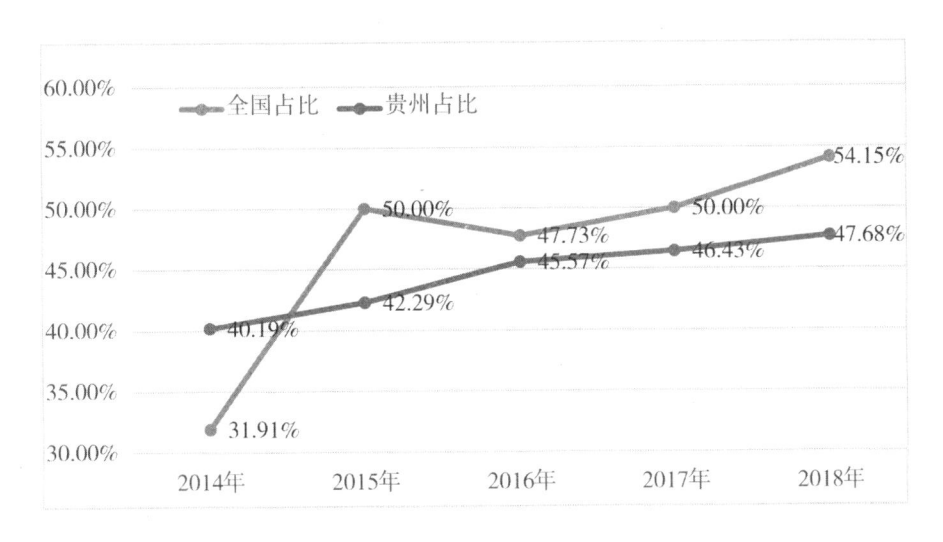

图 1-3　2014—2018 年全国及贵州乡村旅游接待人数占比

注：2014—2017 年数据来源于：郭玉琼. 中国乡村旅游发展报告（2017）[C] //

两岸创意经济研究报告（2018），2018；2018年乡村旅游数据来源于：2018年全休闲农业和乡村旅游营业收入超过八千亿元［EB/OL］. http：//country. people. com. cn/n1/2019/0214/c419842 - 30674249. html，2019 - 03 - 08；国内旅游数据来源于《中华人民共和国文化和旅游部2018年文化和旅游发展统计公报》。

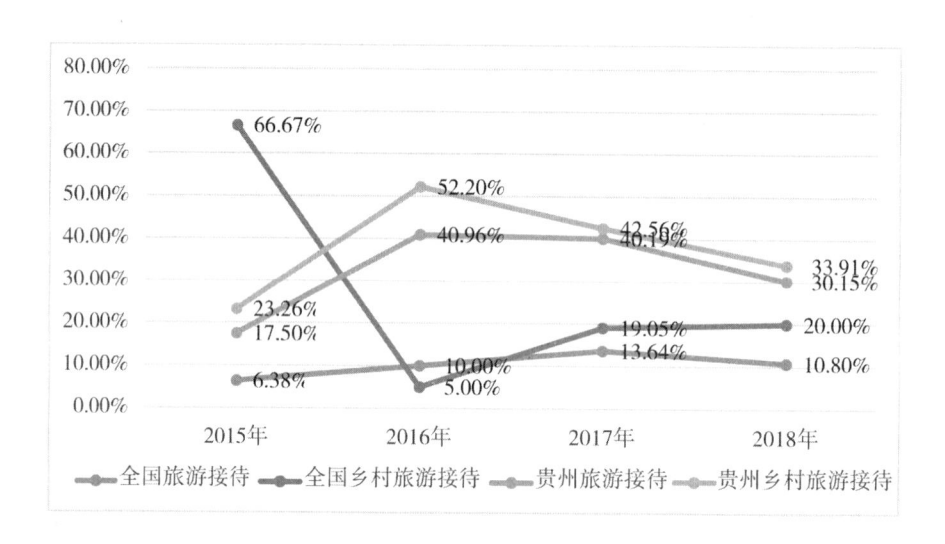

图 1 - 4 2015—2018年全国及贵州旅游接待与乡村旅游接待增长

注：2015—2017年数据来源于：郭玉琼. 中国乡村旅游发展报告（2017）［C］//两岸创意经济研究报告（2018），2018；2018年乡村旅游数据来源于：2018年全休闲农业和乡村旅游营业收入超过八千亿元［EB/OL］. http：//country. people. com. cn/n1/2019/0214/c419842 - 30674249. html，2019 - 03 - 08；国内旅游数据来源于《中华人民共和国文化和旅游部2018年文化和旅游发展统计公报》。

（二）乡村旅游是全域旅游的有效载体

全域旅游是顺应我国社会经济发展、旅游需求发展的必然产物，是我国旅游业转型提质、改革创新的必然要求。全域旅游的本质特征充分表现为空间性、全局性、整合性、共享性和带动性五个方面。空间性强调要突破传统的"点式"空间发展模式，而向全域"面式"扩张，避免出现旅游"飞地"困境。大力发展乡村旅游，有助于突破传统旅游发展"域"的限制，将旅游发展从市域、县域向镇域、村域延伸。同时乡村旅游发展方式一般不同于传统的"围墙式"（门票旅游）相区别，其通常属于无景点旅游范畴，强调乡村全域旅游目的地，无严格景区边界。全局性既表现为发展视角上的全局性，也表现为发展要素视角的全局性，还表现为管理视角的全局性。大力发展乡村旅游是有效推进城乡统筹发展，打破区域不平衡、不充分发展有效途径，是实现有效统筹推进农村社会经济发展，创新旅游发展业态和管理模式的重要推手。整合性强调旅游发展在整合各类社会经济资源方面的功能，需要有效整合区域生产要素资源、产业发展资源和社会管理要素资源等多方资源。乡村旅游发展能有效整合各类涉农资源，不断加大投入，推进农村三次产业融合，加快体制机制、部门职能、政策法规、社会参与、公共服务等社会管理要素资源整合，从而提高农村公共管理效率。共享性突出旅游发展成果要能够有效惠及广大人民群众，全域旅游要促进全社会共同参加，让广大群众参与并分享受益。带动性表现为对社会经济发展的促进带动作用，是充分发挥旅游综合性、关联性强的产业特征的具体体现，既包括对区域经济发的带动性，也包括对社会文化的带动。乡村旅游发展能够使旅游发展要素渗透到乡村旅游涉及的全部空间，促进各种要素在区域间自由流动，从而带动地区经济、社会文化、自然生态的全面发展，让广大群众分享旅游发展带来的成果。因此，乡村旅游是有效践行全域旅游发展理念有效途径，是全域旅游发展的有效载体，是引领全域旅游发展、打造全域旅游典范的最佳选择。

四、乡村旅游成为脱贫攻坚和乡村振兴的重要引擎

（一）乡村旅游成为脱贫攻坚的重要渠道

发展乡村旅游是脱贫攻坚的重要渠道。大量实践证明，乡村旅游是促进贫困地区发展，带动贫困人口脱贫的重要途径。乡村旅游属于以产品和服务提供为基础的高度综合性产业，能有效带动地区经济、社会、文化和生态的全面发展，具备拉动农村地区第一产业、联动第二产业和带动第三产业的"综合动力"，被认为是促进农村经济持续发展的"润滑剂"，旅游开发已成为加快农村经济发展的重要手段。① 为满足旅游者的多样性需求，乡村旅游的发展离不开其他相关行业的共同参与。相关研究表明，旅游业与110个行业相关联，尤其是现代旅游业与其他行业的横向和纵向联系更加紧密②。因此，旅游具有显著的联动性，正因为如此，通过乡村旅游发展能有效带动贫困地区脱贫致富，而且乡村旅游扶贫是"造血式"扶贫，其返贫率较低。鉴于此，"十三五"期间，我国计划通过发展乡村旅游带动超过1200万的贫困人口脱贫，占总贫困人口的17%。③

由于地理区位和自然环境等因素的限制，贫困地区经济往往较为落后，工业化水平不足，但却保留下来了优美的自然风光，生态环境几乎没有受到太大的破坏。贫困地区原生态的自然环境，是其最大的比较优势，大力发展旅游是发挥贫困地区比较优势的有效载体。从旅游资源普查结果来看，贵州旅游资源分布与贫困分布有着较高的重叠度。按照旅游资源丰度进行排列，旅游资源丰度排在前30的县（市、区）中，有27个属于贫困县（详见表1－1）。因此，从总体范围来看，贵州省旅游资源与贫困分布的重叠度超过80%。旅游资源分布与贫困分布高度重叠为贵州通过大力发展旅游业助推大扶贫实践奠定了坚实的基础条件。通过乡村旅游发展，实现贫困地区和贫困人口脱贫，一直是贵州旅游业发展的重要内容。根据《贵州省发展旅游业助推脱贫攻坚三年行动方案》，2017—2019年贵州通过实施旅游扶贫九项工程，力争带动100万贫困人口脱贫，占到全省贫困人口的20%以上。④

---

① 牛海桢，高燕，雷金瑞. 甘肃省乡村旅游发展论纲 [J]. 甘肃联合大学学报（社会科学版），2010，26（4）：65－70.
② 徐金海，王俊."互联网＋"时代的旅游产业融合研究 [J]. 财经问题研究，2016，37（3）：123－129.
③ 国家旅游局：旅游将带动1200万人脱贫 [EB/OL]. http：//www. xinhuanet. com/travel/ 2015－07/15/c_ 128021 646. htm，2019－3－28.
④ 旅游扶贫九项工程为"景区带动旅游扶贫工程、旅游项目建设扶贫工程、旅游资源开发扶贫工程、旅游商品扶贫工程、乡村旅游扶贫工程、'旅游＋'多产业融合发展扶贫工程、旅游教育培训扶贫工程、乡村旅游标准化建设工程、旅游结对帮扶工程"。

表1-1 贵州省旅游资源丰度与贫困县重叠表①

序号	县（市、区）	三级旅游资源 数量	赋分	四级旅游资源 数量	赋分	五级旅游资源 数量	赋分	综合得分	排位	是否为贫困县
1	赤水市	267	801	27	108	9	45	954	1	是
2	镇远县	194	582	18	72	4	20	674	2	是
3	西秀区	172	516	30	120	7	35	671	3	是
4	思南县	188	564	23	92	1	5	661	4	是
5	织金县	182	546	12	48	4	20	614	5	是
6	花溪区	135	405	41	164	3	15	584	6	否
7	江口县	143	429	24	96	7	35	560	7	是
8	黎平县	118	354	31	124	8	40	518	8	是
9	习水县	125	375	20	80	4	20	475	9	是
10	平坝区	141	423	10	40	1	5	468	10	是
11	锦屏县	139	417	11	44	1	5	466	11	是
12	麻江县	134	402	12	48	1	5	455	12	是
13	荔波县	110	330	14	56	9	45	431	13	是
14	道真县	123	369	14	56	0	0	425	14	是
15	松桃县	122	366	9	36	4	20	422	15	是
16	汇川区	97	291	24	96	2	10	397	16	否
17	岑巩县	111	333	9	36	1	5	374	17	是
18	开阳县	97	291	14	56	4	20	367	18	否
19	镇宁县	97	291	14	56	3	15	362	19	是

① 此处仅考察各县（市、区）三级以上（含）旅游资源分布情况，为综合评定旅游资源丰度，采取对不同级别旅游资源赋分的方式计算综合得分确定排名，即三级3分、四级4分、五级5分。

续表

序号	县（市、区）	三级旅游资源 数量	三级旅游资源 赋分	四级旅游资源 数量	四级旅游资源 赋分	五级旅游资源 数量	五级旅游资源 赋分	综合得分	排位	是否为贫困县
20	从江县	73	219	25	100	7	35	354	20	是
21	水城县	87	261	14	56	7	35	352	21	是
22	沿河县	103	309	4	16	2	10	335	22	是
23	榕江县	75	225	24	96	2	10	331	23	是
24	盘州市	80	240	15	60	5	25	325	24	是
25	印江县	98	294	4	16	2	10	320	25	是
26	德江县	88	264	8	32	2	10	306	26	是
27	紫云县	81	243	8	32	5	25	300	27	是
28	黄平县	63	189	25	100	2	10	299	28	是
29	普定县	83	249	12	48	0	0	297	29	是
30	施秉县	71	213	12	48	7	35	296	30	是

注：根据贵州省2016年旅游资源普查结果整理，县（市、区）旅游资源数据来源于贵州省文化和旅游厅；贫困县数据来源于《贵州省统计年鉴2014》。

（二）乡村旅游成为乡村振兴的重要抓手

乡村振兴战略是党中央在准确分析我国现阶段主要矛盾、科学研判我国所处历史方位、深刻认识我国经济社会发展面临主要问题及城乡关系、变化趋势与城乡发展规律的基础上，在党的十九大首次明确提出的。作为我国经济社会发展的七大全局性战略，其与创新驱动发展战略、人才强国战略、科教兴国战略、可持续发展战略、区域协调发展战略和军民融合发展战略相并列，是党中央着眼农业农村短腿短板问题导向和"两个一百年"奋斗目标导向作出的战略安排。乡村旅游因其综合性高、兼容性高，能有效契合乡村振兴内在要求，是推进乡村振兴战略的重要抓手。乡村旅游契合乡村振兴本质要求，在盘活土地资源、带动农民增收、促进农村就业、推动产业结构调整、促进文化传承、发展农村教育等方面具有重要意义,乡村旅游发展与乡村振兴战略在目标上具有一致性。①

一是,乡村旅游促进产业兴旺。作为第三产业,乡村旅游其本身效益一般会比传统的第一产业更为显著。更为重要的是,由于乡村旅游的带动效益,其能推动农业产业结构调整,促进农村产业转型升级,加快推进农村农业产业革命,推进农业产业现代化,完善农村产业体系;能促进农村三次产业深度融合,延长农业产业价值链条,挖掘农业产业附加值;能丰富农村产业类型,带动建筑业、加工业和服务业等产业发展。因此,发展乡村旅游是激活农村产业的重要途径。二是,乡村旅游推动生态宜居。良好的生态环境、独特乡村人文景观是乡村旅游发展的资源本底。乡村旅游发展能促进农村水、电、通信等基础设施的建设完善,改善农村居住环境,提高村民的生态环保意识,提升村民生态环境保护的自觉性和积极性,能够促进农村生态文明建设,奠定建设宜居美丽乡村的稳固根基。② 三是,乡村旅游带动乡风文明。"乡村性"是乡村旅游的本质特征,因此,为凸显"乡村性"特征,乡村旅游发展离不开对历史文化、传统技艺、民俗庆典的深入挖掘和包装。从贵州乡村旅游发展实践来看,无论是西江的苗族村寨,还是兴义的布依村寨(纳灰、纳孔),抑或贵阳周边的镇山村,这些乡村旅游点都因其浓厚的乡土(民族)文化而备受青睐。一方面,乡土文化能极大丰富乡村旅游的内涵,有效提升乡村旅游的吸引力和竞争力;另一方面,乡村旅游发展能扩大乡土文化宣传和普及,不断激发社会对乡土文化的传承与保护的激情,为传统文化保护注入源源不断的动力。四是,乡村旅游促进治理有效。乡村旅游发展需要有一个良好的社会发展环境,而良好的社会环境离不开有效治理。乡村旅游发展能够增强农村人气,吸引城市创客下乡、农民工返乡创业,为

---

① 宋慧娟,陈明. 乡村振兴战略背景下乡村旅游提质增效路径探析 [J]. 经济体制改革, 2018 (6): 76-81.
② 李岚. 乡村旅游与农村生态环境良性互动机制的构建 [J]. 农业经济, 2013 (4): 51-52.

农村发展带来新鲜活力，还能增加当地培训机会，扩展视野，促进当地居民文化素质提升，进而提高农村治理水平。五是，乡村旅游实现生活富裕。乡村旅游是典型的富民产业，能有效提升农村居民的生计能力。乡村旅游发展能够显著改善农村生产基础设施和生活基础设施水平，提高乡村居民自然生计资本和社会生计资本的获取能力和水平，能为村民提供经营性收入、资本性收入和工资性收入等多种来源选择，并提升生计可持续性。

第二节 概念及已有研究梳理

目前，学界对乡村旅游的界定并未形成统一。学者们主要从乡村地域和乡村特性角度对乡村旅游进行定义。国外对乡村旅游提质增效的研究成果多见于乡村旅游发展研究文献中，如"乡村性"保护、发展影响因素等。在乡村旅游发展不同阶段，发展重点也有差别，其影响因素多样。国内乡村旅游提质增效研究经历了从关注产品质量到关注产业发展质量（转型升级）再到关注提质增效（供给侧改革）的过程。主要经历了三个阶段：第一阶段，立足乡村旅游持续发展，关注乡村旅游产品质量提升；第二阶段，立足产业转型，关注乡村旅游发展质量提升；第三阶段，立足供给侧改革，关注乡村旅游提质增效。学者们的研究角度和研究方法也越来越多样化，取得的研究成果也越来越丰富。

一、乡村旅游的概念及特征

（一）乡村旅游的概念

国内外学者从不同角度对乡村旅游的概念进行界定，因为乡村旅游的复杂性与综合性，概念界定尚未统一。目前，学者们主要从乡村地域和乡村特性两个角度对乡村旅游进行定义。

从乡村地域角度的定义较有代表性的有以下定义：世界旅游组织出版的

《旅游业可持续发展——地方旅游规划指南》,乡村旅游(rural tourism)是旅游者在乡村及其附近逗留、学习、体验乡村生活模式的活动。Gilbert 和 Tung (1990)认为,乡村旅游是发生在农场、牧场等乡村区域的旅游活动,表现为农户提供食宿等条件,使旅游者在农场、牧场等乡村环境中进行各种休闲娱乐活动的一种旅游形式。[1] Lane(1994)认为,乡村旅游涵盖了旅游者根据其需求在乡村地区开展的各种旅游活动。[2] 马波(1995)认为乡村旅游是"以乡村社区为活动场所,以乡村独特的生产形态、生活风情和田园风光为对象系统的一种旅游类型"。[3] 刘德谦(2006)认为乡村旅游是以乡村地域及农事相关的风土、风物、风俗、风景组合而成的乡村风情为吸引物,吸引旅游者前往休息、观光、体验及学习等的旅游活动。[4]

从乡村特性角度的定义较有代表性的有:Oppermann(1996)否定用乡村地域来定义乡村旅游,他提出了一个概念性的模型,区别了乡村旅游和其他非都市地区的旅游,并将乡村旅游定义为"在有人类持续性活动和土地依存性经济存在的地区的旅游,该旅游主要与农业有关,且其具备的必要条件是有永久性的人类存在"。[5] 以具有乡村性的自然、人文景观为旅游吸引物的旅游活动(何景明、李立华,2002)[6];以乡村为旅游目的地,以城市人群为主要客源,以"乡村性"为核心卖点,旅游动机是观赏和体验乡村景

---

[1] Gilbert D., Tung L. Public organizations and rural marketing planning in England and Wales. Tourism Management, 1990, 11 (2): 164 – 172.
[2] Lane B. What is rural tourism? [J]. Journal of Sustainable Tourism, 1994, 2 (1): 7 – 21.
[3] 马波. 开发关中地区乡村旅游业的构想[J]. 国土开发与整治. 1995, 5 (2): 59 – 64.
[4] 刘德谦. 关于乡村旅游、农业旅游与民俗旅游的几点辨析[J]. 旅游学刊, 2006, 21 (3): 12 – 19.
[5] Oppermann M. Rural tourism in southern Germany [J]. Annals of Tourism Research, 1996, 23 (1): 86 – 102.
[6] 何景明,李立华. 关于"乡村旅游"概念的探讨[J]. 西南大学学报(社会科学版), 2002, 28 (5): 125 – 128.

观、独特生活方式、习俗文化的旅游活动（王纯阳、黄福才，2012）①。

因此，乡村旅游是指以乡村为活动空间场所，通过对独特的乡村自然环境、生产经营形态、田园景观、农耕文化、民俗文化风情、农舍村落等资源的利用，为游客提供观光、体验、休闲、娱乐、健身、购物、度假、养生的一种具有乡村性和综合性的旅游活动形式。从内容来看，乡村旅游涵盖了从自然和农业观光，到民俗文化体育和休闲度假等的多种形式。从本质来看，乡村旅游的最大卖点是乡村性（Rurality），乡村性是乡村旅游区别城市旅游的最重要标志。乡村旅游明显要超出农家乐形式，内容上不再是单纯的观光，而是包含观光、休闲、度假复合型。目前，我国各地都积极发展乡村旅游，然而整体而言，乡村旅游尚处于起步和探索阶段，乡村旅游发展层次较低。正如前国家旅游局局长邵琪伟提到的，我国乡村旅游存在发展"小区域的雷同单一、大范围的粗多精少"，亟待"分类指导，完善规划，整体提升"。

（二）乡村旅游的特征

1. 游客感知的乡村性

乡村性是乡村旅游的本质，无论是从理论认知还是从游客感知层面上看，对乡村性的追求是游客前往乡村旅游地最为主要的动机，亦即最为核心的吸引力。② 按照具有权威性的国外机构调查，英国进行（开展）乡村旅游的游客，最为关注的有"平和、宁静、新鲜空气"等要素；法国进行（开展）乡村旅游的游客，最为关注的有"纯净空气、平静、安宁"等要素。③ 张文祥（2006）通过问卷调查，发现国外游客对阳朔乡村旅游的出游偏好中

---

① 王纯阳，黄福才. 村落遗产地利益相关者界定与分类的实证研究——以开平碉楼与村落为例 [J]. 旅游学刊，2012，27（8）：88-94.
② 尤海涛，马波，陈磊. 乡村旅游的本质回归：乡村性的认知与保护 [J]. 中国人口·资源与环境，2012（9）：160-164.
③ 左晓斯. 可持续乡村旅游研究：基于社会建构论的视角 [M]. 社会科学文献出版社，2010.

有96.1%的为"欣赏山水田园风光",国内游客为86.7%。[1] 因此,乡村旅游具有鲜明的乡土特征。乡村旅游通常选址于乡村地区或城市郊区,内容上更为突出对"乡村文化"的挖掘和对"农家元素"的开发,具有鲜明的乡土特征。各种类型鲜明的乡村元素,如自然的田园风格、独特的乡村文化和原汁原味的乡村生活体验,在乡村旅游中占据重要地位。其既是吸引乡村旅游者前往旅游体验的重要成分,又是乡村旅游经营的重要业态形式。

2. 吸引物的原生态性

当地独特的自然风光以及具有地域特色的农业资源是乡村旅游的重要载体,突出原生态美。如桐梓县娄山关镇杉坪村通过打造"黔北花海"为特色的品牌,吸引了众多都市人前来观光旅游。原生态性是乡村旅游资源开发过程中需要遵循的最为重要的原则,因此,原生态性成为乡村旅游区与城镇旅游不同的重要标志之一。乡村旅游者前往乡村旅游地旅游消费,其基本动机就是感受乡村的原生态,感受乡愁,体验乡村生活。

3. 产品开发的体验性

乡村旅游是旅游业与农业融合发展的新形式,与其他类型的旅游形式不同,乡村旅游涉及开展的各类项目特别强调游客的体验性,更为注重游客的参与性和游客体验的"原汁原味"。它突破了传统项目的陈列观览式,强调对农事活动的参与体验。游客既能够感受到田园风光的优美,又能体验到农耕劳作的生活,还能获得劳动丰收的快感。

4. 分布区域的多样性

与农家乐旅游相对单一的分布相比,乡村旅游地的分布要丰富得多。一般而言,乡村旅游地分布主要有以下几种:一是都市郊区。这一分布是目前发展前景较好、效益极高,成熟度和普遍性较高的类型,该类型的发展主要是依赖于位于都市周边的区位和良好的人文环境。二是特色村寨。主要依托特色鲜明的民族文化特色村寨,是乡村旅游与民俗旅游的结合体。如贵州雷

---

[1] 张文祥. 阳朔乡村旅游国内外游客需求分析的启示 [J]. 旅游学刊, 2006, 21 (4): 11-12.

山西江苗寨、郎德苗寨等。三是景区边缘区。依托景区带动，作为景区观光旅游的伴生物，如百里杜鹃景区周边乡村旅游。四是特色观光农业基地。利用特色农业和农业技术，开展农业观光、农产品品尝、农产品购买以及休闲度假等活动，如各种猕猴桃基地、樱桃基地等。

二、乡村旅游提质增效研究

（一）国外研究梳理

国外乡村旅游发展要早于国内，因此，在对乡村旅游发展的研究上也先于我国，特别是乡村旅游发展较早的国家和地区，如法国、英国、美国、日本等。上述发达经济体旅游消费层次高，并且乡村田园文化历史浓郁，所开发的乡村旅游产品层次丰富。在长期的实践中，他们对乡村旅游发展的观察理解更为深刻，在乡村旅游产品开发和项目配置上，更注重发展质量和服务水平的提升，也更关注游客需求体验和质效理念传承，并将乡村旅游产品和项目推向精品化的发展趋势。当然，随着 PPT（有利于贫困人口的旅游）和 ST-EP（可持续旅游消除贫困）的广泛推广以及国际非政府组织资助等，学者对欠发达地区乡村旅游发展观察点的研究也日益增多。①

鉴于"乡村性"是乡村旅游发展的本质特征，也是乡村旅游吸引力的核心所在，对乡村旅游游客满意度提升以及效益改善具有重要意义，因此，国外学者对其在乡村旅游可持续发展作用的关注度较高。Vikneswaran 等（2013）指出，乡村旅游的发展是一个不断前进的过程，在产品功能上普通的观光不应是乡村旅游的主要内容，而要深入挖掘乡村旅游产品内在的体验性，根据旅游者的个性化需要提供所需产品和服务，通过对乡村地区人均环

---

① 2004 年，黔东南巴拉河乡村旅游示范项目开始实施，并得到新西兰政府援助；此外，贵州先后成为世界银行旅游开发与脱贫致富的试点（2006 年）、世界旅游组织可持续旅游消除贫困（2008 年）在中国的第一个执行点和乡村旅游发展长期观测点。

境和传统文化的深入利用实现经济效益。① William（2010）也认为，乡村旅游的卖点在乡村性，因此，乡村旅游发展必然有赖于农村社会文化，离开乡村环境的旅游就超出了乡村旅游范畴。② 乡村旅游最具吸引力和影响其发展的关系在于乡村旅游活动本身的真实性和地区好客性（体验性），乡村地区的开发程度和乡风民俗是乡村旅游持续发展的重要决定因素（Streifeneder，Thomas，2016）。③ 乡村旅游是经济社会发展的产物，离不开现代化和经济全球化的大背景，因此，乡村旅游应在此背景下将发展与乡村景观保护相结合，防止乡村文明衰落和消失。

某种程度上讲，乡村旅游的社会公益性要强于其经济效益，其效益不仅表现在促进地方经济发展上，还表现在对当地社会文化带动和为城市居民提供休闲去处。公益性决定了乡村旅游发展需要政府进行大力扶持，在发挥市场的作用基础上，不断完善地方基础设施和加强当地居民教育，提升服务质量。乡村旅游发展不同阶段的重点工作应有所差异，在乡村旅游发展前期，事先制定好合理的发展规划对其后续发展十分重要，要将乡村旅游发展融入到地方经济社会发展政策中，整合各方面资源，协调各方利益，还有强化对乡村环境和文化的保护（Roots A、Macdonald M，2014）。④ Embacher Hans（2006）基于产业升级的角度对乡村旅游产品服务质量从战略和实践两方面

---

① Vikneswaran Nair, Kashif Hussain. Conclusions: contemporary responsible rural tourism innovations [J]. Worldwide Hospitality and Tourism Themes, 2013, 5 (4): 412 – 416.
② William C. Gartner. Rural tourism development in the USA [J]. International Journal of Tourism Research, 2010, 6 (3): 151 – 164.
③ Streifeneder, Thomas. Agriculture first: assessing European policies and scientific typologies to define authentic agritourism and differentiate it from countryside tourism [J]. Tourism Management Perspectives, 2016 (20): 251 – 264.
④ Roots A, Macdonald M. Outcomes associated with nurse practitioners in collaborative practice with general practitioners in rural settings in Canada: a mixed methods study [J]. Human Resources for Health, 2014, 12 (1): 69.

进行了论述。① Richard Sharpley（2012）针对乡村旅游发展面临高发展成本、低收益等问题，提出在制定乡村旅游发展计划时要进行投资、收益分析，并特别强调了政府制定长期的财政投入和技术支持政策的必要性。② Almeida António Manuel Martins 等（2014）指出乡村旅游不能吸引更多的多样化和富有的客户，导致其收益的低下，提出强化乡村旅游市场细分和定位。③

国外乡村旅游研究梳理发现，国外对乡村旅游提质增效的研究成果多见于乡村旅游发展研究文献中，如"乡村性"保护、发展影响因素等。国外对乡村旅游"乡村性"关注度较高，强调乡村旅游的卖点和营销应以原真的乡村景观和民俗文化为基础，在乡村旅游发展过程中注重乡村景观和历史文化风貌的保护。并且，在乡村旅游发展不同阶段，发展重点也有差别，其影响因素多样。

（二）国内研究梳理

我国学者对乡村旅游提质增效研究大致经历了三个阶段。第一阶段，立足乡村旅游持续发展，关注乡村旅游产品质量提升。这一阶段有关乡村旅游提质增效的研究成果多见于乡村旅游发展问题方面的研究文献。学者们认识到乡村旅游产品质量低已成为制约乡村旅游深入发展的问题（王兵等，2006）④，针对我国乡村旅游满足较低层次需求、旅游产品存在同质化、效益不高的问题，提出科学认识乡村旅游中的供需矛盾（杜江等，1999）⑤，开

---

① Embacher Hans. Marketing for agritourism in Austria: strategy and realisation in a highly developed tourist destination [J]. Journal of Sustainable Tourism, 1994, 2 (1 – 2): 61 – 76.

② Sharpley, Richard. Tourism and vulnerability: a case of pessimism? [J]. Tourism Recreation Research, 2012, 37 (3): 257 – 260.

③ Almeida António Manuel Martins, Correia Antónia, Pimpo Adriano. Segmentation by benefits sought: the case of rural tourism in Madeira [J]. Current Issues in Tourism, 2014, 17 (9): 813 – 831.

④ 王兵，罗振鹏，郝四平. 对北京郊区乡村旅游发展现状的调查研究 [J]. 旅游学刊，2006 (10): 63 – 69.

⑤ 杜江，向萍. 关于乡村旅游可持续发展的思考 [J]. 旅游学刊，1999 (1): 15 – 18, 73.

发高质量的乡村旅游产品，带动和引导国内市场需求向高层次发展（王兵，1999）①，通过质量管理提高产品质量，加快产品创新（周玲强等，2004）②，要改进土地政策，推进"产业链本地化"和"经营者共生化"（邹统钎，2006）③。

第二阶段，立足产业转型，关注乡村旅游发展质量提升。随着我国经济社会的发展，乡村旅游发展到新阶段，为适应转型变化的新发展阶段，乡村旅游发展重在质量建设（汪宇明，2011）④。乡村旅游转型升级的提出，不仅是乡村旅游自身发展的考虑，也是我国社会经济走向科学发展的总体要求（马波，等，2012）。⑤ 吴必虎等（2007）从产品、营销和市场拓展三方面提出针对我国乡村旅游产业的升级建议和设想。⑥ 杨振之（2011）指出农业与乡村旅游融合互动能有效增长产业链条，增加产业边际效益，调整产业结构，促进新兴产业、边缘化产业的诞生。⑦ 杨阿莉（2011）基于产业融合视角，认为改造传统农业、发展现代休闲农业，是乡村旅游优化升级的重要途径，农村土地流转政策能促使乡村旅游优化升级。⑧ 李莺莉等（2015）从新型城镇化的视角，指出生态化转型是乡村旅游经济发展方式的根本转变。⑨

---

① 王兵. 从中外乡村旅游的现状对比看我国乡村旅游的未来［J］. 旅游学刊，1999（2）：38-43，79.
② 周玲强，黄祖辉. 我国乡村旅游可持续发展问题与对策研究［J］. 经济地理，2004（4）：572-576.
③ 周统钎. 乡村旅游发展的围城效应与对策［J］. 旅游学刊，2006（3）：8-9.
④ 汪宇明. 推进城乡统筹 提升乡村旅游发展质量［J］. 旅游学刊，2011（10）：6-8.
⑤ 马波，徐福英. 中国旅游业转型升级的理论阐述与实践推进——青岛大学博士生导师马波教授访谈［J］. 社会科学家，2012（6）：3-7.
⑥ 吴必虎，伍佳. 中国乡村旅游发展产业升级问题［J］. 旅游科学，2007（3）：11-13.
⑦ 杨振之. 城乡统筹下农业产业与乡村旅游的融合发展［J］. 旅游学刊，2011，26（10）：10-11.
⑧ 杨阿莉. 从产业融合视角认识乡村旅游的优化升级［J］. 旅游学刊，2011（4）：9-11.
⑨ 李莺莉，王灿. 新型城镇下我国乡村旅游的生态化转型探讨［J］. 农业经济问题，2015（6）：29-35.

此外，郑耀星等（2013）[1]、王涌涛（2016）[2] 从生态文明视角分析了乡村旅游发展问题，认为乡村旅游转型升级应在生态文明理念的指导进行。然而，国内对乡村旅游转型升级研究仍需加强，需进一步加强基础理论、作用机理、跨学科研究（田里等，2017）[3]。

第三阶段，立足供给侧改革，关注乡村旅游提质增效。提质增效是供给侧改革的核心，通过推进供给侧结构性改革，提供更契合消费者精神需求的旅游产品，有助于实现整个产业提质增效、供需平衡的目标（程建明，2017）[4]。陈丽军（2016）分析了乡村旅游提质增效的制约因素：个体户为主的经营方式阻碍了乡村旅游做大做强、产品同质化竞争削弱了乡村旅游竞争力、专业化人才的匮乏制约着乡村旅游品质提高，并从动力机制、经营规模、内涵建设、管理方式、服务水平五个方面提出我国乡村旅游提质增效的具体途径。[5] 毛峰（2016）认为应从生产要素、产品结构、产业结构和消费环境四个方面进行深化改革，以有效进行产品优化与产业结构的调整，提升供给体系的质量和效率。[6] 张香菊（2016）通过全境化打造和全方位服务为改革打造"硬"条件、营造"软"环境，以全要素投入、全民共创共赢和全产业融合解决乡村旅游供给侧存在的要素结构问题、产品结构问题和产业结构问题，通过全域旅游的发展理念和方式为贵州乡村旅游供给侧结构性改革

---

[1] 郑耀星，刘国平，张菲菲. 基于生态文明视角对福建乡村旅游转型升级的思考 [J]. 广东农业科学，2013（7）：211-214.
[2] 王涌涛. 生态文明建设视域下我国乡村旅游的生态化转型 [J]. 农业经济，2016（6）：43-45.
[3] 田里，陈永涛. 旅游产业转型升级研究进展 [J]. 资源开发与市场，2017（10）：1265-1270.
[4] 程建明. 文化铸魂：乡村旅游供给侧结构性改革探究 [J]. 经济问题，2017（6）：98-102.
[5] 陈丽军. 乡村旅游服务供给提质增效的路径选择 [J]. 商业经济研究，2016（11）：199-200.
[6] 毛峰. 旅游新时代背景下的乡村旅游转型与发展对策 [J]. 农业经济，2016（11）：27-29.

探索可行路径。① 此外，随着乡村振兴战略的提出，部分学者开始关注基于乡村振兴的乡村旅游提质增效（程丛喜，等，2018）。②

就贵州乡村旅游转型升级研究而言，学者们更多的是将研究视角聚焦在现状——问题——对策的研究路径上，对贵州乡村旅游提质增效的研究成果较少。如汤婷婷（2015）指出贵州乡村旅游正在朝着集聚化、特色化、精细化、标准化方向发展；范丽美、侯黔灵（2015）以西江苗寨为例，分析了贵州乡村旅游存在的问题；徐刚（2014）基于旅游生命周期理论和利益相关者理论分析了安顺天龙屯堡在乡村旅游发展过程中所面临存在的问题，提出了加快发展推动旅游尽快进入成熟期，并充分融入当地居民，协调政府、企业和社区居民，实现旅游发展的可持续发展；范波（2014）分析了贵州乡村旅游发展存在的问题，并对贵州乡村旅游发展提供了对策建议。

综上，国内对乡村旅游提质增效的研究已经越来越成为旅游研究者关注的重点，学者们的研究角度和研究方法也越来越多样化，取得的研究成果也越来越丰富。乡村旅游提质增效研究经历了从关注产品质量到关注产业发展质量（转型升级）再到关注提质增效（供给侧改革）的过程。学者们阐述了乡村旅游提质增效的必要性、存在的问题和影响因素，并针对乡村旅游发展中存在的质量与效益问题，从生产要素、发展动力、产品业态、市场需求、经营主体、政府改革、政策等方面提出了实现乡村旅游提质增效的途径。研究视角上，涵盖了产业融合、产业链、生态化、供给侧改革、循环经济等。学者们对乡村旅游转型升级的研究多是针对具体案例点，要么是围绕某一旅游区（旅游景点）来展开，并针对案例点提出转型升级的对策，缺乏对普适性的乡村旅游转型升级系统研究。他们要么是围绕某一行政区域，如乡镇、县市、省；要么是类型，如民族村寨、城郊周边、景区周边等。由

---

① 张香菊. 贵州乡村旅游供给侧结构性改革的全域化路径 [J]. 贵州师范学院学报，2016（11）：69-74.
② 程丛喜，段翔宇，郑静，等. 乡村振兴背景下湖北省乡村旅游产品提质增效研究 [J]. 武汉轻工大学学报，2018，37（4）：80-84.

于已有的研究绝大多数并非直接以乡村旅游提质增效为研究对象,而仅是研究内容涉及乡村旅游提质增效,因此,对乡村旅游提质增效的理论基础、作用机理、实现路径、制度设计、政策优化等的系统性研究相对较为欠缺,但前期学者的研究方法、研究思路、研究成果,为本书研究奠定了坚实的基础。

第三节 研究价值与思路框架

乡村旅游提质增效问题契合当前经济高质量发展、人们美好生活追求满足以及乡村振兴战略。深入研究乡村旅游提质增效既有助于拓展乡村旅游研究,同时也有助于推动乡村旅游高质量发展,具有重要的理论价值和现实意义。

一、研究价值

乡村旅游提质增效问题已然成为旅游发展、三农问题等领域共同关注的焦点之一。国家高度重视乡村旅游发展,已连续四年将乡村旅游写入中央一号文件。习近平总书记在参加党的十九大贵州省代表团审议时强调:"要对乡村旅游作分析和预测","推动乡村旅游可持续发展"。当前,乡村旅游已成为我国旅游业新的增长点和农村吸引投资的热点,成为加快推进乡村振兴,促进城乡协调发展、践行"两山"理念的重要途径,也是促进旅游扶贫、农业转型升级和推进农业供给侧结构性改革的重要手段。乡村旅游如何在新时代背景下,紧跟经济高质量发展和人民高质量需求的新时代方向标,实现优质持续健康发展,是亟待探讨的问题。对贵州而言,乡村旅游提质增效事关贵州大扶贫、大生态战略的顺利推进,事关贵州大健康、大旅游行动的有效实施,有助于加快农村农业产业革命,推进农业供给侧改革,促进区域协调发展和乡村振兴。因此,在经济高质量发展转型的大背景下,如何深入推进乡村旅游提质增效，使乡村旅游在经济社会发展中更好地发挥作用，具有重要的理论价值和现实意义。

（一）学术价值

1）立足新时代背景，延续和拓展以往乡村旅游提质增效研究。

2）以新时代贵州乡村旅游提质增效为研究对象，丰富乡村旅游研究内容。

3）可深化对乡村旅游提质增效内涵、作用机理和实现路径的认识，为乡村旅游发展理论和实践提供有益补充。

（二）应用价值

1）契合新时代国家提质增效主旋律和供给侧改革、乡村振兴、协调发展、决胜全面小康等战略部署，可为贵州涉旅规划和政策制定提供参考。

2）立足新时代主要矛盾探讨贵州乡村旅游提质增效，可为人民美好生活需要满足和农村平衡充分发展提供支撑。

3）可为新时代贵州乡村旅游提质增效提供路径指引，促进乡村旅游高效健康发展。

4）可为新时代贵州乡村旅游发展政策制定提供借鉴，提升乡村旅游政策效能。

二、研究思路与框架

（一）研究思路

本书沿着提出问题、分析问题、解决问题的研究路径，以新时代贵州乡村旅游提质增效背景为起点，运用田野调查、统计分析、对比分析、案例分析等方法，通过对新时代乡村旅游提质增效内涵与运行机制，贵州乡村旅游发展现状历程、经验、典型模式，新时代贵州乡村旅游提质增效的基础条件，新时代贵州乡村旅游提质增效的现实起点以及新时代贵州乡村旅游提质增效实现路径的系统化论证，以实现理论联系实际的深入论述。

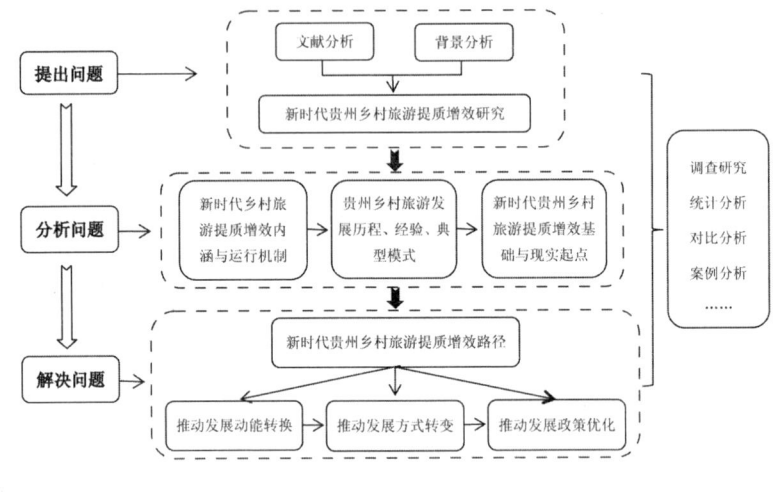

图1-5 研究技术路线

（二）研究框架

本书的研究对象是新时代贵州乡村旅游提质增效。将立足新时代贵州乡村旅游发展的背景和现状，阐述新时代贵州乡村旅游提质增效的必然性，论述新时代乡村旅游提质增效内涵与运行机制，分析新时代贵州乡村旅游提质增效基础与存在的问题，构建新时代贵州乡村旅游提质增效路径，优化新时代贵州乡村旅游政策。

本书采取以问题为导向的总体框架进行研究，围绕"如何实现新时代贵州乡村旅游提质增效"这一核心问题，着力回答"为何要提质增效""何为提质增效""如何提质增效"等一系列问题。

绪论。从经济转向高质量发展、旅游供给侧结构性改革、乡村旅游产业地位及其在脱贫攻坚和乡村振兴中的作用等方面，阐述本书研究的背景；围绕研究目标对乡村旅游的概念特征和已有乡村旅游提质增效研究进行梳理；从学术价值和应用价值两方面阐述本书的研究意义，并介绍了本书研究的思路与框架。

新时代乡村旅游提质增效的内涵与运行机制。立足我国经济提质增效的大背景，围绕新时代我国主要矛盾转变，从"质"和"效"两方面系统阐述新时代贵州乡村旅游提质增效的内涵：1）围绕乡村旅游产品质量和乡村旅游发展质量，深入分析新时代乡村旅游提质的内涵；2）立足于乡村旅游的综合效益，从企业和产业两个层面，分析新时代乡村旅游增效的内涵；3）阐述新时代贵州乡村旅游提质和增效的内在关系。在此基础上，从动因、内部运行机制、外部运行机制等系统分析新时代乡村旅游提质增效的运行机制。

贵州乡村旅游发展历程、经验与典型模式。根据贵州乡村旅游发展的阶段性特征，将贵州乡村旅游发展分为：起步发展阶段（1978—2005）、规范提升发展阶段（2006—2010）、项目带动发展阶段（2011—2015）和提质增效发展阶段（2016－）四个阶段。经过近40年的探索，贵州乡村旅游产品体系逐步完善，形成了一批有代表性的、可复制可推广的复合型乡村旅游特色样板，其经验主要包括：领导重视，高位推进；规范引领，强化标准；示范带动，品牌培育；加大投入，项目带动。围绕新时代乡村旅游提质增效的运行机制，归纳提炼贵州省乡村旅游发展模式的五大类型，即市场带动型、景区带动型、资源开发型、融合发展型和转型发展型，并按类型分别呈现贵州乡村旅游发展案例，具体包括：桐梓县乡村旅游发展（市场带动型）、江口县乡村旅游发展（景区带动型）、雷山西江乡村旅游发展（资源开发型）、湄潭县乡村旅游发展（融合发展型）和盘州市乡村旅游发展（转型发展型）。

新时代贵州乡村旅游提质增效的基础条件。从旅游资源、发展政策、组织保障等方面分析贵州乡村旅游提质增效的基础。首先，分析了新时代贵州乡村旅游提质增效的旅游资源基础及其特征，包括自然旅游资源丰富多彩、组合度好，且具有典型的第二阶梯特征；人文旅游资源具有"多彩贵州""文化千岛"以及突出的山地文明社会特征。其次，分析了新时代贵州乡村旅游提质增效的设施服务基础，包括旅游交通条件极大改善以及旅游要素保障和服务水平稳步提升。最后，分析了新时代贵州乡村旅游提质增效的组织和政策保障，包括旅游发展和改革领导小组全覆盖、"1＋N"规划体系全面展开、旅游综合执法多方联动、国家与省级层面乡村旅游发展政策。

新时代贵州乡村旅游提质增效的现实起点。从贵州乡村旅游发展现状和存在的问题两个方面阐述贵州乡村旅游提质增效的现实起点。首先，立足贵州乡村旅游发展现实，围绕发展规模、产品类型、产品品质、发展基础和发展效益等内容阐述贵州乡村旅游发展现状。其次，基于贵州乡村旅游发展现状，结合新时代贵州乡村旅游提质增效的内涵，系统阐述贵州乡村旅游在"质"和"效"上存在的问题。具体包括：1）乡村旅游发展不平衡（供给与需求不平衡、区域发展不平衡、产业自身发展不平衡）；2）乡村旅游发展不充分（发展水平、发展效益）。

新时代贵州乡村旅游提质增效路径。基于新时代社会主要矛盾，立足于贵州乡村旅游发展的现实条件，从乡村旅游发展动能转换、乡村旅游发展方式转变和乡村旅游发展政策优化等方面构建新时代贵州乡村旅游提质增效路径。

第二章

新时代乡村旅游提质增效的内涵与运行机制

第一节 新时代乡村旅游提质增效的内涵

新时代我国社会主要矛盾发生新变化,对经济发展提出了新要求。新时代提质增效的本质在于直面社会主要矛盾的新变化,不断推进经济社会平衡充分发展,不断满足人民美好生活需求。乡村旅游作为经济发展的组成部分,其发展必然融入经济社会发展的大背景之中,新常态下我国经济发展提质增效是推进乡村旅游提质增效的本底和主要遵循。因此,新时代乡村旅游提质增效依然在实现乡村旅游自身发展的前提下,以促进人民美好生活需求满足和实现经济社会平衡充分发展为最终目标追求。鉴于乡村旅游提质增效是在我国经济发展大的背景下进行,因此,对乡村旅游提质增效内涵的把握必须建立在对我国经济提质增效的深刻理解基础上。

一、提质增效的提出

提质增效是在我国经济发展步入新阶段——新常态的背景下提出的。"新常态"一词最早是习近平总书记在河南考察时提出的,并在2014年的APEC会议上分析了我国经济发展表现出的新特征(增长速度变化、发展动力转换、经济结构优化等),系统阐释了什么是新常态、新常态带来什么新机遇以及如何适应新常态等一系列问题，并指出我国经济发展进入新常态的必然性。新常态是我国经济发展到新的阶段所表现出来的一种新的、正常持久的发展状态（态势），未来相当长一段时期，我国经济发展需要不断适应新常态、引领新常态，本质上就是推动我国经济实现质量和效益的提升，不断实现经济平衡充分发展。随着新常态的频繁出现以及其在我国经济发展政策制定中引领作用的显现，国家进一步明确了推进经济增长质量和效益全面提升的历史任务。国家统计局在对科学发展、转型升级和提质增效内涵的深入研究基础上，根据我国经济发展的新特点、新要求，制定了《基于需求的反映提质增效转型升级统计指标体系》，并于2014年9月首次发布，以全面系统反应我国经济发展实际，表明我国社会经济统计开始从传统的注重总量和速度向更加注重质量和效益的转变。该指标体系的指标包含经济稳定、产业升级、创新驱动、质量效益、结构优化、民生改善、经济安全、资源环境等八个方面，为系统、全面反映提质增效提供了监测依据，对引导科学发展转型升级意义重大。2015年，李克强总理在主持召开国务院常务会议时，明确指出，要推进我国经济发展从中低端转变为中高端，就应加快经济改革的力度和进程，激发市场潜力，不断提升产品和服务质量，完善市场监督，优化经济体系和制度，从而提高产品和服务核心竞争力，最终实现经济提质增效。可见，提质增效是新常态经济发展的核心任务，是顺应我国社会主要矛盾转变，在深入分析我国当前经济发展形势，正确判断我国未来经济社会发展趋势而提出适应经济发展新常态的必然选择，也是满足人民日益增长的美好生活需要和实现平衡、充分发展的重要途径。

二、我国经济提质增效阐释

如前所述，提质增效是在我国经济社会步入发展新阶段下提出的，其本身就是新常态下的必然选择和主要任务。要理清提质增效的本质内涵，必然要对新常态下我国经济发展的特征进行分析。我国经济发展新常态集中表现为以下几个特征：一是，在增长速度上，经济由高速增长转为中高速增长。

<<< 第二章　新时代乡村旅游提质增效的内涵与运行机制

在2011年前的32年间,我国经济实现了高速增长,保持着年均9.87%的增长速度。2012年以后我国经济增长开始回落,从7.8%逐步回落到2018年的6.6%（详见图2-1）,并趋于稳定。经济增长速度的回落是经济发展到一定阶段的必然规律,也表明我国经济发展水平到了一个新的阶段。二是,在经济结构上,经济结构由中低端转为中高端。经济发展结构通常包含产业结构、收入结构、供需结构、区域结构等内容。经济结构由中低端转为中高端,实则为经济发展结构的优化,关键是产业结构优化。改革开放以来,我国主要靠通过产业规模,通过数量来获得价格优势,产业结构一直处于世界中低端,三次产业结构不合理。到2013年,我国第三产业增加值262204亿元,首次超过第二产业增加值,占到GDP总量的46.1%；到2018年,这一比重增加到52.2%,表明我国经济结构在不断优化（详见图2-2）。同时,我国的国内生产总值能耗率逐渐下降（图2-3）、全员劳动生产率持续提高（图2-4）。三是,在增长动力上,经济由要素投资驱动转为创新驱动。改革开放以来,我国经济高速增长主要依赖于资源、资本和劳动力等三大传统要

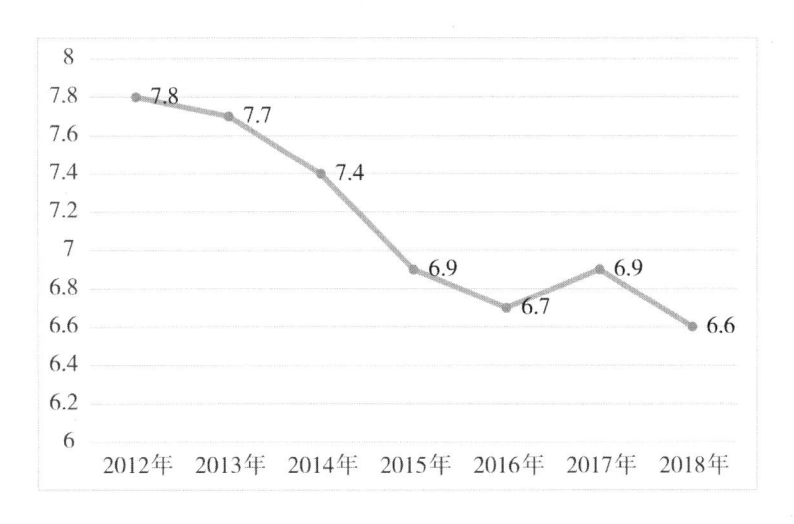

图2-1　2012—2018年我国GDP增长率

数据来源：2016年—2018年中华人民共和国国民经济和社会发展统计公报。

素投入，经济增长方式为典型的要素驱动类型。然而，要素驱动难以持续支撑经济的高速增长，特别是随着生态文明时代的到来，我国经济增长动力必

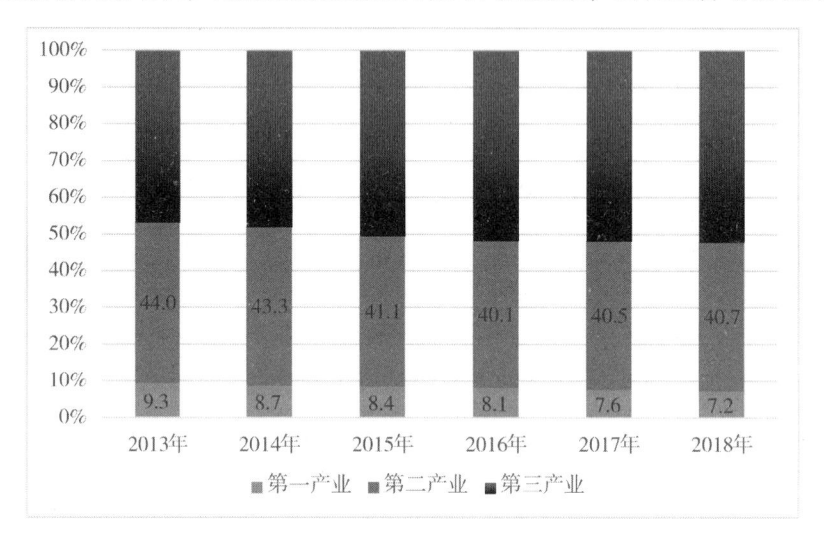

图 2-2 2013—2018 年我国三次产业增加值占比

数据来源：2017 年—2018 年中华人民共和国国民经济和社会发展统计公报。

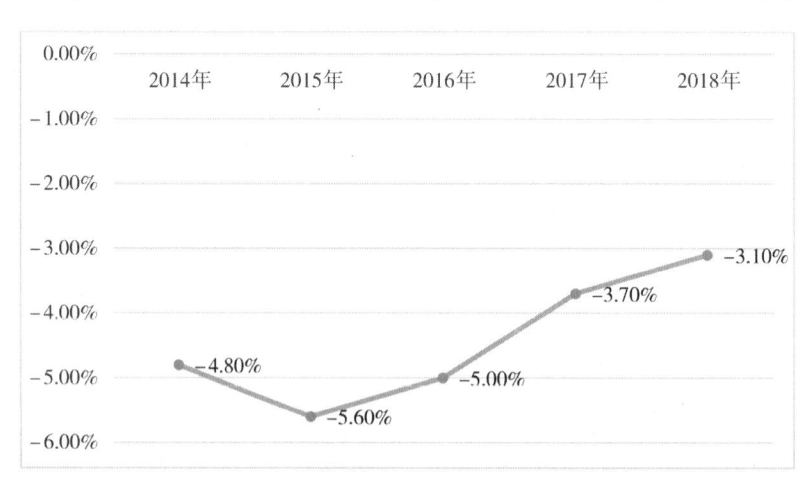

图 2-3 2014—2018 年我国万元国内生产总值能耗降低率

数据来源：2018 年中华人民共和国国民经济和社会发展统计公报。

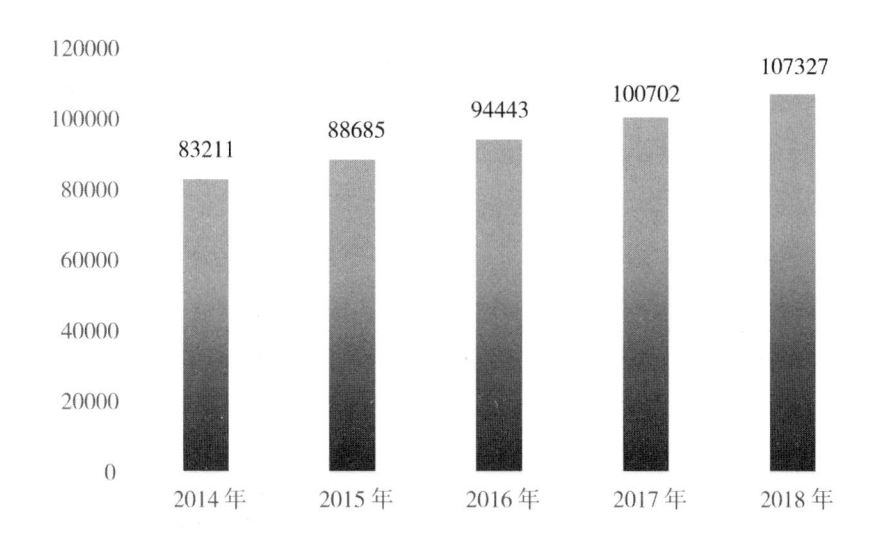

图 2-4　2014—2018 年我国全员劳动生产率（元/人）

数据来源：2018 年中华人民共和国国民经济和社会发展统计公报。

然要发生转变，从以往的注重资源、资本和劳动力投入转变为注重科技投入，从注重量的增加转为注重投入效率，从关注经济总量增长转变为速度、质量和效益的协调。

因此，作为新常态下经济发展的核心任务，提质增效是一个经济视角下的概念，是质与效的有机统一，通过转变发展方式达到质效同升的目标。结合新常态下我国经济发展的转变，提质增效指的是在经济步入新常态过程中，通过经济结构优化、增长动力转换，以实现经济增长质量提升和经济发展效率提升。所以，经济层面上的提质增效简而言之就是提高经济发展质量和效率，具体包含：经济增长要有质量，实现增长速度与质量的平衡；经济发展要有效益，实现总量与效益的平衡；经济发展要有可持续性，实现短期与长期的平衡。① 经济提质增效是在经济稳定发展的基础进行的，突出表现

---

① 郑瑞芳. 新常态下北京经济提质增效升级指标体系研究 [J]. 调研世界，2016 (6)：57-61.

为经济稳定、结构优化以及质效提升的特征。经济稳定强调经济增长在合理区间平稳,不出现大起大落,保持中高速的发展速度而不再追求经济高速增长;结构优化强调通过技术创新和产业升级改造,推进战略新兴产业发展,降低能耗;质量效益就是要提高产品服务质量,提高资源利用率和产出率,提升劳动生产率、投资回报率、资源配置率,增强经济发展竞争力。

可见,提质增效是一个系统性工程,涉及经济增长动力、结构优化、可持续性以及制度安排等方面。在增长动力方面,提质增效需要进行增长动力转换,主要表现为:市场需求拉动发生新变化,消费者多样化、个性化需求逐渐成为主流,并且外部需求疲软;传统产业投资需求出现饱和态势,而新商业模式、新产品、新业态、新技术投资机会涌现。资源配置效率动力转向内生,资源配置效率来源由部门间、地区间的流动转向部门内部和区域内部优化配置。创新成为经济发展新引擎。在经济结构方面,提质增效意味着结构优化,主要表现为:区域经济发展结构统筹协调性增强;城乡统筹进程加快;生产上专业化、智能化、小型化的组织新特性日趋明显,服务业、新兴产业作用更为凸显。在可持续方面,提质增效突出包容性发展,主要表现为:要素产出率提高,生产要素流向高效率部门;绿色低碳循环发展,能耗降低;有效化解各类风险;发展成果惠及广大群众。在制度方面,提质增效需要释放市场活力,主要表现为:市场主导,政府服务;依法行政,降低不合理干预。

三、新时代乡村旅游提质增效的本质内涵

在当前经济发展要求全面提升增长质量和效益的背景下,提质增效已然成为当下乡村旅游发展的核心任务。要想实现乡村旅游的提质增效,前提条件是对提质增效的内涵进行深入理解。新时代乡村旅游提质增效顾名思义,新时代是乡村旅游提质增效的时代背景,主要表现在新时代社会主要矛盾对乡村旅游提质增效的内在要求;质就是指乡村旅游的质量,效就是指乡村旅游效益,提质增效就是提升乡村旅游质量,增加乡村旅游的效益。新

时代乡村旅游提质增效就是指在保持乡村旅游适度规模发展的同时,不断优化产品、业态结构,推动乡村旅游从要素投入驱动转向内容创新,实现乡村旅游发展质量和效益提升,不断推动乡村旅游充分、平衡发展,实现人民美好生活追求满足。新时代乡村旅游提质增效是乡村旅游质量提升和效益增强的综合体现,其既包含乡村旅游质量的提升,也包括乡村旅游效益的增加。

(一)新时代乡村旅游提质

质即质量之义,乡村旅游提质具有两个层面的含义。一是,产品或服务层面的质量,即乡村旅游产品或服务质量,是乡村旅游产品或服务满足旅游者需要的特征和特性的总和,是衡量乡村旅游产品或服务符合规定要求和优劣的程度,主要体现为乡村旅游产品或服务要素供给质量,如乡村旅游住宿质量、乡村旅游设施质量、乡村旅游讲解质量、乡村旅游饮食质量、乡村旅游购物品质量等等。乡村旅游产品或服务层面的质量提升更多是对乡村旅游企业提出的要求,强调企业在向旅游者提供乡村旅游产品或服务时,一方面完善乡村旅游服务接待设施,增强乡村旅游接待服务设施的保障功能,为乡村旅游产品或服务质量提升提供物质保障,包括餐饮设施、住宿设施、娱乐设施、购物设施等;另一方面要提升乡村旅游软性服务,通过提高乡村旅游从业人员的服务意识(服务诚信、服务态度、服务语言等)和服务技能(服务方法、服务流程、服务技巧等),以增强旅游者的旅游体验。当然,乡村旅游基础设施和公共服务设施也是构成乡村旅游产品或服务的重要内容,包括乡村旅游交通设施、乡村信息服务设施、乡村环卫设施等,需要政府加大投资,夯实乡村旅游发展基础,增强乡村旅游发展后劲。新时代乡村旅游产品或服务层面的质量提升直接指向于乡村旅游作为幸福产业在满足人民对美好需求的功能上。二是,产业发展层面的发展质量,即乡村旅游产业发展质量,是指在一定时期内,乡村旅游产业发展的优劣状态,是在保证一定规模和发展速度的基础上,依托自身资源和技术等,获得效益、实现可持续发展的一种能力。乡村旅游产业层面的质量提升考量整个产业的发展质量,其既要求乡村旅游发展与地区社会经济发展相适应（如乡村旅游与地区发展战略的协同等），也要统筹考虑乡村旅游发展与相关产业间的协调融合（如乡村旅游与农业融合、乡村旅游与工业融合、乡村旅游与文化融合等），还要关注乡村旅游产业内部结构优化（如乡村旅游业态之间的互动、乡村旅游发展区域之间的合作、乡村旅游要素流动等）。乡村旅游发展质量的提升，是凸显乡村旅游在推动城乡一体发展、实现农村地区充分发展中的重要作用。当然，乡村旅游产品或服务层面的提质与乡村旅游产业层面的提质之间具有紧密联系，乡村旅游产品或服务质量的提升是乡村旅游产业质量提升的基础，没有产品或服务质量的提升，乡村旅游产业质量提升便如"无源之水、无本之木"。

（二）新时代乡村旅游增效

效益是乡村旅游主体从事和参与乡村旅游经济活动的基本目标和准则，也是乡村旅游发展方式转变的客观要求，其高低直接决定乡村旅游经济活动的有效性和可持续性。从经济理论上讲，效益是衡量劳动占用（消耗）（包括活劳动与物化劳动）与其最终获得的成果之间的比较，即通常所说的投入与产出之间的比较。与乡村旅游质量一样，乡村旅游效益也分为企业效益和产业发展效益两个层面。企业层面效益是对乡村旅游经营主体而言的，其是衡量经营主体投入要素而获得的成果，主要表现为对经济利益的追求。对经营主体而言，其通过提供优质乡村旅游产品和服务，不断创新经营方式，实现经济产出的最大化。在新时代背景下，乡村旅游企业层面的增效，是企业不断提高产品和服务供给有效性、满足旅游市场需求的过程，也是顺应社会经济发展不断向市场提供个性化、多元化旅游产品，实现企业经营效益的过程。

产业发展层面效益是从整个乡村旅游产业、整个乡村旅游目的地来综合考量乡村旅游发展对经济社会的整体效益。随着人们对乡村旅游效益的认识从传统的经济效益（狭义上的效益）发展到现今的综合效益认识，乡村旅游效益则是指乡村旅游发展过程中各种要素投入（资本、劳动力、土地、旅游资源等）所带来的各种产出，包括经济效益、社会效益和生态效益。经济效益主要指乡村旅游带来的收入，分为直接经济效益和间接经济效益。直接经济效益主要是与乡村旅游直接相关行业所产生的收益，如乡村旅游门票收入、乡村旅馆、旅游购物等。间接经济效益主要表现为乡村旅游对地区经济带来的促进作用和引起的相关产业发展。由于乡村旅游综合性和关联性较强，乡村旅游能有效促进地区三次产业的融合发展，推动农业、加工业和服务业的增长。某种程度上看，乡村旅游的间接经济效益甚至会大大超过直接经济效益。社会效益主要表现为乡村旅游在增加地区就业，促进文化交流、乡风文明、城乡互动等方面的效用，特别在脱贫攻坚和乡村振兴实施中，乡村旅游成为带动贫困人口脱贫和助推农村实现振兴的重要途径。环境效益表现在乡村旅游发展对提升人们生态环境、历史文化遗产保护意识，促进自然生态环境改善的积极作用。乡村旅游增效并非单一效益的提升，而是乡村旅游综合效益的提升，追求的是综合效益的最大化。如图2-5所示，乡村旅游综合效益是由经济效益、社会效益、生态效益构成的一个四方体的体积，即ABCD-EFGH的体积，体积大小就表示乡村旅游总效益，其中任何一方效益变化就会对总效益产生影响（体积变小或变大），只有三方面效益达到一定平衡，总效益才最大（体积才足够大）。在新时代背景下，乡村旅游产业层

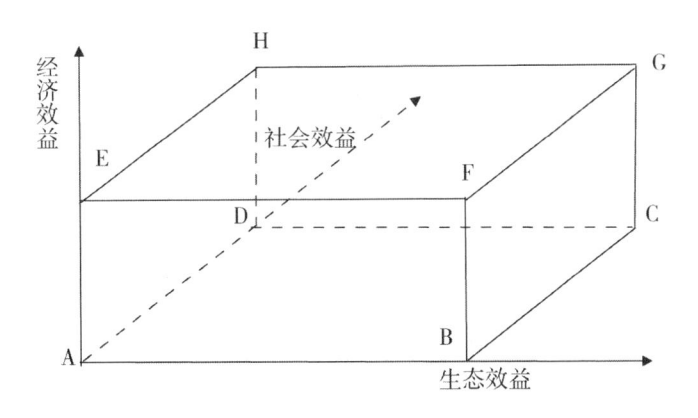

图2-5 乡村旅游综合效益图

面的增效应直面新时代"不充分、不平衡"发展的实际,突出表现为乡村旅游在促进人的充分发展,推动农村地区经济社会快速发展,不断减少城乡差距,实现城乡一体化。

(三) 新时代乡村旅游提质增效的内在关系

新时代乡村旅游提质增效是一个综合体系,充分认识其内在关系,对深入理解其本质内涵具有重要意义。新时代乡村旅游提质增效的内在关系主要表现在以下方面(图2-6):

1. 新时代乡村旅游提质增效以乡村旅游稳定发展为前提

这包含了两个层面的意思:①乡村旅游提质增效是乡村旅游发展到一定阶段的产物,这就表明乡村旅游提质增效是乡村旅游发展到一定规模或阶段时的进一步提升发展,在没有达到一定规模或阶段之前乡村旅游提质增效并非必然选择。②乡村旅游提质增效,本质上是乡村旅游向更高层次的进一步发展。因此,脱离了乡村旅游的稳定发展去谈乡村旅游提质增效就失去了基础和意义,乡村旅游提质增效必然是在保障乡村旅游平稳发展的前提下进行的。

2. 新时代乡村旅游提质增效以乡村旅游结构优化为着力点

产业结构理论认为,产业结构状态及其变化方式在很大程度上决定了资源配置效果。在既定情况下,产业结构合理与否决定能否实现有效产出的最大化,合理化调整及其优化有助于乡村旅游实现持续稳定增长。乡村旅游结构调整和优化是乡村旅游发展过程中的重要着力点和主要表现。一旦乡村旅游结构出现偏差,那么乡村旅游的发展轨道也会发生偏离。因此,乡村旅游结构的持续调整和优化对与乡村旅游持续发展有着重要的促进作用。在乡村旅游发展过程中,只有乡村旅游结构达到一个合理化和高度化的层次,乡村旅游提质增效目标才能得以实现。

3. 新时代乡村旅游提质增效以乡村旅游质量效益为结果

乡村旅游提质增效,表层意思是提升乡村旅游质量和增加乡村旅游效益。因此,乡村旅游质量和效益提升是乡村旅游发展的最终目标。在乡村旅游发展中，只有乡村旅游质量和效益达到了发展要求，乡村旅游提质增效的目标也就会实现。为实现乡村旅游提质增效目标，乡村旅游发展要从政府主导发展转为以企业主导的社会多元发展，从传统的乡村旅游资源"要素驱动"转为"创新驱动"，从单一产业发展转型为"旅游+"产业融合发展，从满足旅游较低层次的产品供给转为满足较高层次的产品供给，从追求简单经济利益转为追求综合效益以实现乡村社会全面发展（环境、治理、人文）。

4. 新时代乡村旅游提质增效直面社会主要矛盾

新时代社会主要矛盾的变化对乡村旅游发展提出了新的更高要求，是乡村旅游发展的前提和基础。发展理念上的新要求必然要乡村旅游发展满足人民发展需要，以人民为中心，推动人民对美好需要的满足。表现在乡村旅游发展的实际上，就是要通过提供更多、更好的个性化、多样化、高质量的旅游产品和服务，在实现经营效益的同时，不断满足人民日益增长的旅游需求。同时，新时代背景下的乡村旅游提质增效要在实现产业自身充分平衡发展的前提基础上，以突破原有城乡、区域和结构发展不平衡不充分为重要表

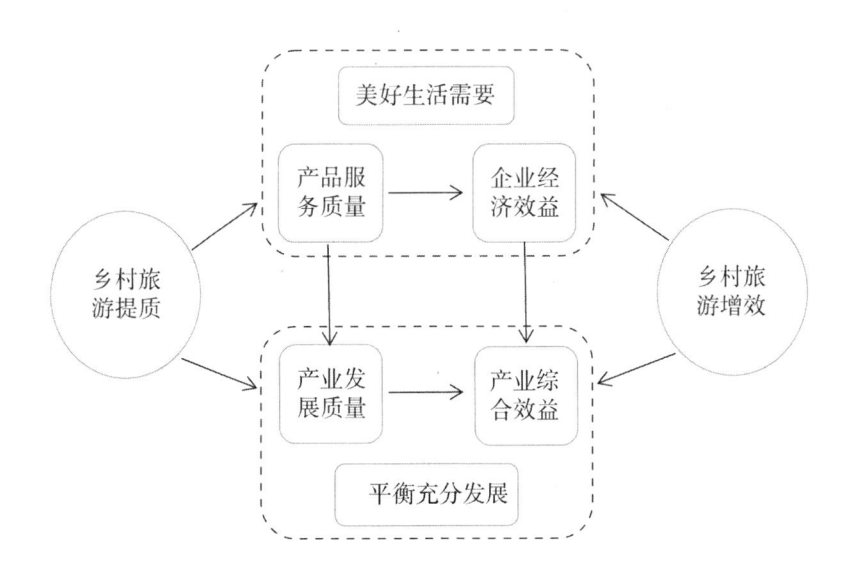

图2-6 新时代乡村旅游提质增效的内在关系

征，充分发挥乡村旅游在促进农村经济社会发展的新作用。因此，在新时代，乡村旅游通过提升产品和服务质量，向市场提供有效产品供给，满足人民日益增长的美好生活需要，实现企业经济效益；通过推动结构优化，提升产业发展质量，实现产业综合效益最大化，实现平衡充分发展。

需要指出的是，乡村旅游提质增效与乡村旅游转型升级具有极大的相似性，在学界也有学者将两者混同，认为其意义相同，但两者存在较为明显的区别。乡村旅游转型升级是立足于乡村旅游产业发展形态、要素配置、结构优化、发展模式等的转变，实现乡村旅游产业的经济功能和规模效益，其是乡村旅游发展阶段中的必经过程，凸显乡村旅游的产业属性。因此，乡村旅游转型升级较多的关注于经济效益的提升，应内属于乡村旅游提质增效。[①]

(四) 新时代乡村旅游提质增效的标志

新时代乡村旅游提质增效的最终标志是推动乡村旅游不断实现合理化和高度化，合理化和高度化相辅相成，不可分割，共同构成了乡村旅游转型升级过程中的内容和目标。

1. 乡村旅游合理化

合理化是乡村旅游转型升级的基础，其要义是依托现有的技术条件，实现乡村旅游内部各构成要素之间的优化配置，强调横向之间的比例关系，如符合发展方向、具有要素协调性、内部互补性以及相互和谐配合等等。其目标是推动整体协调化发展。结构合理化是一个逐步实现的过程（动态），具有一定的阶段性。正是乡村旅游这种不断提升和逐步实现合理化的过程，推动了乡村旅游不断朝着更高阶段的发展。通常而言，乡村旅游合理化主要有以下几方面的内容构成：

（1）乡村旅游内部的合理化。内部的合理化，考量的乡村旅游内部构成要素间的静态关系，即静态合理，其关注乡村旅游内部要素与要素之间的有

[①] 宋慧娟，陈明. 乡村振兴战略背景下乡村旅游提质增效路径探析 [J]. 经济体制改革，2018 (6)：76–81.

序排列和层次,强调内部要素间的功能互补、相互促进和"1+1>2"的效果,同时,注重分析乡村旅游内部要素投入的协调性和合理性。可见,乡村旅游内部要素的合理化,并非从单个构成要素的功能去思考,而是从整体性、综合性的角度思考乡村旅游发展中内部构成的产出能力;各生产要素在乡村旅游运行中的投入比例是否相对合理和相互协调;乡村旅游的综合生产能力是否得到相应提高等。

(2)乡村旅游演进的合理化。内部的合理化强调的是一定时期内的合理化,然而乡村旅游时刻处于不断发展的过程中,其内部变动是绝对的,而平衡是相对的。因此,在分析乡村旅游的转型升级必然离不了探讨其演进过程的合理化,要以发展的眼光看待乡村旅游的合理性。乡村旅游结构演进要有利于乡村旅游长期发展,要能不断推动乡村旅游朝着更高层次方向发展。

(3)乡村旅游发展规模和速度的合理化。发展规模和速度,是产业发展中非常关键的两个指标,发展规模体现的是产业存量,发展速度反映的是产业增量。因此,乡村旅游发展规模和速度不仅决定着乡村旅游在地区经济发展中的地位,而且还决定着乡村旅游未来的发展方向。规模和速度的合理化必然会对乡村旅游的转型升级带来重要影响。一般而言,规模和速度是处于不断变化的过程中,乡村旅游发展规模和速度合理化考察的是乡村旅游内部之间的相互协调以及其与外部环境的相互适应,具体包括:乡村旅游内部要素增长是否能实现相互协调和平衡发展;乡村旅游规模和发展中否与市场发展和旅游需求变化相适应,是否是建立在地区发展基础上、与当地经济社会发展相适应。

2. 乡村旅游高度化

合理化是高度的基础和前提,但合理化并非结构调整的终极目标。要实现乡村旅游转型升级,仅有内部构成要素(结构)的合理化,还并未达到目标,还需进一步进行深化发展,通过加强乡村旅游社会分工和技术创新,不断提升乡村旅游资源的深度开发程度和投入要素的利用效率,增加乡村旅游的产出价值。通常而言,乡村旅游结构高度化主要有以下几方面的内容构成：

（1）乡村旅游资产高度化。乡村旅游的发展离不开一定量资产的投入，乡村旅游资产是乡村旅游产品和服务构成的基础，其结构会对乡村旅游发展产生影响。乡村旅游资产结构高度化对推动乡村旅游持续发展具有重要意义，高度化充分表现为乡村旅游资产结构要能与经济发展和旅游市场需求相适应，乡村旅游经济规模越来越明显，规模效益越来越凸显；乡村旅游经营主体朝着综合化、规模化和大型化方向发展；乡村旅游经济发展集团化和集约化日趋显著，乡村旅游结构周期性变动逐步弱化。

（2）乡村旅游技术高度化。科学技术是推动产业经济发展的重要因素，是衡量产业发展的重要指标。乡村旅游技术结构高度化体现在高技术、新技术在乡村旅游经济活动中的分量显著提升，经济技术在乡村旅游贡献度的逐步提高，乡村旅游经济活动中各项分工的日趋细化和深化。在经济技术的作用下，乡村旅游各构成要素关联度更高、联系更为紧密。

（3）乡村旅游就业高度化。乡村旅游就业结构反映乡村旅游发展中各层次管理人员、技术人员和服务人员的比例关系。从规模上讲，乡村旅游就业高度化体现在乡村旅游接纳就业的能力逐步提升，从事乡村旅游经营管理和服务的人员规模数量快速增加；从人员素质上看，乡村旅游就业高度化体现在高层次、高技术人员在总人数中的比重增加；从单位员工产出来看，乡村旅游就业高度化体现在员工单位产出增加，就业效益大幅提高。

（4）乡村旅游产出高度化。乡村旅游产出结构体现为乡村旅游各产品产出之间的比例关系，亦即乡村旅游各构成产品对总收入的贡献度。乡村旅游产出高度化是乡村旅游中高附加值、高收入弹性的产品收入比例明显提高，如康体养生、休闲度假等，并以此带动乡村旅游总收入的快速增加。

（5）乡村旅游经济运行高度化。主要表现为乡村旅游对乡村旅游市场需求的适应性显著增强；乡村旅游在满足旅游者各方面、各层次需求的条件下，从整体上保持均衡、协调地发展；乡村旅游成为推动地区经济增长的动力，在地区经济中的地位不断提高。

第二节 新时代乡村旅游提质增效运行机制

外部发展环境和内部发展需求变化是新时代乡村旅游提质增效的驱动因素。新时代乡村旅游提质增效以乡村旅游稳定发展为前提，以乡村旅游结构优化为着力点，以乡村旅游质量效益提升为结果，通过内部机制与外部机制相互作用实现，其中内部机制由稳定发展、结构优化和质量效益等三个子系统构成，外部机制由经济社会状况反馈调节、市场需求导向、政府监督协调等机制构成。

一、新时代乡村旅游提质增效的动因分析

乡村旅游的不断发展是各种力量共同作用的结果。从影响乡村旅游发展的主导动力因素来看，乡村旅游发展的主要驱动来源有旅游动机、旅游企业、旅游资源、旅游需求等。乡村旅游提质增效本质上是通过提升乡村旅游发展质量、产品质量、服务质量等，实现乡村旅游经济功能、服务功能和综合功能的提升，其有赖于各种要素流通通道的打通。立足乡村旅游发展主导动力因素以及乡村旅游发展动力系统，本书将新时代乡村旅游提质增效动因归纳为四个方面，即旅游需求的变化、政府的引导、激烈的市场竞争以及乡村旅游目的地内在发展需求。其中，乡村旅游内在发展需求为内部动力（内源动力）；旅游需求的变化、政府的引导、激烈的市场竞争为外部动力（外源动力）。四种力量相互协调作用，共同推动乡村旅游稳定发展、结构优化和质量与效益的提升。内源动力是乡村旅游实现提质增效的关键，外源动力是乡村旅游高质量、高效率发展的基础性先决条件。因此，内源动力与外源动力的有效结合，成为实现乡村旅游提质增效的重要

因素。

(一) 旅游需求的变化

随着我国经济社会发展进入新时代,人民对美好生活追求成为我国主要矛盾的一个方面。从国际旅游发展实践来看,旅游需求层次随着生活水平的提高而逐步提高。当人均 GDP（国内生产总值）超过 6000 美元时,人们就会产生休闲度假旅游需求。2018 年,我国人均 GDP（国内生产总值）为 64520.7 元,折合约 9750.16 美元 (接近 1 万美元)。2018 年,贵州人均 GDP （国内生产总值）为 41244 元,折合约 6232.66 美元。[1] 表明我国已经步入（贵州开始步入）大众休闲时代,发展休闲度假旅游的经济社会条件已经成熟。人们对旅游的需求已经不再是要求简单的乡村旅游初级产品和服务满足,而是要求更高质量、更深体验的高层次休闲度假乡村旅游产品,并且人们的需求更为多元化和个性化。同时,随着我国假日制度的调整、乡村基础设施的改善（特别是交通基础设施）、私家车的普及[2],人们外出旅游的方式正发生着深刻变化,自驾出行、举家外出、快旅慢游、亲子旅游、说走就走的旅行成为乡村旅游的时代新宠。彰显个性、高品质生活、深度体验式的乡村旅游产品成为市场的主导。旅游者出行方式和消费需求的变化是贵州乡村旅游提质增效的重要推动因素。因此,在新时代,贵州乡村旅游发展必然不满足于乡村旅游起步时产品单一、低层次的"农家饭、农家屋、农家活"业态形式和消费内容,必然要从原来的乡村观光向乡村休闲度假转变。而乡村旅游提质增效是满足人民"美好生活需要"的重要手段。[3]

---

[1] 根据《2018 年国民经济和社会发展统计公报》中 2018 年 GDP 总额、年末人口数和全年人民币平均汇率计算得出。
[2] 贵州省 2017 年私人汽车拥有量 375.93 万辆,比上年增长 20.4%；城镇居民家用汽车每百户拥有 34.97 量。2018 年将突破 400 万辆。2018 年贵州实现 98% 的通组公路硬化,2019 年将实现 30 户以上村民组组路 100% 硬化。
[3] 唐任伍,徐道明. 新时代高质量旅游发展的动力和路径 [J]. 旅游学刊,2018,33 (10):11-13.

（二）政府的引导

纵观贵州旅游发展的历程，乡村旅游在整个旅游发展中的地位非常突出。早在20世纪80年代，贵州旅游业伴随乡村旅游（民族村寨旅游）的发展而起步。一直以来，贵州省政府非常重视乡村旅游发展，将其视为旅游业转型升级的突破口和旅游业新的增长点。乡村旅游成为贵州推进以农村供给侧结构性改革为主线的农村产业革命、全域旅游示范区建设、新型城镇化建设、脱贫攻坚以及乡村振兴的重要手段。为促进乡村旅游发展，贵州省人民政府及旅游相关部门先后出台《关于大力发展乡村旅游的意见》《关于大力实施乡村旅游扶贫倍增计划的意见》《关于加快旅游业发展的意见》《关于推进旅游业供给侧结构性改革的实施意见》《贵州省发展旅游业助推脱贫攻坚三年行动方案（2017—2019年）》等一系列重要文件。此外，为规范乡村旅游发展，贵州还相继出台了《贵州省乡村旅舍质量等级评定管理办法》《贵州省乡村旅游村寨、经营户（农家乐）、客栈质量等级评定管理办法（试行）》《贵州省乡村旅游区质量等级划分与评定办法（试行）》《贵州省旅游民族村寨设施与服务规范》《贵州省乡村旅游村寨建设与服务标准》《贵州省乡村旅游农家乐经营户服务质量等级划分与评定》《贵州省乡村旅游客栈服务质量等级划分与评定》等文件和标准。上述政策和标准进一步提升了乡村旅游在贵州经济发展、旅游发展中的作用和地位，突出并指明了贵州乡村旅游提质增效的迫切性和必然性，明确了未来贵州乡村旅游提质增效指导思想、目标及重点任务，并为乡村旅游实现提质增效在政策、资金、人才、组织等方面提供有力保障，必将是推动乡村旅游提质增效的强有力因素。

（三）激烈的市场竞争

伴随我国经济持续发展，居民生活水平逐步提高，假日制度调整以及私家车的普及，以路途短、周期短为特征的乡村旅游备受青睐，市场需求旺盛。同时，随着我国新型城镇化的推进以及农村基础设施的改善，农村将成为我国未来投资的热点，作为农村经济重要内容的乡村旅游也必然成为贵州旅游业乃至农村投资的一大热点。农业观光、农事体验、民族村寨、避暑度假等业态层出不穷。一方面，社会资本的大量流入，乡村旅游新业态的不断涌现，极大地促进了乡村旅游的发展，带动了地区经济社会发展，也满足了旅游市场个性化和多样化需求。另一方面，也要看到，乡村旅游市场趋势变化和新业态的涌现也必将带来激烈的市场竞争，特别是对传统"农家乐"形式的低层次乡村旅游带来巨大冲击。同时，由于乡村旅游资源的相似性，新的产品体系和商业模式之间也必然会存在一定的相似性，彼此之间也会存在相互竞争。因此，随着乡村旅游市场分化和投资的加快，乡村旅游目的地要想确保自身在激烈市场竞争中的优势，实现可持续发展，必然要优化产业结构，不断创新发展方式和发展形态，推动乡村旅游提质增效。

（四）内在发展追求

从区域角度看，乡村旅游对推动地区经济社会发展具有重要作用，也是实现乡村振兴的重要抓手。由于观念落后和地理区位不佳等因素制约，农村地区工业化水平不足，经济较为落后，但却保留下来了优美的自然风光，生态环境几乎没有受到太大的破坏。在当前建设生态文明的过程中，农村地区原生态的自然环境，是其最大的比较优势。大力发展旅游，是发挥农村地区比较优势的有效载体。与其他产业经济相比，现代旅游业更注重对自然生态环境的保护、培育和优化，主张开发绿色产品、推广绿色经营，提倡绿色消费、开展绿色宣传，提高旅游管理者、经营者、旅游者和旅游目的地居民的环境意识、生态意识和绿色旅游意识，建立绿色旅游管理体制，努力成为资源节约型、环境友好型产业①；符合建设美丽中国、迎接生态文明新时代的要求。因此，农村地区充分发展，需要进一步发挥乡村旅游的带动作用，必然要求乡村旅游提质增效。

从乡村旅游体系看，一是，乡村旅游经营企业（者）的逐利性迫切需要乡村旅游提质增效。经营企业（者）从事乡村旅游的出发点就是通过向旅游者提供产业或服务以获取相应的利益。提质增效是乡村旅游经营持续发展和

---

① 王兴斌. 关于现代旅游业若干特征的探讨 [N]. 中国旅游报，2007-5-16 (13).

经营企业（者）获得所需利益的必然结果。二是，乡村旅游目的地当地居民美好生活追求要求乡村旅游提质增效。乡村旅游是典型的富民产业，与当地居民生活息息相关，乡村旅游的发展质量和效益直接影响当地居民的生产生活方式。同时，村民的积极参与是乡村旅游发展的基础，也是其目标实现的路径。对美好生活追求是每个村民的期待。乡村旅游要想实现可持续发展，最为关键的是其目标要能与村民美好生活追求的心理预期相符合，能够满足村民利益诉求。正如学者贺雪峰指出的，"私利或私域的逻辑是中国人行为的深层逻辑"[①]。提质增效要能够让村民看到增收致富之路，通过"利民"的制度安排吸引村民积极参与其中。村民对美好生活追求是村民积极推动乡村旅游发展的根本原因和内在动力，也是乡村旅游提质增效的动因。

二、新时代乡村旅游提质增效运行机制的构成与特征

（一）乡村旅游提质增效运行机制构成

乡村旅游提质增效运行机制分析就是把乡村旅游看作一个整体系统，通过系统分析影响乡村旅游提质增效的内部因素及其具体功能，进而探讨影响乡村旅游提质增效的外部环境、整体系统以及稳定发展、结构优化与质量和效益提升三者之间的相互作用和规律。系统理论认为，一个开放的复杂系统内部结构与外部环境之间存在相互作用、相互影响、相互依存的关系。乡村旅游提质增效过程是系统在与外界之间进行物质、能量和信息不断交换，进而实现内部输入转向外部输出的过程。本书所研究的乡村旅游提质增效运行机制是一个开放的复杂系统，其由内外两个运行机制构成，其中：内部机制由稳定发展、结构优化和质量效益等三个子系统构成，外部机制包括影响和制约乡村旅游提质增效的经济社会状况、政府政策、区域外部环境等构成。并且，乡村旅游提质增效内外机制之间必然存在相互影响、相互作用，其对

---

① 贺雪峰. 公私观念与农民行动的逻辑［J］广东社会科学，2006（1）：153-158.

乡村旅游提质增效的实现至关重要。

1. 乡村旅游提质增效内部机制

乡村旅游提质增效内部机制由稳定发展、结构优化和质量效益等三个子系统构成，其实质表现为以实现乡村旅游提质增效为目标，通过各构成要素间的相互作用，确保最终实现提质增效的目标。其中：乡村旅游稳定发展是乡村旅游提质增效的基础保障，乡村旅游结构优化是乡村旅游提质增效的重要着力点和实质内涵，质量效益是乡村旅游提质增效的必然要求和目标。

乡村旅游稳定发展与乡村旅游提质增效。乡村旅游稳定发展与乡村旅游提质增效之间相互影响。一方面，乡村旅游稳定发展是促进乡村旅游提质增效的基础保障，乡村旅游提质增效有赖于乡村旅游的稳定发展。乡村旅游发展剧烈波动显然不利于乡村旅游提质增效的实现。当乡村旅游增长率逐步走向平稳时，乡村旅游经济总量（乡村旅游收入或增加值）保持相对平稳增长，而不是追求较高的总量，便会转向乡村旅游增长的质量和效率提升。另一方面，在乡村旅游提质增效过程中，乡村旅游发展的外部适应能力也必然会增强，从而降低乡村旅游发展受外界环境影响或内部要素冲突带来的波动。同时，政府有关促进乡村旅游发展的政策也会出台，从而为乡村旅游提质增效提供更适宜的发展环境，使得乡村旅游发展更为稳定，更注重增长质量和效率。

乡村旅游结构优化与乡村旅游提质增效。乡村旅游结构优化是实现效率提升的重要途径和着力点，通过产品业态创新推动乡村旅游结构优化能够逐步实现乡村旅游发展效率提升，进而促进乡村旅游整体发展质量的提高，最终实现乡村旅游提质增效的目标。从实践来看，为推动区域乡村旅游提质增效，政府部门通过出台相应的政策措施，这些政策措施引导乡村旅游经营者不断转变经营方式，以适应新的市场需求和发展需要，从而能够有效加快乡村旅游结构的演变，不断促进乡村旅游结构在提质增效中走向优化，从而最终实现乡村旅游结构优化升级。

乡村旅游质量效益与乡村旅游提质增效。乡村旅游质量效益是乡村旅游提质增效的结果，乡村旅游提质增效最终目标是实现乡村旅游质量效益的最大化。因此，从投入产出的角度看，如何提高单位资源投入的产出，是实现乡村旅游提质增效的重要环节。具体包括：以有限的资源投入获得最大的质量效益或既定的质量效益获得投入最小的资源。所以，在乡村旅游提质增效过程中，只有乡村旅游质量效益得以有效提升，才能最终实现乡村旅游提质增效目标。

乡村旅游稳定发展与乡村旅游结构优化。乡村旅游稳定发展过程中，乡村旅游收入增长、乡村旅游投资、乡村旅游产品业态、乡村旅游就业以及乡村旅游与相关产业融合等都会逐渐朝着合理的方向转变，从而促进乡村旅游结构在发展过程不断合理化和高度化，推动乡村旅游进一步优化升级。同时，乡村旅游产业结构的逐步优化增强了乡村旅游自身发展能力和抗波动的能力，也能促进乡村旅游稳定发展。

乡村旅游结构优化与乡村旅游质量效益。乡村旅游结构优化的过程就是乡村旅游投入要素趋向合理化和高度化的过程，通过优化能够降低投入资源耗损和浪费，提高各种投入资源的使用效率，实现投入资源产出的最大化，从而提升乡村旅游在发展中的质量和效益。相反，通过乡村旅游质量效益的提升，不断调整乡村旅游产业结构，从而带动乡村旅游结构的优化。

乡村旅游稳定发展与乡村旅游质量效益。乡村旅游发展趋于稳定的过程中，一方面会对乡村旅游总体规模的增长产生影响，另一方面乡村旅游发展逐渐趋于稳定时，将会更加关注乡村旅游发展的质量，注重乡村旅游发展的效益。反过来，乡村旅游质量效益提升时，也会对乡村旅游稳定发展产生影响，在资源有效配置基础上，乡村旅游总量规模也必然会获得增长并实现稳定发展。

综上，乡村旅游稳定发展、乡村旅游结构优化和乡村旅游质量效益之间的相互作用、相互影响、相互依存，共同推动乡村旅游提质增效目标的实现。

2. 乡村旅游提质增效外部机制

乡村旅游提质增效外部机制主要是指乡村旅游发展过程中，影响和制约乡村旅游提质增效的外部环境（社会发展、市场需求、政府政策等）所产生作用的相关机制，包括：经济社会状况反馈调节机制、市场需求导向机制、政府监督协调机制等。

经济社会状况反馈调节机制。经济社会状况对实现乡村旅游提质增效目标的反馈最为有效，从地区经济社会发展水平、人民生活水平、民生问题以及基础设施配套等方面，都能够很好地反馈出乡村旅游提质增效的成效。当乡村旅游目的地经济社会发展水平逐步提升、人民生活水平不断提高、乡村治理日趋有效、乡村环境生态宜居，都是乡村旅游提质增效成果的充分体现。当然，地区经济社会状况也是乡村旅游提质增效的重要外部支撑，乡村旅游提质增效需要在较为适宜的经济社会环境中进行，经济社会的发展不仅事关乡村旅游质量的提升，也影响到乡村旅游效率的增长，经济社会发展越好、水平越高对乡村旅游提质增效的要求和推动力就越大。

市场需求导向机制。乡村旅游是以市场为导向的产业，市场需求在乡村旅游发展过程中起着方向性作用，市场需求是乡村旅游目的地选择发展方向和发展模式的重要依据。贵州乡村旅游发展实践表明，乡村旅游各村镇之间既有着激烈的竞争关系，又存在着普遍的合作关系。[①] 特别是随着全域旅游建设的加快推进和乡村旅游产业形态的变化，区域乡村旅游竞合关系将日趋紧密，从传统的景区线路竞争，迈向区域合作竞争乡村旅游时代，区域与区域间、区域内部间市场竞争合作必然不断强化升级。因此，在新时代，随着旅游的普及化和旅游的经验化，人们对乡村旅游产品的选择更趋理性化，市场需求导向的旅游开发成为重要内容。需求导向是推动乡村旅游加快发展、实现乡村旅游提质增效目标的重要外部推力，同时乡村旅游提质增效也是经营主体在竞争合作中不断提升自身能力和竞争优势的结果。

政府监督协调机制。在实现乡村旅游提质增效目标过程中，对乡村旅游

---

① 吴亚平. 乡村旅游区域精准与区域协作问题实证分析——以安顺屯堡文化旅游圈为例[J]. 贵州师范学院学报，2011，27（9）：39-42.

提质增效总体系统及内部各子系统的运行情况进行监控必不可少，政府的监督协调是确保乡村旅游提质增效内部机制顺利运行的重要保障。政府通过出台乡村旅游发展支撑政策、加快旅游管理综合改革、提升旅游管理服务能力、规范旅游市场，能促进乡村旅游稳定发展和提质增效有序进行。

当然，经济社会状况反馈机制、市场需求导向机制、政府监督协调机制的作用范围和功能存在差异，但是三者共同构成乡村旅游提质增效外部机制，对实现乡村旅游提质增效起着重要作用。

（二）乡村旅游提质增效运行机制特征

作为一个开放复杂系统，乡村旅游提质增效运行机制具备整体性、集合性、相关性、目的性以及外部适应性等特征。

1. 整体性

乡村旅游提质增效机制各构成要素间相互作用、相互协调的关系，要协调统一于乡村旅游提质增效运行机制体系整体之中，各构成要素需要围绕整体目标的要求进行有序平衡发展，实现内部各指标和标准的整体规范性。在乡村旅游提质增效过程中，只有通过实现各构成要素整体输出，才能有效降低或避免乡村旅游提质增效机制低效运行甚至无效运行的风险。

2. 集合性

乡村旅游提质增效有赖于内部各构成要素及内外部机制之间的相互作用，只有内部要素之间形成一个有机整体，而不仅仅是要素之间简单聚集和相加，各要素综合功能才能大于单个要素功能之和，实现效能最大化。乡村旅游提质增效机制就是通过内外部机制以及各构成要素形成一个有机整体，促进各要素之间有机协调配合，实现整体功能大于所有要素功能之和。

3. 相关性

在乡村旅游提质增效机制运行过程中，乡村旅游稳定发展、乡村旅游结构优化和乡村旅游质量效益三个要素紧密联系，相互作用、相互影响，其中一个要素的改变，都会引起其他要素的变化。同时，乡村旅游提质增效内外部机制之间也存在相互影响的关系,内部机制运行有赖于外部机制提供支撑和保障,并对外部机制产生影响。

4. 目的性

作为一个有机的整体,乡村旅游提质增效机制有其存在的目的性。目的性是推动乡村旅游提质增效不断朝着目标发展的重要导向。乡村旅游提质增效机制的最终目的就是在内外以及各要素密切配合下,达到乡村旅游实现提质增效的目标。

5. 外部适应性

一个系统总是处于一定的发展环境之中,环境是系统发展演化的本底。系统发展过程就是系统不断适应和改变环境的过程。乡村旅游发展依托经济社会发展、国家政策以及区域发展环境等外部环境,环境影响着乡村旅游整体功能的发挥。在乡村旅游发展过程中,乡村旅游通过内部结构不断与外部环境进行物质、能量和信息交换,不断适应经济社会发展环境的变化,努力保持与外部环境最佳适应。如在脱贫攻坚时期,乡村旅游要紧密与脱贫攻坚要求和政策相适应,充分发挥乡村旅游的益贫性;在乡村振兴战略实施背景下,乡村旅游要充分体现其在产业兴旺、生态宜居、乡风文明等方面的作用。因此,要保证乡村旅游提质增效机制的顺利运行,就应不断提升乡村旅游内部对环境的适应能力。对乡村旅游提质增效机制的把握,不仅要注重其内部要素相互关系,也要立足乡村旅游与经济社会发展、政府政策以及市场发展环境分析。

三、新时代乡村旅游提质增效运行机制的构建

(一)乡村旅游提质增效内部机制构建

乡村旅游稳定发展、乡村旅游结构优化与乡村旅游质量效益三者的内部机制是由乡村旅游提质增效的总目标确定的,在发展过程中,三者在实现乡村旅游提质增效总目标过程中相互依赖、相互作用、相互影响,使乡村旅游提质增效目标与实际目标逐渐接近,使得乡村旅游内部机制输出与新时代乡

村旅游提质增效要求相符合（图2-7）。乡村旅游稳定发展是乡村旅游提质增效的基础保障，在实现乡村旅游提质增效的目标导向下，稳定发展是大背景、大前提，只有乡村旅游在一个良好的发展氛围和环境中，才能更进一步地实现提质增效。而且，稳定发展也是新时代乡村旅游发展的新模式、新思路。乡村旅游结构优化是实现乡村旅游提质增效的重要着力点和本质内涵，因为不仅能从乡村旅游结构的演变中看到乡村旅游发展的优势和特色，还可以洞察到乡村旅游发展中的不足和弊端。同时，在乡村旅游提质增效中，最核心的就是重视乡村旅游结构的变化，并从中寻找到有效推动乡村旅游发展的调整策略，因此，乡村旅游结构优化是实现乡村旅游提质增效的着力点，是实现乡村旅游提质增效的本质内涵。乡村旅游质量效益是实现乡村旅游提质增效的必然要求和总目标。提质增效是经济发展的终极目标，而乡村旅游提质增效实则是乡村旅游增长质量和效益的提高，因此说，乡村旅游质量效益就是实现乡村旅游提质增效的总目标。所以说，乡村旅游稳定发展、乡村旅游结构优化和乡村旅游质量效益三者间相互影响、相互作用，共同推动新时代乡村旅游提质增效目标的实现。

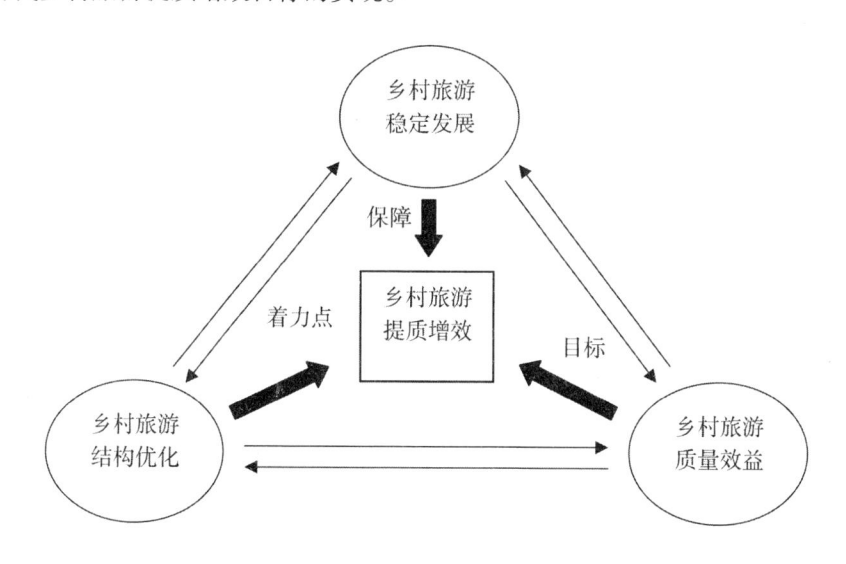

图2-7 乡村旅游提质增效内部机制

(二) 乡村旅游提质增效外部机制构建

乡村旅游提质增效外部机制以乡村旅游可持续发展为依据，通过经济社会状况反馈机制、政府监督机制以及市场需求导向机制，作用于乡村旅游提质增效的内部机制（图2-8）。经济社会状况反馈机制是乡村旅游提质增效外部机制的重要环节，对乡村旅游发展和政府监督机制以及需求导向机制都有着重要的反馈作用。该机制的输出结果对乡村旅游提质增效目标方面的实现进行反馈并进行调节修正，同时反馈结果会作用于政府监督机制以及市场需求导向机制。政府监督机制是乡村旅游提质增效内部机制有效运行的保障，同时是市场需求导向机制的重要"黏合剂"，其贯穿于乡村旅游提质增效整个过程。政府监督机制设计和实施的优良性对乡村旅游提质增效机制运行效果至关重要，并最终影响乡村旅游提质增效目标实现。在实践中，通过

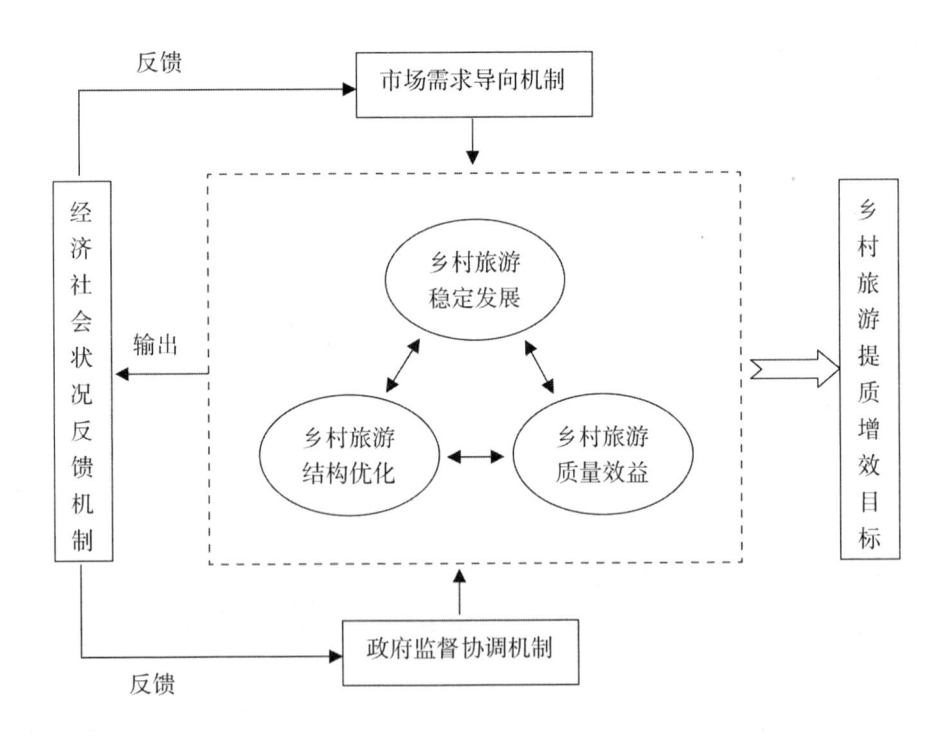

图2-8 乡村旅游提质增效外部机制

审查政府监督机制，对乡村旅游内部子系统实施监督评估，同时，乡村旅游内部子系统对政府监督机制进行反馈，以进一步改进政府监督机制，使之更加完善。

因此，乡村旅游提质增效三个外部机制之间也是相互影响、相互作用的关系。新时代经济社会发展的总要求是乡村旅游提质增效机制的根本，经济社会状况反馈机制是外部环境向乡村旅游提质增效内部机制"输入"变量（资源、信息、资金等）的过程中，并将"输出"变量（产品与服务、收入等）的结果进行反馈，同时对政府监督机制产生作用。

第三章

贵州乡村旅游发展的历程、经验与典型模式

第一节 贵州乡村旅游发展的历程

一直以来，乡村旅游都是贵州旅游业的重要组成内容。贵州是全国率先将国际乡村旅游理念引进并付诸实践的省份，是世界旅游组织乡村旅游发展的重点观测点。20世纪90年代，贵州就在全国率先提出了"旅游扶贫"的发展思路，其突破口就选择了乡村旅游。同时，选择了安顺石头寨、黔东南上郎德、南花、青曼、西江苗寨等8个民族村寨进行旅游扶贫试点。目前，贵州省开展乡村旅游的村寨超过3500个，开展了以民族文化、历史文化、观光农业、节庆节事、气候等为载体的乡村旅游活动，形成了歌舞表演、民族节庆、文化体验、古镇探秘、农业观光、城郊"农家乐"、避暑度假等形式多样的乡村旅游产品。回顾贵州省乡村旅游近40年的发展历程，可大致分为四个阶段，并呈现出鲜明的阶段性特征。

一、起步发展阶段（1978—2005）

改革开放以来，伴随着旅游业的兴起，贵州乡村旅游逐步发展起来。20世纪80年代，贵州在开发自然风光旅游的过程中，就选择一些文化特色突出的民族村寨（如贵阳市的高坡民族乡和黑土苗寨、镇宁自治县的布依族石

头寨、黔东南州的上郎德苗寨等)开展以民族村寨为主要形式的旅游,标志着贵州乡村旅游开始兴起。在黄果树等开发较早的景区,周边农民通过售卖农产品、特色小吃、提供导游服务等增加收入,改变贫困面貌。为加快推动乡村旅游发展,贵州省从省级层面出台了一些支持乡村旅游发展的政策,如《贵州省"十五"规划》中明确提出要进一步搞好乡村旅游;《关于实施西部大开发战略的初步意见》提出"重点发展乡村旅游为重点的多民族文化旅游、度假体验旅游和生态旅游,并将旅游大省建设列为西部大开发总目标之一";《关于加快旅游业发展的意见》提出"建立一批乡村旅游示范区"。经过不断努力,贵州探索出了景区带动、特色饮食等乡村旅游发展路径,乡村旅游开始从贵阳及其他城市郊区农村、大景区周边逐步发展起来。但由于缺少资金投入,缺乏对旅游服务设施的统一规划和建设,从业人员文化素质普遍较低,服务质量良莠不齐,辐射带动群众增收不够明显,乡村旅游呈现典型的"地区自我开发"特点。

二、规范提升发展阶段(2006—2010)

从2006年开始,贵州省委、省政府决定每年在一个市(州)举办一届全省旅游产业发展大会。同年9月,首届旅发大会在安顺黄果树国家重点风景名胜区隆重召开,重点打造黄果树等旅游品牌,建设自然风光与民族文化相结合的旅游大省。与此同时,贵州省连续举办多彩贵州"两赛一会",累计约有3.2万件作品和1.6万名能工巧匠参赛,推出了蜡染、刺绣、银饰、马尾绣、水书、土布、剪纸、陶器等大量极具贵州原生态特色的旅游商品,选出"贵州名创"723件(套)、"贵州名匠"401名,对全省发展旅游商品特色产业、传承民族民间文化、创业带动就业和促进群众脱贫致富发挥了重要作用。省外游客逐渐增多,省内旅游消费需求增加,乡村旅游快速发展,形成了一定规模。

针对乡村旅游普遍存在的档次不高、内容单调、管理水平低、服务质量差等问题,贵州省逐步出台推动乡村旅游发展的政策措施和标准化体系。为加快推进旅游发展，2007年11月28日，贵州省委、省政府印发《关于大力发展乡村旅游的意见》（黔党发〔2007〕30号）中进一步明确，"要把发展乡村旅游，作为推进社会主义新农村建设的重要抓手，作为统筹城乡发展的重要举措和构建和谐贵州的重要载体，提出以民族民间文化体验游和休闲度假游为重点带动乡村旅游全面发展，加快形成多元化乡村旅游产品体系"，并成立了由省委副书记任组长，省委常委、副省长和省委常委、宣传部部长任副组长，包括40个省级机关单位和9个地、州（市）人民政府（行署）主要领导为成员的省旅游发展和改革领导小组，各市、县成立了相应的领导机制，为乡村旅游发展注入强劲动力。为加强对旅游景区的管理，贵州省对跨行政区域的旅游景区所涉及的乡、镇、村组，实行划片统一领导管理、统一保护开发，使乡村旅游基础设施建设取得较大突破、旅游功能迅速完善、品位大幅提升，乡村旅游综合实力明显增强。为推进扶贫开发与乡村旅游有机融合，贵州大力实施乡村旅游扶贫倍增计划，通过采取加大财政资金引导性投入、拓宽乡村旅游扶贫开发融资渠道、加强乡村旅游扶贫资源保护和环境建设、开展乡村旅游扶贫从业人员培训和开拓乡村旅游扶贫市场等措施，使乡村旅游发展取得明显成效。

2008年11月，贵州省乡村旅游现场会提出了乡村旅游的三个"20%以上"发展目标。同时，涵盖乡村旅游发展方方面面的规范标准陆续出台，如《贵州省乡村旅舍等级评定与管理》《贵州省旅游民族村寨设施与服务规范》《农家乐经营管理规范》等等，对贵州乡村旅游的规范化发展起到了很大的促进作用。经过规范提升，基础设施建设、规范服务等重点任务得到明确和强化，乡村旅游的标准化、精细化、人性化程度明显提升，民族文化创新、产业带动等乡村旅游发展路径初现雏形。到2010年底，贵州省开展乡村旅游的自然村寨突破3000个，实现旅游收入178亿元，"十一五"时期全省共有42万贫困人口依靠参与旅游业发展而脱贫致富。

三、项目带动发展阶段（2011—2015）

进入"十二五"时期，贵州省主要通过"四在农家·美丽乡村"基础设施建设六项行动计划、"五个100工程"、旅游扶贫示范等项目，打造多彩贵州、美丽乡村，带动乡村旅游发展，促进农民增收致富。2012年底，贵州省委、省政府提出实施"五个100工程"，重点打造100个高效农业示范园区，培育一批特色产业融合发展的旅游扶贫典型；重点打造100个旅游景区，培育一批景区带动乡村旅游的新典型；重点打造100个示范小城镇，培育了一批基础设施、民族文化创新带动的乡村旅游典型。2013年8月，贵州省启动实施"四在农家·美丽乡村"基础设施建设六项行动计划①，着力建设生活宜居、环境优美、设施完善的美丽乡村，进一步加快农村全面小康建设进程。结合"四在农家·美丽乡村"六项行动计划，贵州省编制了《贵州省乡村旅游转型升级建设行动计划》，安排2000万元资金，全面启动100个乡村旅游示范点建设。②

贵州省以实施贫困村旅游扶贫试点为契机，深入推动扶贫开发与乡村旅游有机融合，有效促进乡村旅游发展，并带动贫困户脱贫致富。贵州省乡村旅游扶贫工作会议明确"十二五"期间，紧紧围绕"多彩贵州乡村游、抓好旅游促增收"主题，大力发展乡村旅游，努力实现农民收入倍增，使乡村旅游扶贫真正成为富民、利民、惠民的民生工程，提出在300个贫困村实施乡村旅游扶贫示范点，形成10个具有较大影响力的乡村旅游示范区和各具特色的乡村旅游扶贫品牌，实现"一年打基础、三年大变化、五年上台阶"的总目标。全省有517个村成为国家乡村旅游扶贫重点村，其中38个贫困村列入2015年启动的旅游扶贫试点村。2015年，全省乡村旅游接待游客1.59亿人次，占全省旅游接待人数的42.4%，同比增长23.1%；乡村旅游收入705.90亿元，占全省旅游总收入的20.0%，同比增长28.3%；乡村旅游吸纳287.61万人就业，受益人数逾577万人。③

---

① 实施小康路、小康水、小康房、小康电、小康讯、小康寨六项行动计划。
② 贵州省地方志编委会. 贵州减贫志［M］. 北京：方志出版社，2016.
③ 贵州省地方志编委会. 贵州减贫志［M］. 北京：方志出版社，2016.

四、提质增效发展阶段（2016—）

进入"十三五"时期，贵州省以供给侧结构性改革为抓手，大力推进全域旅游建设，乡村旅游步入提质增效发展阶段。2016年，贵州省出台了《关于推进旅游业供给侧结构性改革的实施意见》，提出"做大总量、做精质量、做优结构、提升效率"的总体目标，实现有质量、有效益、可持续的旅游发展，不断提高旅游"六个比重"，即"旅游增加值占GDP比重""旅游脱贫人数占中脱贫人数不足""旅游购物消费占旅游消费比重""入黔游客占游客总数比重""乡村旅游收入占旅游总收入比重""旅游税收镇税收收入比重"，实现旅游从"粗放低效转向精致高效转变"、从"门票经济向产业经济转变"。2018年，贵州省乡村旅游接待游客4.62亿人次，实现旅游收入1572.79亿元，同比分别增长33.61%、36.59%。[①]

第二节　贵州乡村旅游发展的经验

经过近40年的探索，贵州省逐渐走出了一条"保护一方山水、传承一方文化、促进一方经济、造福一方百姓、推动一方发展"的乡村旅游发展新路，涌现出了一批民族文化丰富、产业特色突出、村容景致独特、乡风文明和谐的魅力乡村，培育出了一批农耕文明悠久、乡村文化浓郁、民俗文化多彩、自然环境绝佳的美丽田园，乡村旅游产品体系逐步完善，形成了一批有代表性的、可复制可推广的复合型乡村旅游特色样板。贵州省乡村旅游发展已经成为农村发展、农业转型、农民致富的重要渠道。截至2018年，贵州省开展乡村旅游的自然村寨突破3500个，农家乐近10000家。2018年，贵州省乡村旅游投资140亿元，接待游客4.62亿人次，占全省旅游接待总量的

---

① 贵州省文化和旅游厅. 2018年文化和旅游相关数据手册, 2019.

47.7%；实现总收入2148.33亿元，占全省旅游收入的22.7%；同比分别增长33.61%、36.58%。

一、领导重视，高位推进

贵州省委、省政府高度重视旅游业对促进社会经济发展的作用和地位，将旅游业作为践行习近平总书记守住两条底线要求、推动全省产业转型升级的战略重点和全省千方百计做强的"三块长板"之一。目前，旅游业已然成为贵州发展经济、繁荣文化、涵养生态、造福百姓的崇高事业，旅游业发展已经深深地嵌入到贵州社会经济发展的方方面面，突出表现为旅游业与三次产业间的紧密融合，旅游业与公共基础设施建设、生态文明建设和精神文明建设等的有效结合，等等。贵州省连续14年召开高规格的旅游发展大会，成立了以省长为组长的"贵州省旅游发展和改革领导小组"，省发改委、省扶贫办、省旅发委等10多家省直单位主要负责人为成员，定期研究旅游发展中的重大事项。在省级层面制定出台和实施了《贵州省乡村旅游可持续发展五年行动计划》《贵州省发展旅游业助推脱贫攻坚三年行动方案（2017—2019）》，成为持续推动乡村旅游转型升级的重要推动力。

二、规范引领，强化标准

按照省委规范化标准化推进乡村旅游转型升级的指示要求，先后出台了《贵州省标准化推进乡村旅游高质量发展工作方案》《贵州省旅游民族村寨设施与服务规范》《贵州省乡村旅舍质量等级评定管理办法》《贵州省乡村旅游区质量等级划分与评定办法（试行）》等文件，以规范乡村旅游发展，不断引导丰富和优化乡村旅游产品供给，加强和完善乡村旅游配套服务设施建设，不断提高和扩大乡村旅游品牌影响力，推动乡村旅游提质增效。此后，2017年，旅游部门与质监部门联合制定和发布了贵州省《乡村旅游村寨建设与服务标准》《乡村旅游客栈服务质量等级划分与评定》《乡村旅游经营户

（农家乐）服务质量等级划分与评定》三个标准，成立了贵州省旅游标准化技术委员会，开展全省乡村旅游村寨、客栈和农家乐标准化评定工作。同年，贵州省旅游发展委员会印发《关于开展全省乡村旅游质量等级现场评定工作的通知》（黔旅办〔2017〕210号），正式在全省范围内启动乡村旅游质量等级评定工作。仅2018年，贵州省旅游发展委先后4批次组织专家队伍对各市州推荐的近200家乡村旅游经营单位进行质量等级评定，分别评定乡村旅游甲级村寨21家、精品级客栈32家、五星级经营户（农家乐）34家。截至2018年底，贵州省共评定标准级以上乡村旅游村寨267个，其中乡村旅游甲级村寨66家；标准级以上客栈363家，其中精品级客栈87家；三星级以上农家乐经营户769家，其中五星级农家乐71家。此外，贵州省在全省范围内加快推进乡村旅游厨房间、卫生间"两间"达标全覆盖，各地乡村旅游接待条件得到极大改善。仅2018年，全省评定了质量等级的乡村旅游客栈和农家乐经营户及"两间"达标评定户达到1938家，单独评定"两间"的966家，对达不到最低乡村旅游质量等级要求的乡村旅游经营单位进行了厨房间、卫生间达标评定1766间。以黔东南州为例，借助举办贵州省第十三届旅游产业发展大会的契机，黔东南州加快乡村旅游标准化全覆盖工作，评定乡村旅游经营户达标厨房间、卫生间280家。为扩大旅游标准化推广，在全省范围内加强乡村旅游系列标准宣传推广，印刷贵州省乡村旅游村寨、客栈、经营户（农家乐）等三个地方标准及其读本等相应资料15万册，发放到各市州县。完成乡村旅游村寨、客栈、经营户（农家乐）标准化服务可视化推广项目（动画片）制作工作。同时，推动各地加大对标准化工作的财政奖补、宣传推广等方面的支持力度。如贵阳市、黔东南州凯里市等地把四星级及以上乡村旅游经营户（农家乐）、优品级及以上乡村旅游客栈工作纳入财政奖补予以支持。

三、示范带动，品牌培育

以旅游服务质量提升为抓手，组织开展满意旅游企业创建和服务之星竞赛、多彩贵州满意旅游痛客行活动，评选游客满意度乡村旅游点、乡村旅游服务之星，采取送教上门等方式开展乡村旅游从业培训，不断提高游客满意度。引导乡村旅游经营者融入互联网电商平台、入驻全省智慧旅游一站式服务平台，形成以互联网整合资源、开拓市场、提升服务和优化管理的乡村旅游经营模式。以打造全国乡村旅游创客示范基地、全国旅游规划扶贫示范成功和全国旅游扶贫示范项目等各类示范项目为突破口，不断推动全省乡村旅游品牌化发展。截至2018年底，贵州省有10个全国休闲农业与乡村旅游示范县、20个国家级休闲农业与乡村旅游示范点、5个全国旅游规划扶贫示范成果、4个全国"景区带村"旅游扶贫示范项、4个全国"能人带户"旅游扶贫示范项目、4个全国"合作社+农户"旅游扶贫示范项目、3个全国"公司+农户"旅游扶贫示范项目、4个中国乡村旅游创客示范基地和1个中国优秀国际乡村旅游目的地（表3-1）。

表3-1 贵州国家级乡村旅游名片

序号	名称	所在地
全国旅游规划扶贫示范成果		
1	江口县怒溪镇河口旅游扶贫规划 （北京慧谷旅游规划设计中心）	铜仁市
2	赫章县平山乡中寨村旅游扶贫规划 （北京中科博道旅游规划设计院）	毕节市
3	道真县洛龙镇大塘村旅游扶贫规划 （台湾普晶开发建设股份有限公司）	遵义市
4	丹寨县南皋乡石桥村旅游扶贫规划 （贵州省建筑设计研究院）	黔东南州
5	瓮安县江界河镇茶园村旅游扶贫规划 （中国科学院旅游研究与规划设计中心）	黔南州

续表

序号	名称	所在地
全国"景区带村"旅游扶贫示范项目		
1	毕节市百里杜鹃旅游景区	毕节市
2	铜仁市梵净山景区	铜仁市
3	安顺市黄果树风景名胜区石头寨景区	安顺市
4	雷山县西江千户景区	黔东南州
全国"能人带户"旅游扶贫示范项目		
1	杨　鑫（遵义湄潭县茅坪镇土槽村黄金树避暑庄园总经理）	遵义市
2	夏泽瑜（兴义万峰林街道办事处上纳灰村麦子山庄总经理）	黔西南州
3	王　龚（贵安新区平寨布依村寨致富带头人）	贵安新区
4	刘禄胜（江口县寨沙侗寨—月上人家农家乐经营户）	铜仁市
全国"合作社+农户"旅游扶贫示范项目		
1	威宁县银龙幸福小镇乡村旅游专业合作社	毕节市
2	安顺市大黑村大丰果蔬种植农民专业合作社	安顺市
3	贞丰县纳孔村旅游扶贫合作社	黔西南州
4	兴义市冗渡镇大寨村锦绣坊秧弄民族锦绣专业合作社	黔西南州
全国"公司+农户"旅游扶贫示范项目		
1	娘娘山高原湿地生态农业旅游开发有限公司	六盘水市
2	开阳县久事旅游生态农业发展公司	贵阳市
3	普定县秀水旅游资源开发有限责任公司	安顺市
中国乡村旅游创客示范基地		
1	黔东南州丹寨县"八寨银匠村"乡村旅游创客基地	黔东南州
2	安顺市西秀区云峰屯堡乡村旅游创客基地	安顺市
3	黔南州惠水县好花红村	黔南州
4	遵义市播州区花茂村	遵义市
中国优秀国际乡村旅游目的地		
1	黔东南州雷山县西江千户苗寨	黔东南州

资料来源：贵州省文化和旅游厅，数据截至2018年。

四、加大投入，项目带动

贵州着眼于乡村旅游业的发展，不断加大乡村旅游投入，积极引导社会资本和当地居民投向乡村旅游发展。特别是"十二五"以来，通过"四在农家·美丽乡村"基础设施建设六项行动计划、"五个100工程"等项目，打造多彩贵州、美丽乡村，带动乡村旅游发展，促进农民增收致富。从2011年起，贵州省扶贫办每年安排不少于1亿元资金开展从业人员培训，建设乡村旅游基础服务设施；[1] 2012年底，贵州省委、省政府提出实施"五个100工程"，重点打造100个高效农业示范园区，培育一批特色产业融合发展的旅游扶贫典型；重点打造100个旅游景区，培育一批景区带动旅游扶贫的新典型；重点打造100个示范小城镇，培育了一批基础设施、民族文化创新带动的旅游扶贫典型。2013年8月，省政府印发《关于实施贵州省"四在农家·美丽乡村"基础设施建设六项行动计划的意见》（黔府发〔2013〕26号），省委办公厅、省政府办公厅印发《关于深入推进"四在农家·美丽乡村"创建活动的实施意见》，实施小康路、小康水、小康房、小康电、小康讯、小康寨六项行动计划，着力建设生活宜居、环境优美、设施完善的美丽乡村，进一步提高扶贫开发成效、加快农村全面小康建设进程。通过大力实施提升农村基础设施的"小康建设"六项行动计划，乡村旅游基础设施发生了翻天覆地的变化。从2016年起，贵州省旅游局每年将安排5000万元专项资金，用于重点支持乡村旅游扶贫项目建设和基础设施的改造提升，并探索建立乡村旅游投融资平台、担保贷款平台，为贫困户提供贷款贴息支持。结合脱贫攻坚政策，编制了脱贫攻坚投资旅游扶贫子基金工作指南，建立完善旅游产品扶贫资金项目库，汇总拟申报旅游扶贫资金项目共783个，涉及总投资4644.49亿元。

---

[1] 乡村旅游三级跳 多彩贵州焕然新［EB/OL］. http：//www. guizhou. gov. cn/xwdt/gzyw/201812/t20181207_1959060. html，2019-7-29.

同时，立足市场需求，以市场为导向，积极开发出一系列的乡村旅游产品类型，如城郊休闲类型、民俗陶冶类型、乡村体验类型等，打造一批知名乡村旅游品牌，如西江、天龙屯堡、九坝、惠水好花红等，推出了一系列特色旅游商品，如名酒系列、名茶系列等，实行精准化营销，进一步提升贵州乡村旅游的影响力、吸引力。结合特色优势产业推进乡村旅游发展，贵州省按照"守底线、走新路、奔小康"的总体要求，坚持"生态产业化、产业生态化"的理念，大力推进农旅融合，积极发展现代山地特色高效农业，开发绿色有机农产品，健康推进农产品旅游商品化。贵州省积极推进大健康产业带动乡村旅游发展，促进产业融合，加快实现中药材产业"接二连三"，使资源优势转化为产业优势和经济优势，在施秉县、碧江区等地，打造文化旅游健康养生宝地。抢抓国家批准贵州省实施宽带乡村示范工程机遇，在长顺、惠水、玉屏、松桃等积极发展农村电子商务，合力打造电子商务特色村镇，推动特色农产品走向市场。贵州抢抓国家批准贵州省实施宽带乡村示范工程机遇，在长顺、惠水、玉屏、松桃等通过大力发展农村电子商务，将试点村镇建设打造成电子商务特色村镇，推进当地特色农产品走向市场。积极推进农旅、文旅融合，在赤水、习水、仁怀、安龙、兴义等地深度培育开发河谷漂流、森林徒步、自行车户外运动等体验性乡村旅游活动，提供农事感知、溪畔垂钓等乡村旅游产品，培育特色民宿、采摘篱园等旅游业态，推动实现"乡村度假"向"乡村生活"转变。

第三节　贵州乡村旅游发展的典型模式

围绕新时代乡村旅游提质增效的运行机制，贵州省乡村旅游发展类型可以分为四大类：市场带动型、景区带动型、资源开发型、融合发展型和转型发展型。下面分别从内涵特征、发展路径和典型案例系统分析各类型特点。为确保所选案例的代表性，本书在案例选择上以贵州省文化和旅游厅报送国家文化和旅游部典型案例为基础。①

一、市场带动型乡村旅游发展模式

（一）市场带动型乡村旅游发展模式概述

市场带动型乡村旅游发展模式突出市场在乡村旅游发展过程中资源优化配置作用，强调充分利用市场的杠杆撬动和调节作用，通过市场化招商，采取市场化项目运作的方式，转让旅游企业经营权，充分发挥民营资本参与旅游资源开发的积极性和主动性，让民营资本参与乡村旅游发展、融入乡村旅游发展和分享乡村旅游发展。市场化运作发展模式通常采用项目开发的方式进行，通过转让旅游资源和旅游企业（主要是景区、景点）经营权的形式，充分利用国内外民营资本，不断提高乡村旅游发展的市场化运营程度。市场带动型发展模式能够充分对接旅游市场和吸纳民营资本投资旅游发展，解决乡村旅游发展市场开拓不充分和资金不足问题，提高旅游市场经营主体的竞争水平。但是市场手段在调节旅游经济发展过程中也会存在不足，主要表现为旅游市场的无序、自发、短视等，需要政府充分发挥市场监督管理职能，优化市场竞争环境，规制乡村旅游市场经营主体行为，为乡村旅游市场经济发展营造一个良好的发展环境。

（二）典型案例——桐梓县乡村旅游发展

桐梓位于川渝南下和云贵北上的交通要塞，地处成渝和黔中经济区的巨大辐射圈内，是两大经济区产业布局的重要承接地，有着毗邻重庆、肩挑遵渝、山清水秀、气候凉爽的独特优势。面对日益增长的重庆避暑客源，桐梓县明确提出"政府主导、市场运作、农民主体、因地制宜"的乡村旅游发展原则，围绕"三基地一城市"的发展定位，突出"休闲避暑、生态旅游"两大主题，深耕重庆大市场，拓宽延长产业链，努力把桐梓建成环境优美、富有特色的乡村旅游胜地，成为全国乡村"三变"起源地、首批全国休闲农业

---

① 案例资料来源：贵州省文化和旅游厅。

与乡村旅游示范县、世界旅游组织乡村旅游观测点、全国旅游城市避暑观测点，助推乡村旅游成为桐梓富民产业。

1. 发展情况

2003年，桐梓县实施以"富、学、乐、美"为主要载体的"四在农家"创建，改善农村环境及基础设施，为乡村旅游的发展打下了坚实的基础。桐梓乡村旅游发展，经历了起步阶段、增长阶段、提升阶段三个阶段：①起步阶段（2006年—2008年）：乡村旅游主要以乡村旅馆为依托，乡村旅馆由2006年43家发展到203家，床位达6526张，2008年接待游客43万人次，实现旅游综合收入2.9亿元。②增长阶段（2009年—2014年）：新增乡村旅馆930家，床位达5.2万张，2014年接待游客650万人次，实现旅游综合收入26.72亿元。③提升阶段（2015年以后）：截至2018年，乡村旅接待游客2000.28万人次，实现旅游综合收入102.2亿元。历经十多年的探索和发展，截至2018年末，桐梓县已建成4A级景区1个、3A级景区9个，具有一定规模的乡村旅游点32个，共有乡村民宿1651家、客房3.84万间、床位7.56万张①。其中，建筑面积在800平方米以上的199户，房间10579间，床位数19600张。逐步形成了以大楼山休闲旅游、官仓田园综合体旅游、小西湖抗战文化旅游、狮溪山地户外运动、九坝大健康旅游、黄莲生态旅游为核心的六大旅游产业转型升级集聚区。

2. 主要经验做法

（1）政府主导，整合发展资源。一是搭建发展平台。县委、县政府组织了旅游产业发展办公室，成立了旅游扶贫工作领导小组，形成了政府主导、部门联动、社会参与、市场运作的工作格局。二是坚持规划先行。结合"四在农家·美丽乡村"建设，对交通方便、生态植被良好、水源充足、适合发展乡村旅游的自然村寨，在不与土地利用总体规划、城建规划、工业园区、旅游度假（风景）区、饮用水源保护发生冲突的前提下，列入乡村旅游特色

---

① 蒋隆莱，娄伦权，郭明财. 人勤景美入画来乡村振兴展新颜[N]. 贵州日报，2019-01-10（06）

村（寨）的规划和发展。三是给予政策倾斜。将乡村旅游与休闲农业等进行了全面地融合和定位，在产业发展的扶持政策等方面给予大力倾斜，加大面向农户和旅游企业贷款规模，努力形成投资主体多元化、融资渠道多样化的新机制。四是提升管理服务。强化行业管理，规范经营行为。全面开展乡村旅馆星级评定工作。引进培养旅游人才，抓好旅游企业经营和从业人员的岗前培训、在职培训工作，充分发挥职业学校的作用，采取灵活多样的培训方式，培养适应旅游经济发展的旅游人才队伍。

（2）凸显乡村特色，构筑多元发展格局。一是高端景区带动，形成服务集聚区。随着桐梓县乡村旅游的迅猛发展，造成接待设施的不足、高端产品缺乏、旅游产品单一、基础设施落后等问题。为提升乡村旅游品质，引进了重庆南方集团、重庆枫丹公司、重庆锦天集团、重庆大都宇，打造了黄莲、尧龙山、小西湖、凉风垭、九坝、南天门等8个高端休闲度假项目，规划总投资400亿元，桐梓县乡村旅游档次大幅提升。二是特色农业联动，形成商品集聚区。盯准特色农业，按照"一带三园"布局，在兰海高速公路桐梓段沿线大力发展优质柑橘、白花桃、太白酥李等精品水果，精心策划特色旅游产品，在"农、土、特"上深挖掘，建设4个方竹基地和3个方竹笋食品加工厂，开发了大白豆、牛肉干、天麻、土鸡等有桐梓特色的旅游商品，形成了以特色农业为联动的旅游商品集聚区。三是借力乡村旅游，促进产业升级。借助如火如荼的乡村旅游发展，围绕旅游"吃、住、行、游、购、娱"大力拓展延伸旅游产业链条，桐梓的大白豆、方竹笋、松花皮蛋、干豇豆、天麻、上坡豆腐干等本地特产已成为游客回家时的必带品；泥哨、根雕、花卉、盆景、竹编、藤编等传统工艺品，也成为较为成熟的旅游产品。乡村旅游引导了大批本地农民从一产转向三产，就近就业创业，带动种植、养殖、交通运输、手工品制造等的蓬勃发展。

（3）多方联动，创新旅游发展模式。桐梓县乡村旅游从无到有、从小到大，一方面是市场在资源配置、资本积累、规模经营、错位竞争等方面的作用，另一方面是放开了乡村旅游经营权，采取独资、合资、合作、承包、租赁、联建和托管等多种形式，参与乡村旅游开发和基础设施建设，开发了城郊依托型、景区带动型、休闲避暑型、技艺展示型等乡村旅游产品。重点在联建、托管、干部领办等上下功夫。一是联建。即引导农户以宅基地或土地承包经营权以及资金股和参与管理、服务的形式，由重庆游客出资共同建设乡村旅馆，解决了当地农民发展乡村旅游"钱从何处来"的问题。通过发展乡村旅游，一方面有效地改变了农村面貌，提升了农民素质，促进农民就近就业、增加收入，激发了农民群众自主创业的热情，加快新农村建设的步伐，使农民群众的生活环境和质量不断提高；另一方面，通过大量城市人口到农村体验乡村生活，直接把城里人的消费习惯、生活方式、经营理念带进农村，给农民上了生动的一课，使农民群众的生活方式更加接近城镇，有力的推进城乡一体化进程。二是托管。即由重庆游客一次性预付15年不等的租金，每年夏秋来桐居住1-5个月后，将所租房舍由业主管理、使用，业主还可以收取适当的物管费，既有了建设资金，又有了稳定客源。游客带来了城里人的生活方式，也潜移默化改变着农民的生活，露天卡拉OK、"坝坝舞"、交际舞、曲艺等活动如今成了农村群众的家常便饭，山堡、朝门等乡村旅游点，每年都要由游客和群众自编自演一台节目大联欢。农村精神文明建设与乡村旅游，通过"四在农家"有机融合，相辅相成，相得益彰。三是领办。即出台政策，鼓励干部在各个乡村旅游点领办高标准高品位的乡村旅馆，示范带动。发展乡村旅游前景最好的地方，大多数是那些海拔较高、气候凉爽、生态环境好、交通条件差、自然风景优美的贫困村或地区。桐梓县通过解放思想，鼓励干部领办乡村旅游，让许多贫困村和地区在短期内就完成了由贫困到致富奔小康的华丽转身。如九坝镇，立足乡村旅游，通过干部领办上天池乡村旅游点，发动周边农民大力发展庄园经济、家庭农场等形式，探索出了一条农民就地城镇化的山地城镇化之路，有效推进了城乡一体化发展。

（4）借助旅游集聚功能，扩大发展空间。一是举办节日扩大影响。充分发挥旅游聚集功能，加大旅游产品营销力度，创新形式、丰富内涵，进一步扩大乡村旅游的发展空间。针对重庆主城区1000万人口、300多万老年人的大市场，每年举办一届乡村旅游节，承办了全省首届乡村旅游节，邀请国内近百家媒体特别是重庆市媒体进行高密度、全方位的宣传推介，形成了立体营销网络和稳定的客源市场。二是丰富活动提升品质。丰富乡村旅游活动内容，完善旅游要素，提升旅游品质。坚持旅游、文化、宣传、体育四位一体，组织有音乐、书法、舞蹈等专长的游客与县文艺工作者到各县城旅游点巡演，以娱聚人，以娱留客，扩大乡村旅游品牌，提升乡村旅游质量。2018年接待游客近2000万人次，同比增长31%，实现旅游综合收入超100亿元，增速35%，旅游发展综合评价指数在全省第一方阵的22个县中排名第五。到2019年上半年，已建成4A级景区1个、3A级景区9个，乡村旅游示范点34个，乡村旅馆1822家，床位数达到8.14万张，形成了"春赏花、夏纳凉、秋采摘、东戏雪"四季旅游格局。桐梓县域乡镇从事乡村旅游服务的从业人员达10万人以上，每年接待重庆避暑客人10万人以上。[①]

二、景区带动型乡村旅游发展模式

（一）景区带动型乡村旅游发展模式概述

通常是围绕已开发建设的旅游景区发展，特别是核心景区，辐射带动周边区域的乡村改善基础设施，实现景区和乡村旅游点与周边区域互促互进、协同发展，从而推动乡村旅游产业发展。其突出体现核心旅游景区的品牌效应和在有效对接旅游吸引物、旅游接待设施以及客源地市场，并把景区周边村落作为景区休闲、观光和民俗文化体验承接区，发挥核心景区的"溢出效应"，带动区域整体发展的作用。景区带动的关键词，主要在"带"字上，核心本质在于鼓励当地村寨、村民参与到旅游产业发展过程中，使其成为旅游景区开发的受益者。通过加强景区投资、加强景区市场营销、加强景区内

---

① 娄伦权. 贵州桐梓：乡村旅游助增收 [N]. 光明日报, 2019-09-01 (05); 杜兴旭, 张小红, 邹林, 等. 娄山关下美如画——桐梓县发展乡村旅游助推脱贫攻坚见闻故事 [N]. 贵州日报, 2019-08-16 (15).

部管理，不断提高旅游景区吸引力和竞争力，促进景区可持续发展。在此基础上，让景区与社区联动、社区共享，通过建立有效的利益联结机制，确保景区发展惠及周边农户。

（二）典型案例——江口县乡村旅游发展

1. 基本情况

江口旅游立足县情特点，坚持把旅游作为战略性支柱产业，紧抓创建国家全域旅游示范区的机遇，以梵净山优质旅游资源为依托，紧扣景区带动、回归乡村原真，让旅游充满乡土味，留住乡愁。2018 年，全县接待游客1380.15 万人次，同比增长 35.02%，实现旅游综合收入 159.25 亿元，同比增长 96.10%。① 在乡村旅游方面，建成乡村旅游示范村 4 个，获评全国甲级乡村旅游村寨 1 个，建成乡村旅游示范村 4 个，获评全省甲级乡村旅游村寨1 个，优品级客栈 1 家，4 星级农家乐 1 家，新增四星级标准以上酒店 3 家。乡村旅游接待游客 599.9 万人次，同步增长 26.3%，实现收入 8.49 亿元，同比增长 25.6%。② 乡村旅游成为农民增收、农村脱贫的重要产业。

2. 主要经验做法

（1）立足乡土，坚持乡村旅游平民化道路。坚持绿色生态重规划。结合山水风貌、人文民俗、交通地理等特点，围绕养生度假、休闲农业、特色文化、传统村落等不同类型，以展示山水观光、民俗体验、农家记忆为特色，以"吃农家饭、住农家屋、干农家活、享农家乐"为主要内容，高标准编制了《江口县全域旅游总体规划》《江口县乡村旅游发展专项规划》以及 9 个特色乡村旅游扶贫发展规划，50 余个特色乡村旅游扶贫项目，结合"四在农家·美丽乡村"建设，保持乡村的原真本色，着力构建"一品一特"乡村旅游的平民化发展格局。2014 年至 2019 年上半年，全县农家乐从 190 家发展到 488 家，乡村旅游户均年收入从 3.2 万元提高到 10 万元以上。国家文化和

---

① 资料来源：港口县人民政府网。
② 资料来源：港口县人民政府网。

旅游党组书记、部长雒树刚，国家发改委副主任张勇，国家民委党组副书记、副主任刘慧等领导到江口云舍调研考察，肯定了江口乡村旅游平民化发展之路。

注重因地制宜建景点。坚持因地制宜、分类规划建设的原则，重点打造了寨沙侗寨、云舍土家第一村、漆树坪羌寨、提溪土司城等4个特色鲜明的民族文化乡村旅游景点；寨抱村、快场村、孟家屯、江溪屯、苗汉溪等5个健康生态的山水体验乡村旅游景点；黄岩、张家坡、封神壃、龙宿村等4个原始古朴的传统村落乡村旅游景点；鱼粮溪农业公园、骆象生态茶园等2个农旅一体化的休闲体验乡村旅游景点，实现了"农村"到"景区"转变。2016年，云舍村入选首批"中国乡村旅游模范村"。积极推动共建共享，有机整合以梵净山为核心的生态文化、民俗文化、佛教文化、红色文化等旅游资源，完善旅游基础设施和公共服务设施，实施"1+N"村寨提级改造工程，村民利用自家已有房屋自主经营、入股经营、委托经营农家乐，村民成为乡村旅游资源的提供者、受益者。引进贵茶集体、梵韵缘、贵州苗药生物技术有限公司等一批高新技术企业，把茶叶、紫袍玉、山野菜等土特产加工厂适销对路的地标式"旅游商品"，村民进园务工拿薪金，出售特产有资金。

（2）景区带村，促进乡村旅游联动式发展。全力打造特色村寨，按照"旅游统筹，景城一体，全域推进"的产业提升发展思路和"抓龙头、连金线、带亮点"的全域旅游工作路径，在全县精心打造一批景区景点、精心培育一批特色旅游商品品牌、精心建成一批乡村旅游特色村寨，推进旅游资源的有效开发和服务的全面提升。在世界自然遗产地梵净山的旅游带动下，提升打造了梵净山、亚木沟、云舍等3个国家4A级旅游景区，寨沙侗寨、鱼粮溪农业公园2个国家3A级旅游景区，带动梵净山村、寨抱村、梭家村、坝梅村、河口村等13个村寨走上旅游路、吃上旅游饭。全力促进产业融合，"旅游+农业"打响"梵净山珍 健康养生"品牌，采取"园区+龙头企业（合作社）+家庭农场（农户）+基地"等多种模式，打造乡村旅游"联合体"，延伸致富产业链，强化产业带动辐射作用。相继打造鱼粮溪农业产业园、骆象生态茶园等2个农旅一体化的休闲体验乡村旅游景点。"旅游+文化"。稳步推进梵净山景区大门外移及基础配套服务设施建设，打造提升沿线景区景点，保护好传统村落和民族村寨，实现了"农村"到"景区"转变。"旅游+电商"，整合农村资源、劳动要素和闲散资金入股到企业、合作社等经营主体，把返乡的高效毕业生、优秀青年培训为电商"主力军"，将农特产品及旅游产业通过电商网络营销渠道向外推广。探索建立"政府+公司+旅游协会+农户"长效互利共赢机制，实现农民从旁观者到参与者、股东的转变。目前，已建成江口县太平镇快场村生态旅游专业合作社、兴隆村旅游商品加工等旅游专业合作社，发展茶叶、果蔬、花卉等涉旅合作社400多个，入股群众达3000余人。

（3）围绕景区建设，多方破解乡村旅游发展资金缺乏难题。立足政策引领，出台《江口县扶贫小额信贷贴息资金管理办法（试行）》优惠政策，设立全域旅游发展专项资金，对全域旅游、乡村旅游、旅游扶贫等特色产业实行贴息贷款，给予企业优惠配套政策支持，引导企业参与旅游扶贫开发，以体制机制创新催生社会参与乡村旅游发展动力。政府精准投入，围绕景区建设，按政府资助70%，群众自主投入30%的"帮7出3"激励机制，加强景区周边农村房屋立面和庭院环境改造，破解了群众不想改造、不敢改造、没钱改造难题。创新推出政府、旅游部门、银行、担保公司、项目业主"五位一体"项目融资新模式，破解了金融机构不放贷、贫困群众不敢贷难题。同时，成立梵净山担保公司，与国家开发银行贵州省分行、农业银行江口支行、建设银行江口支行、江口县信用联社等金融机构建立"群众贷款、政府担保、银行放贷、财政贴息"的金融借贷平台，为100余户群众争取金融支持。如在寨沙侗寨打造过程中，政府引导群众按照统一规划在原址上改造重建，帮助74户群众协调贷款资金1636余万元，并鼓励群众多方自筹资金500余万元。企业大力帮扶，创新"以景带村""以企带户"模式，企业"带村帮户"，借助景区龙头企业的资金优势和营销平台，抽取企业收入一定比例资金用于当地旅游基础设施建设，在用工和收购农产品的过程中，优先考虑和保障当地村民。如金奥旅游公司开发亚木沟景区过程中，为寨抱村当地群众提供就业岗位60个，带动群众20户从事乡村旅游；三特公司经营梵净山景区，优先吸纳失地农民、经济困难户和就业困难户就业，每年从景区门票收入中拿出5%作为旅游发展专项资金，用于支持村基层设施建设、产业发展等，带动景区沿线10余个村的群众发展乡村旅游增收致富。梵净山景区成果入选2016年全国"景区带村"旅游扶贫示范项目。完善利益联结，引进行业龙头企业（涉旅企业）参与市场开发、产品包装和经营管理，整合农村资源、闲散资金和劳动要素入股到合作社，形成"政府+公司+合作社（基地）+农户"的利益联结模式，实现了资源变资产、资金变股金和农民变股东的转变。全县建成兴隆村旅游商品加工、太平镇快场村生态旅游等涉旅合作社550个，入股群众10319人。群众积极参与，鼓励群众多渠道筹集资金，参与乡村旅游发展，带动景区周边想创业、敢创业的群众发展乡村旅游。引导群众盘活房屋、宅基地、林地、土地承包经营权等资源，采取股份制、捆绑制、合作制"三制合一"方式参与乡村旅游发展，实现增收致富。2014年至2018年底，江口县农家乐从190家发展到318家，乡村旅游户均年收入从3.2万元提高到10万元以上，带动贫困人口5649人，辐射带动2万多人增收致富。截止到2017年底，江口县已建成国家4A级景区3个、3A级景区2个；乡村旅游接待475万人次，收入6.76亿元；旅游产业覆盖7207户25554人农村人口，带动人均增收4380元实现脱贫，乡村旅游成为农民增收、农村脱贫的重要产业。[①]

三、资源开发型乡村旅游发展模式

（一）资源开发型乡村旅游发展模式概述

资源开发型发展模式突出旅游资源在乡村旅游发展中的引领作用，依托

---

① 方亚丽. 江口"景区带村"：旅游扶贫富了一方群众 [EB/OL]. http://www.ddcpc.cn/cj/201810/t20181024_264292.shtml, 2020-03-28.

高品位、高品质和独具特色的旅游资源，整合开发旅游基础配套设施和旅游产品，形成区域旅游品牌和乡村旅游产业发展。资源优势型发展模式通常只适用于具有丰富、独特和高品位的地区，特别是被那些"处于旅游市场边缘、区位边缘、交通边缘"的欠发达地区广泛采用。由于旅游资源的吸引力具有特定指向性，包括特定人群和特定时期，并不具备全面性和永久性，随着经济社会的发展以及旅游者旅游经验的增长和旅游消费趋势变化，即便是高品质的旅游资源和旅游产品也需要不断地改进和完善，才能保持长久的吸引力和观赏力，不断提升旅游市场竞争力。因此，资源优势型发展模式多采用开发少数极品旅游资源，倾力打造特色旅游景区（景点）为引爆点，以获得市场的认可和形成自身的旅游知名度，在此基础上再逐步实现旅游产业转型升级，从而带动乡村旅游全面提升。

（二）典型案例——雷山县西江苗寨乡村旅游发展

1. 基本情况

西江千户苗寨位于贵州省黔东南州雷山县境内，由平寨、东引、也通、羊排、南贵、养嘎、欧嘎、也东等八个自然寨组成。全寨原住居民有1400多户，6000多人，其中99.5%为苗族，是全国最大的苗寨，也是全世界最大的苗寨。由于历史、地理等因素，西江苗寨迄今为止仍较好地保留有厚重的苗族传统农耕文化。西江苗寨所在的雷山县共计有13项国家级非物质文化遗产，这些国家级非物质文化遗产在西江都有扎实的根基和丰富的体现。虽然坐拥丰厚的民族文化遗产和旅游资源，但长久以来，西江苗寨吃饭靠种地、挣钱靠打工，村民守着文化的金山银山，却没有换来手中的"金饭碗"和"银饭碗"。

以民族文化、红色文化、先进文化等文化资源为依托，在保护和利用传统民族文化（包含物质文化和非物质文化）基础上，以传承和创新民族文化、发掘和利用红色文化、弘扬和传播先进文化为抓手，通过加大文化旅游基础设施投入、丰富和打造文化活动、开发文化旅游商品等手段，重点推进民族文化产品化，为游客提供心灵之旅和精神盛宴，促进民族地区、革命老区经济发展，带动贫困人口脱贫致富。自2008年世界最大苗寨西江千户苗寨正式旅游开发以来，雷山县依托丰富的民族文化遗产资源，围绕民族文化的创造性转化和创新性发展，历经十余年，西江苗寨从一个经济落后、贫困面广、文化保护乏力的传统村落，一跃成为经济繁荣、百姓富裕、环境优美、社会和谐、民族文化传承创新动力强劲的美丽村寨和全国知名的乡村旅游目的地，仅在2018年，西江苗寨村民人均收入超过了2万元，户均收入达8万元以上，其实践探索得出的"西江模式"堪称民族乡村旅游发展的典范。

2008年旅游开发后，西江苗寨旧貌换新颜。在业态上，10年来，西江苗寨景区累计注册的大大小小的旅游生产经营主体超过了1300多户，分别比1995年增长了40多倍，并形成了吃、住、行、游、购、娱等完整旅游产业链；基础设施上，投入资金10多亿元，加快了西江景区提质扩容，先后建成停车场、游客服务中心、污水收集处理系统、灯光系统、表演场、寨内观光栈道等一批基础设施项目，建成西江－西街商业街区和西江－苗界等高端文化旅游综合体，景区现有接待总床位10600个，就餐接待能力达到15000余人，停车位4000余个；品牌荣誉上，旅游开发后，西江苗寨紧紧以文化引领，市场驱动，在文化产品上推陈出新，在政府、公司、村民和学界等多主体的推动下，西江苗寨文化品牌产生了质的飞跃，旅游品牌日益响亮，先后获得了"全国4A级景区""中国历史文化名镇""中国十大最美村落""中国景观村落""中国民族特色村寨""全国文化产业示范基地""全国十大民族文化旅游目的地"和"全球十大优秀国际乡村旅游目的地"等殊荣。通过旅游开发，西江苗寨游客量从2008年的77.73万人次增加到2017年的750万人次；旅游综合收入从1亿元增加到64亿元；村民人均收入从2007年不足2000元到2017年15000元。目前，西江苗寨千万元户达到10户，百万元户超过20户，十万元户超过100户。此外，西江苗寨还直接带动了临近村寨2000余人的就业。[1]

---

[1] 张恒.《西江模式：西江千户苗寨景区十年发展报告（2008—2018）》显示西江苗寨游客数量十年增长近十倍[N].贵州民族报，2018-06-22（A1）.

2. 主要经验做法

（1）党政强力推动，多主体共同参与。为有效聚集人力、物力和财力对西江苗寨进行旅游开发，2008年，在省、州、县各级党委政府领导下，西江苗寨赢得第三届"贵州省旅游产业发展大会"的举办权，加快了西江苗寨向前发展的步伐。政府对乡村旅游的强力推动，带动了村民的积极性，也吸引了企业、个体工商户、专家学者和当地基础组织等主体的广泛参与。多方主体共同关心和产业推动了西江苗寨的旅游开发，形成了对主体共同参与的充满活力的局面。

（2）创新公司主导的旅游市场化运作。旅游业是集产品、服务和客源为一体的产业，具有很强的市场性。按照现代企业制度，2009年雷山县成立国有独资公司贵州省西江千户苗寨文化旅游发展有限公司，负责整个西江苗寨景区的经营管理服务。目前，公司总资产达到了17亿元，共有13个子公司，员工总数达到900多人。自公司成立以来，对整个西江苗寨乡村旅游发展起到了引领文化、引领客源、引领市场、引领服务、引领基础设施建设、引领品牌塑造的带头示范作用。

（3）设规程定制度，加强对核心文化资源的保护。乡村文化旅游，文化是核心。从2008年起，西江苗寨严格落实《黔东南州苗寨侗族自治州民族文化村寨保护条例》，制定了《西江千户苗寨文化保护评级奖励暂行办法》《西江千户苗寨保护评级奖励评分标准》《西江千户苗寨房屋建筑保护条约》《西江景区古树名木管理保护措施》《西江千户苗寨风貌管理办法（暂行）》《西江千户苗寨旅游特色美食饮食规范》《西江千户苗寨景区农家乐管理办法》《西江千户苗寨景区旅游市场经营管理办法》等规章制度。这些规章制度的制定，使得西江苗寨景区的文化保护发展有了规约上的依据，对于苗族文化的保护发展起到积极的促进作用。

（4）加强文化活态展示，动静结合营造旅游氛围。文化是旅游的灵魂。四年来，西江苗寨加强文化活化，将静态的自然景观、人文景观与动态人文景观形塑成为动静结合的乡村旅游氛围。静态体验不断通过"田园观光区""村寨夜景系统""苗族风雨桥""吊脚楼建筑群"等方式进行打造;动态展示不断适时推出各种民俗活动。例如将苗年的活态展示作为大亮点,通过文化节点设置,让游客亲身参与体验小年、中年、大年三次苗年的节日活动和节日内容,从中感受苗族文化魅力。在西江苗族博物馆的带动下,鼓励村民利用自己的房屋住所兴办40多所参与型、体验性、互动型的"家庭博物馆",构建起立体多元的民族文化活态展示点。

(5) 传承发展,文化引领品牌创新。创新是引领发展的第一动力。四年来,西江苗寨在保护好、传承好民族文化和不脱离地方文化母体的基础上,经过创造性转化和创新性发展,连续挖掘出了"高山流水""五壶四海""十二道拦门酒""长桌宴"等苗族文化旅游产品;通过场景置换、文化再造等手段,推出了"鼓藏肉""苗王鱼"等苗族传统美食;通过艺术上的升华与提炼,将民族叙事、历史叙事和文化叙事与舞台化的结合,打造出了"美丽西江"晚会;扎根于西江苗寨经营的商户,也积极将苗族文化符号运用于店名、旅游产品开发和旅游服务中,大大丰富了"千户苗寨"作为文化品牌的内容。

(6) 创立利益共享的联接机制。十年来,西江苗寨景区通过制度创新,设立了民族文化利益的共享机制,以门票收入的18%作为民族文化奖励经费发放给村民,让村寨社区居民每户每年都获得近万元的收益,确保了旅游收益的全民共享。截止到2018年,西江苗寨累计发放民族文化奖励经费高达1.3亿元,户均累计8万元。[1] 西江苗寨的利益共享机制,体现了党和政府在旅游发展制度安排上的"公平"与"正义",确保了大家的共同富裕。

(7) 以景区带村带县,共享发展成果。作为国家80个"景区带村"的

---

[1] 合理利用民族文化遗产 走出乡村旅游发展新模式——贵州省黔东南州西江千户苗寨 [EB/OL]. https://www.baidu.com/link? url = h6vv9_ LnIozbRZowerQeyu6nci0iodKWVwYQqUNZ3Juq3bvKtY5uawO0k8xyirj5ei2iy5WQ3v5RCBymxonOcM0xZY4n7kh4Wk54l4bNpAVPllifF7DVuDqaRzcin0gP&wd = &eqid = c45a6e37000f8b2c000000065edef2ee, 2020 – 05 – 19.

示范之一，西江苗寨的景区带动主要体现在产业带动、发展带动和就业带动三个方面。就产业带动来说，十年来，西江景区带动周边脚尧、黄里等村的茶产业发展，带动了附近控拜、麻料等村寨银饰产业的发展。在就业带动方面，周边村寨共有2000多村民常年不间断在西江景区内打工。在旅游旺季，都能让每位村民每月有2000到3000元左右的收入。在"景区带县"方面，西江旅游井喷式发展极大地带动了雷山县旅游业的发展。2017年，雷山全县旅游综合收入为77.37亿元，其中西江苗寨为49.91亿元，占比为64%，直接和间接带动全县至少20000贫困村民脱贫致富。①

（8）善用民间智慧，参与景区社会治理。开发旅游后的西江苗寨，是传统生活方式与现代生活方式交织的空间。社会治理工具和手段，必须将传统社会的组织形态和治理智慧同现代社会治理的体制机制进行无缝衔接，方能促进景区的和谐稳定。十年来，西江苗寨治理资源除了充分运用国家的法律法规以外，还充分运用乡土社会的"村规民约"，苗族历史上遗留下来的"议榔制""寨老制""扫寨仪式""鸣锣喊寨""民间歌谣"等民间智慧，对有碍旅游发展的失范、失当、失德行为进行规训与处罚，无论哪一个主体，如有违犯，均一视同仁。十年来，西江苗寨基本做到了"小矛盾不出村，大矛盾不出镇"的良好治理局面，既净化了旅游市场环境，又增强了旅游发展活力。

（9）与时俱进，创新景区管理机制体制。为进一步理顺西江景区管理体制和运行机制，2012年，经雷山县委常委会研究决定，将西江镇交由雷山文化旅游产业园区管理委员会托管，西江景区管理局、西江旅游公司一并划入园区管委会。配齐配强西江景区管理局领导班子，将驻西江的相关执法部门和西江景区管理局人员划入园区管委会综合执法大队，由园区管委会统一管理。通过机制体制的创新，明确了西江景区各管理主体和经营主体的职责与功能，尤其明确了西江旅游公司作为市场经营主体，进一步提高了旅游发展

---

① 温友志. 黔东南州："西江模式"开辟乡村旅游有效助推脱贫攻坚 [EB/OL]. http://travel.gog.cn/system/2018/07/13/016696551.shtml, 2020-03-04.

的市场效率。

四、融合发展型乡村旅游发展模式

（一）融合发展型乡村旅游发展模式概述

融合发展型乡村旅游发展模式突出其他相关产业对推动乡村旅游发展的作用，通过充分利用当地特色农产品资源、自然风光资源和人文资源，培育引进企业发展现代高效农业、生态观光、健康养生等特色优势产业，把园区打造成景区，把农产品变成旅游商品，扶持带动当地农户发展农家乐、销售农特产品，推进一二三产业融合发展，实现旅游业与相关产业的优势互补和融合发展。在特色产业发展中，注重龙头企业和合作社等经营主体带动，通过土地出租、入股分红、进厂务工、产品销售等，多渠道增加贫困群众收入，实现"产旅融合、助农富农，企业带动、农户参与，市场导向、产业融合，经济富裕、环境更美"的可持续发展。

（二）典型案例——湄潭县乡村旅游发展

1. 基本情况

湄潭县凸显旅游+特色产业，强化乡村旅游发展，创新利益联结机制，乡村旅游实现井喷式增长、跨越式发展。"十三五"以来，湄潭县乡村旅游接待游客793.22万人次，实现旅游综合收入56.9亿元。[①] 先后荣获"全国旅游标准化示范县""国际生态休闲示范县""全国魅力新农村十佳县"等20余项国家级称号。打造有2个国家4A级旅游景区——"湄潭天壶茶文化旅游景区"和"湄潭茶海生态园"（翠芽27度景区）；3个3A级旅游景区——八角山乡村旅游景区、万花源旅游景区、月季苑旅游景区；"贵州省十佳农业旅游景区"——湄潭茶海休闲度假旅游景区。还有全国休闲农业与乡村旅游示范点——桃花田园休闲度假区；全国农业旅游示范点——核桃坝；

[①] 王雪峰. 遵义湄潭：用好"旅游+"发力乡村游 振兴底气足［EB/OL］. http：//travel. gog. cn/system/ 2020/04/11/017578896. shtml，2020 – 05 – 25.

2个省级休闲农业与乡村旅游示范点——"湄潭县乡村休闲观光快乐园""湄潭县二道河鱼龙山寨乡村旅游中心"。

2. 主要经验做法

（1）精心安排，全方位布局。县委、县政府高度重视旅游发展工作，编制《湄潭县旅游发展总体规划暨全域旅游规划》，着力打造县城区及周边镇（街道）全产业融合核心旅游区，以百面水、乌江七星峡、野猴谷、奇洞天为重点的南部观光探险山地旅游带，以水湄花谷、石家寨、两路口为重点的北部休闲乡村旅游带，形成"一核两翼"全景域旅游格局。制定《湄潭县A级旅游景区创建工作实施方案》，推进"一镇一A"工作，加快七彩部落、奇洞天、八角山、偏岩塘、石家寨等乡村旅游示范点项目建设，形成成熟乡村旅游产品。制定《中共湄潭县委关于加快旅游业发展的决定》《湄潭县人民政府关于加快乡村旅游业发展的实施意见》《中共湄潭县委关于建设文化旅游强县的决定》等文件，推进乡村旅游就业、乡村宾馆建设及茶庄建设、乡村旅游项目招商、乡村环境打造等涉及乡村旅游的重点任务。以石家寨、天粟府、琴洲港等5个乡村旅游项目发展为依托，全县推广实施《贵州省乡村旅游村寨建设与服务标准》《贵州乡村旅游客栈服务质量等级划分与评定》《贵州省乡村旅游经营户（农家乐）服务质量等级划分与评定》三个标准，推动乡村旅游村寨、客栈及经营户（农家乐）提档升级，以户带村，以村带镇，加快形成标准化、规模化、现代化的乡村旅游产业体系。其中七彩部落获评省级甲级旅游村寨、琴洲港度假村获评优品级乡村旅游客栈。

（2）精准借力，全域化推进。以"改善农村人居环境，建设美丽乡村典范"为主题，着力打造"特色、富裕、乡土、整洁、文明、活力"六个美丽乡村，乡村旅游环境极大改善，农村居住条件改善率达98%，群众幸福指数不断提升。一是以"四在农家·美丽乡村"为载体，规划建设美丽乡村示范点206个，实施村庄整治点820个，累计新（改）建黔北居民7万户；二是坚持交通引领，按照"路兴产业、产业兴路"思路，累计新（改）建农村公路2000多公里，成为全省村村通油路示范县、村村通客运示范县，农村呈现出"公路通、经济活、百姓乐"的良好居民；三是以"小康六项行动计划"为抓手，不断改善农村基础设施，做到"五到户三到点"。

（3）精准带动，全社会参与。坚持以"市场运作为主、政府补贴为辅"思路，变单方投入为多方众筹，运用"公司+合作社+农户""村民、集体、企业出资入股"等筹资方式，注重资源整合、要素配套、资金集中，实现乡村旅游打造一个点、做活一个点、引爆一个点。制定《湄潭县发展旅游业助推脱贫攻坚三年行动方案（2017—2019年）》优先对旅游扶贫示范村，19个旅游扶贫重点村，66个旅游扶贫村进行开发，旅游受益贫困人口约2000人。

上下联动，大力实施旅游企业结对帮扶计划，实现21个重点贫困村企业一对一帮扶，通过直接间接就业、专家指导、技术培训等多种方式带动整村脱贫。其中奇洞天景区吸纳当地农村富余劳动力，招聘本地员工50余人，吸纳当地百姓130余人在景区内经营摊位，为本地群众充分创造就业机会，直接受益农户286户，其中贫困户51户，户均增收5000元以上；同时带动全村1000余户，其中贫困户230户，户均增收500元以上。进一步打造贫困地区及周边旅游产品，已建成以翠芽27度、奇洞天、水湄花谷、石家寨、八角山、七彩部落为代表的旅游扶贫示范点。七彩部落引导农民"三资"入股参与旅游开发，通过合作社自我经营管理并分红，2018年全年旅游综合收入达3000余万元，集体经济盈利130余万元，人均收入从2015年前的8400元上升到2018年的33000余元，增幅达292.9%。

（4）精选项目，全景式打造。资源普查谋项目：对全县旅游资源进行全面普查，共普查旅游资源单体808个，覆盖12个主类。其中：新发现旅游资源单体405个；优良级资源单体68个，其中五级资源单体2个、四级资源单体29个、三级资源单体37个。项目落地强建设：围绕全域旅游、1+5个100工程、厕所革命等专项工作，稳定推进桃花江国际健康旅游示范基地、翠芽27度景区、月季苑景区等23个旅游项目建设；已建成七彩部落、田家沟、偏岩塘、八角山等乡村旅游示范点共21个；打造圣地皇家金煦酒店、烟岚旅居、户晓民宿等宾馆、酒店、乡村民宿355家，共计房间5952个，床位

9525个；建成兰馨茶庄、群峰茶庄、沁园春茶庄等11个茶庄；完善中国茶海游客中心、茶海游客中心等10个游客接待中心；建成旅游厕所70座；建成旅游餐饮208家（含农家乐），旅游购物26家；建成木栈道和观光车道100多公里、自行车道109公里、健身步道125.5公里以及智慧旅游、标识标牌、停车场等众多基础配套，为湄潭乡村旅游提供了强有力的支撑。

五、转型发展型乡村旅游发展模式

（一）转型带动型乡村旅游发展模式概述

转型带动型乡村旅游发展模式主要是指依托地区经济转型发展契机，将乡村旅游发展作为培育地方经济发展新增长点来加以打造，统筹各方资源全面推动区域乡村旅游发展的一种发展方式。该模式的突出特点在于，区域原来依托产业发展较好的时期乡村旅游发展并未受到较高的重视，而在地方经济发展所主要依托的原有产业发展受限或后劲不足后时，地方政府和社会资本主动将发展注意力转向旅游业，进而促进乡村旅游快速发展。

（二）典型案例——盘州市乡村旅游发展

1. 基本情况

盘州市按照跳出"煤"、依托"煤"、不唯"煤"的战略思想，"谋篇"全域旅游，以全域旅游发展的思维，把乡村旅游置于经济发展大格局中审视，放到可持续发展的历史纵深中把握，走上"全域旅游"创建助推乡村旅游发展之路。近年来，盘州市紧紧围绕旅游质量服务提升，以创建"国家全域旅游示范区"为总抓手，以打造"国际山地特色大健康旅游目的地"为目标，推进乡村旅游项目建设，力促乡村旅游发展，提升旅游服务质量，扩大旅游品牌营销，全市乡村旅游持续快速发展。截止到2018年，打造国家湿地公园1处（娘娘山国家湿地公园），创建省级旅游度假区4个、国家3A级旅游景区5个，全国休闲农业与乡村旅游示范区景区2个、历史文化名镇2个、传统村落4个，申报甲级乡村旅游村寨2个，创建五星级乡村旅游经营户、精品级乡村旅游客栈10余家，打造四星级农家乐和标准级客栈50余家。加大乡村旅游景区项目投入，累计完成投资170亿元推进旅游项目建设，不断完善旅游配套设施，深入推进"厕所革命"，完成230余座旅游厕所建设；建成帐篷酒店、房车营地等一批特色酒店和民宿，带动人民小酒、盘县火腿、刺梨产品、银杏产品等旅游商品企业发展。

2. 主要经验做法

始终以"任何乡村资源都可以成为旅游资源"的新理念，做好整合文章，整合区域内各种资源，拓展乡村旅游生活空间，集聚打造乡村旅游目的地，多项措施推进乡村旅游发展。

（1）统筹规划，引导旅游产业发展。将旅游融入城市环境、脱贫攻坚、乡村振兴、交通等重点领域专项规划，完成《盘州市全域旅游发展总体规划》编制，推动《盘州城市发展规划》修编，推进旅游规划与产业发展、城镇建设、土地利用、生态保护等规划深入融合，严格规划审批程序，出台投融资政策，促进旅游规划与招商引资、投融资和项目建设同步实施，形成以旅游规划为引领的多规融合的新格局。

（2）创新改革，推动管理机构建设。打破以往旅游发展的"壁垒"，强化体制机制改革，成立了由盘州市四大班子主要领导任主任的旅游发展委员会，作为全市旅游工作的最高协调、议事、决策机构，通过市委常委、市政府常务会、市人大主任办公会等专题研究部署全域旅游工作，推动旅游年规划、重大项目和体制机制建设，出台《盘州市全域旅游创建实施方案》和《盘州市全域旅游工作目标考核办法》，将旅游创建纳入年终考核，举全市之力、集全市之智，推动乡村旅游发展；专门成立了旅游执法大队、景区管理处、旅游警察和旅游工商分局等市场管理机构，推动旅游市场规范化管理。

（3）统筹建设，推进乡村旅游发展。加快推进乡村旅游点和项目建设，重点推动保基格所河大峡谷、盘州古城、大洞竹海、胜境古镇等旅游景区建设，打造了陆家寨村、海坝村、贾西村等乡村旅游点，壮大了草莓、蓝莓、有机蔬菜等特色产业，发展农事采摘、观赏体验、休闲度假、户外拓展等旅游项目，全力打造"一村一品""一村一韵"乡村旅游品牌。

（4）规范管理，提升旅游服务水平。一是成立以盘州市旅发办牵头，市场监督、交通、发改、消防、安监等14家单位为成员的旅游安全专业委员会，加强对旅游企业日常监管。二是采取自主经营模式，通过委托代管、租赁经营和经营权转让等多种方式确保景区项目增值增效。三是加强对乡村旅游服务从业人员的培训，组织旅游酒店、旅行社、乡村旅馆及其他旅游从业人员开展业务培训，吸纳专兼职导游人员进入导游库规范管理。四是整治旅游市场，重点打击冒用、盗用正规旅行社名义招揽游客的"黑导""黑社"。五是强化市场监管，仅2018年就开展联合检查行动56组次、检查人数327人次，检查旅游企业108家次，查处安全隐患385项，整改安全隐患385项，隐患整改率100%，确保全年未发生旅游安全事故。六是建立旅游投诉机制和"红黑名单"制度，形成旅游市场综合监管常态化监管格局。

（5）统一标准，逐步构建标准化体系。坚持标准化管理、规范化提升，出台了《盘州市旅游景区管理细则》《盘州市农家旅馆（农家乐）管理细则》《盘州市旅游酒店（宾馆）管理细则》等3个行业管理标准，全力推进乡村旅馆、旅游酒店、旅游景区规范管理；通过政府贴息贷款、政府以奖代补等形式，扶持200余家乡村客栈（农家乐）等乡村旅游项目提级改造。截止到2018年，全市农家客栈（农家乐）达到700余家。制定了《盘州市导游管理体制改革工作实施方案》，成立市导游服务中心，建立市导游库100余人，通过购买服务的形式服务旅游市场。

（6）统筹营销，共塑"旅游形象"。组织开展多形式、多层次、多领域的旅游宣传营销活动，举办了东盟十国——托乐论坛，赴瑞士、俄罗斯、马来西亚等十余个国家和地区开展旅游宣传推介活动，赴北京、上海、重庆、海南等20余个省市开展冬季滑雪、夏季避暑旅游推介会，举办山地自行车赛、滑翔伞赛、山地女子马拉松赛等国际体育赛事活动，实施了高铁营销、编排了彝族歌剧《天穹的歌谣》，拍摄了《大局》《三变》等电影，摄制了《三变促山变》《乡土——家在盘州》纪录片和《金彩盘州 云贵之心》旅游宣传片等在中央和地方媒体平台滚动播出，充分利用微信、微博平台发布旅游攻略、优惠政策、旅游线路、节庆活动等旅游资讯,形成了全面共塑旅游形象的格局。

(7)统筹推动,共享"发展成果"。积极融入"三变"推动景区建设,引导群众参与入股发展乡村旅游,全力开展旅游扶贫工作,深入贯彻落实"旅游扶贫九项"工程,61个村纳入国家乡村旅游扶贫工程管理、29个村纳入全省乡村旅游扶贫重点村管理,组织实施"六个一批"(景区建设带动一批、入股旅游经营性项目受益一批、旅游企业就业解决一批、旅游从业技能培训提升一批、乡村旅游创业发展一批、旅游商品开发带动一批)战略,吸纳群众参与景区景点开发建设和就业创业,打造了舍烹、妥乐、贾西、卡河等80余个乡村旅游村寨,直接带动3.5万人、间接带动10.7万人创业就业,累计带动5.4万人脱贫,形成了广大群众共享旅游发展成果的格局。

第四章

新时代贵州乡村旅游提质增效的基础条件

第一节 新时代贵州乡村旅游提质增效的旅游资源基础

贵州山地游资源丰富，绚丽的自然风光、宜人舒适的气候、厚重悠久的历史文化、浓郁质朴的民族风情交相辉映、融为一体，共同构成了"多彩贵州"的美丽画卷，造就了"文化千岛"的珍贵样本，营造了"贵山、贵水迎贵客"的喜庆场景。2016年旅游资源大普查结果显示，贵州全省旅游资源82679处（表4-1），[①] 其中，普通级旅游资源75072处（含一级、二级和未获等级旅游资源），占旅游资源总数的90.80%；优良级旅游资源（三级及以上旅游资源）7607处，占旅游资源总数9.20%。就乡村旅游资源来看[②]，全省优良级乡村旅游资源（三级以上旅游资源）913处，占全省优良级旅游资源的12%。虽然在上述普查分类中，乡村旅游资源所占的比重较低（仅占到10.90%），但这主要受分类统计口径的影响。实际上乡村旅游资源或能有用乡村旅游发展的旅游资源所占的比重会远远超出上述比例。从旅游资源构成

---

① 此处旅游资源12大主类，为贵州省旅游资源大普查所采用的分类方法。
② 贵州省旅游资源大普查分类方法中的"乡村旅游资源"主要是村寨类。

来看，我国乡村旅游资源占到全国旅游资源的 70%[①]，而对经济欠发达的、山地为主的贵州而言，乡村旅游资源所占的比重将会更多。因此，贵州省乡村旅游发展后备资源丰富，乡村旅游发展后劲十足。

表 4-1 2016 年旅游资源大普查情况

指标名称	绝对数（处）
旅游资源单体登记	82679
建筑与设施类	20598
地文景观类	19521
生物景观类	14254
乡村旅游类	9013
水域风光类	8823
遗址遗迹类	3235
人文活动类	2846
旅游商品类	2061
红色旅游类	1376
山地体育类	424
健康养生类	257
天象与气候类	271

资料来源：《2016 年贵州省国民经济和社会发展统计公报》。

一、自然旅游资源基础分析

贵州在整个西北高东北低的贵州大地上，崇山峻岭、溪川深谷、森林流瀑随处可见。广袤和多样的山地不仅造就了贵州旅游资源的高度密集，而且还成就了贵州旅游资源的丰富多样。贵州省自然旅游资源丰富多彩，唐代诗人孟郊盛赞："旧说天下山，半在黔中青。又闻天下泉，半落黔中鸣"。贵州

---

① 中国乡村旅游空间潜力巨大 [EB/OL]. http：//m. haiwainet. cn/middle/352345/2015/0711/content_28924150_1. html, 2020-04-21.

可谓"山的王国"，97.5%为山地和丘陵，6个5A级景区全与山地有关，并与周边农村相互映衬。此外，贵州位于典型的亚热带湿润季风气候区，气候温暖湿润，大部分地区年平均气温大约在15摄氏度，冬无严寒、夏无酷暑，四季皆宜旅游。特别是夏季气候凉爽，已成为国内主要的避暑地之一。截至2018年底，贵州省创建A级旅游景区359家，其中5A级6处，4A级111处，3A级231处，2A级11处；有世界级地质公园1处；世界级自然遗产4处；国家级自然遗产4处；国家级自然和文化双遗产1处；国家级生态公园1家；国家级林木（花卉）公园1家；国家级风景名胜区18处，省级风景名胜区53处；国家级自然保护区11处，省级自然保护区7处；国家级森林公园28处，省级森林公园44处；国家级地质公园9处，省级地质公园3处；国家级湿地公园45处，省级湿地公园4处；国家生态旅游示范区4处；国家级休闲农业与乡村旅游示范点20个；国家级旅游度假区1处，省级旅游度假区33处；生态体育公园78处。[①]

（一）自然旅游资源丰富多样

贵州92.5%的国土面积为山地和丘陵，是名副其实的"山的王国"，被誉为"山地公园省"。贵州自然旅游资源丰富多彩，在世界目前已开发的山地、洞穴、湖泊、瀑布、海洋、草原等15种主要自然旅游资源中，贵州就占了10种，其数量、类型之多，为全国罕见。万峰成林、苍山如海，河道纵横、熔岩飞瀑，大自然的鬼斧神工造就了贵州水鸣如琴、别有洞天、青山如屏的山形水貌。横向上看，中国是多山之国，山地占全国面积的33%。中国山地旅游资源十分丰富，山地型自然文化遗产地、山地型国家风景名胜区、山地型5A级景区均超过总数的50%。此外，贵州位于典型的亚热带湿润季风气候区，气候温暖湿润，大部分地区年平均气温大约在15摄氏度，冬无严寒、夏无酷暑，四季皆宜旅游。特别是夏季气候凉爽，已成为国内主要的避暑地之一。

---

① 资料来源：贵州省文化和旅游厅。

（二）自然旅游资源组合度好

贵州自然风光以真山、真水、溶洞、森林为特色，山水洞林融为一体，珠联璧合，相映成趣，形成了独特的旅游风光资源。① 贵州山地旅游资源在分布空间上、构成类别上以及开发方式上都表现出明显的地域分布相对集中的特征，自然旅游资源组合得体，有助于旅游资源开发利用；自然旅游资源丰富多样的特征，各具特色的自然景观在不同类型上的组合，地域空间上的组合，加之贵州宜人的气候和质量较高的生态环境，使得黔贵之地具备开发以回归自然为主题的休闲度假、康体养生、科考探险等生态旅游形式的良好基础，为开展多种形式旅游组合、加深旅游资源的深度开发、丰富旅游产品业态、提高旅游消费品位，奠定了坚实的基础。

（三）自然旅游资源第二阶梯特征明显

贵州地处云贵高原东部，地势西高东低，最高点2901米（赫章韭菜坪），最低点148米（黎平水口河），平均海拔1100米左右。从地理阶梯划分来看，贵州省地处我国第二阶梯。大的地理构造，造就了贵州山水资源"秀"的内质，正如明代思想家王阳明感叹："天下山水秀聚于黔中"。"秀"意味着贵州的山地旅游资源更多的是藏于闺中，而鲜有蜚声内外的名山大川。贵州虽然是"山的王国"，有着"山地公园省"的美誉，处处可以开门见山，但贵州就山的体量和知名度来看，有着体量小、名气相对不大的特点。贵州省境内主要有大娄山脉、乌蒙山脉、武陵山脉、老王山脉和苗岭山脉，主要山体有梵净山、雷公山等。其中，梵净山被称为贵州第一山，海拔2493米，虽是贵州第一山，但与五岳相比相差甚远；虽是有名的佛教名山，但就佛教名山知晓度而言无法与四大佛教名山相比拟。目前，贵州主打的"一棵树、一个洞、一杯酒"三大名片中，一棵树——黄果树瀑布、一个洞——织金洞，要么藏于深山中、要么藏于地下。另外，"秀"的特质也进

---

① 贵州省地方志编纂委员会．贵州省志·旅游志 [M]．贵阳：贵州人民出版社，2009：2.

一步印证了贵州山地旅游资源的丰富和组合度好，体现为贵州处处皆景。

二、人文旅游资源基础分析

贵州有着从未中断的人类文明和多元多彩的民族文化。贵州省发现的石器时代遗址和地点就达 80 余处。贵州历史文化源远流长，在茫茫的历史河流中，夜郎文化、屯堡文化、阳明文化、土司文化、红色文化等。除此之外，贵州人民世世代代的辛勤劳动和集体智慧创造了特色鲜明的酒文化、茶文化、饮食文化等。贵州民族众多，为全国 8 个民族省区之一，少数民族人口占全省总人口的 39%，是一个以汉族为主体，少数民族众多的移民大省。贵州是苗族、布依族、侗族、水族、仡佬族人口主要分布地。各民族在共同的生产生活中，创造了丰富多彩的民族文化，共同形成了"大杂居、小聚集"的多元文化格局。截至 2018 年底，贵州省全省有世界级文化遗产 1 处，国家级自然和文化双遗产 1 处；有国家级传统村落 546 个，国家级重点文物保护单位 71 处，省级重点文物保护单位 654 处；国家级非物质文化遗产名录 85 项 140 处，省级非物质文化遗产名录 561 项 709 处；人类非物质文化遗产代表作 2 项；国家级文化生态保护实验区 1 处；国家级非物质文化遗产生产性保护示范基地 3 处，省级非物质文化遗产生产性保护示范基地 57 处；国家级历史文化名城（名镇、名村）25 处，省级历史文化名城（名镇、名村）30 处；省级文化生态保护区 2 处；艺术表演团体 53 个；艺术表演场所 6 个；博物馆 64 家、陈列馆 20 家、纪念馆 12 家、旧址 5 个；唐安、地扪等生态博物馆 10 余处。[①]

（一）多彩贵州

贵州是中国古代人类的发现地和中国古代文化的发源地之一，有着从未中断的人类文明和多元多彩的民族文化（多彩贵州）。早在 20 多万年前，就有人类活动在贵州这块土地上，并创造了悠久的史前文化。境内考古发现有

---

① 资料来源：贵州省文化和旅游厅。

"观音洞人""桐梓人""水城人""兴义人""大洞人""猫猫洞人""桃花洞人"等,石器时代遗址和地点达80余处。贵州历史文化源远流长,形成了独具特色的历史文化资源,主要有夜郎文化、阳明文化、屯堡文化、沙滩文化、土司文化等。20世纪30年代,红军长征途中在贵州留下了大量的革命红色文化历史遗迹,形成了宝贵的红色文化旅游资源。除此之外,贵州人民世世代代的辛勤劳动和集体智慧创造了特色鲜明的酒文化、茶文化、饮食文化等。

贵州民族众多,为全国8个民族省区之一。民族成分有49个,世居民族有汉族、苗族、布依族、侗族、土家族、彝族、仡佬族、水族、白族、回族、壮族、蒙古族、畲族、瑶族、毛南族、仫佬族、满族、羌族18个民族。贵州总人口3475万,少数民族人口占全省总人口的39%,是一个以汉族为主体,少数民族众多的移民大省。贵州是苗族、布依族、侗族、水族、仡佬族人口主要分布地。各民族在共同的生产生活中,创造了丰富多彩的民族文化,共同形成了"大杂居、小聚集"的多元文化格局。贵州素有"民族文化百花园"之美誉,全省全年民族集会、节庆多达1000余次,有代表性的主要有台江苗族姊妹节、布依族查白歌节、贵阳苗族四月八、三都水族端节、凯里芦笙节等。贵州有着特色鲜明的民族歌舞,苗族飞歌、侗族大歌、铜鼓舞、芦笙舞等蜚声海内外。此外,还有中国戏剧活化石之称的地戏、傩戏等。

(二) 文化千岛

贵州各族人民和睦相处,创造了"从未断裂的人类文明奇迹",保存着丰富多彩的"活的文化遗产",山海贵州间隐藏着五万多个风格各异的村寨和古镇,整合多姿多彩的山地文化风景,被誉为"文化千岛"。贵州范围内,地势自西北向东南倾斜,每一地区内高山深谷落到都比较大,形成各地在同一时间、同一季节内东南和西北、山下和山上的温度差异较大。山地多、洞穴多和温润的自然环境,多民族的长期交往、融合的社会历史背景,造就了贵州文化多元的特色和厚重的底蕴。贵州民族成分有49个,其中18个世居民族，他们都有自己悠久的历史和灿烂的文化，千百年来，因山水相隔，交通闭塞，各种民族文化得以积淀和保存，各民族大杂居小集聚的分布格局以及与外界联系的加强促进了民族文化的传播和发展（变异）。贵州大地上同一各族人民因生活在不同独立地理单元而衍生出特色各异多彩多样的文化单元，生活在同一地理单元的不同民族因生产生活的相互交融、民族文化的相互涵化形成新的文化，并一代一代保留和传承下来，造就了"一山不同族、五里不同俗、十里不同风"靓丽风景，是中国文化中的珍贵样本，世界文化宝库中的珍贵遗产，成就了今天的"民族生态博物馆"。以苗族为例，贵州省境内苗族总人口近400万，占全国苗族总人口50%左右，分布于贵州省86个县（市、区），占贵州88个县（市区）的97.73%，但除黔东南、松桃相对集中聚居外，贵州中西部的苗族多分散居住，并且对居住在高山和几县接壤的偏僻地区，并与其他民族杂居相处,[①] 形成了不同的风俗习惯，即便是同样一个节日，由于地域不同，其名称、时间、内容也会有所差异。并且在民族杂居相处的过程中，不同民族形成共同的节日，如苗族、侗族、布依族和彝族都有过三月三的传统。民族又以安顺屯堡为例，在这里您可以找到600多年前的汉族风俗和明代遗风，在几百年的生产生活中征南大军和随军家人自身文化与当地文化相互融合，不断地发展演变，形成了今天独具特色的屯堡文化。在贵州大地，正年复一年举办着长盛不衰的火把节、跳花节、姊妹节等民族节庆，日复一日上演着绚丽多姿的布依族八音坐唱、侗族大歌、苗族飞歌等民族歌舞，有形形色色、各具特色的风雨桥、吊脚楼、鼓楼等民族建筑，有传诵千年的亚鲁王、仰阿莎等民族史诗，无一不向世人展现着贵州山地文明的厚重与淳朴。随着现代化建设步伐的加快，贵州融现代文明于贵山贵水间，努力构建美丽乡村镶嵌山间、山地城镇依山就势、山地产业各具特色的大发展格局，营造处处皆景的美丽画卷。

---

① 贵州省地方志编纂委员会. 贵州省志·民族志（上册）[M]. 贵阳：贵州民族出版社，1999：19.

（三）山地文明社会特征突出

贵州山地之美，不仅在于贵州是"山的王国"，有着"王"者的风范，不仅在于山的密集和丰富多样，更在于这片山地特有的生态与人类文明。迄今为止依然存活在贵州山地上的许多传统仪式和文化符号，是贮存少数民族先民文化原型和神话传说的仓库，是贵州人民文化心理活动的表象，是对贵州山地居民思维方式的潜在昭示。它们记录和决定了文化拥有者们过去的历史和生活，成为特定山区居民的精神和信仰的基础，同时也规定了他们的行为、思想和社会组织形式，成为贵州山地上独特的文明形态。

贵州经济社会发展与山息息相关，山地文明社会特征突出。贵州省委、省政府与时俱进提出了转型发展的五大新兴产业，即大数据产业、大健康产业、现代山地高效农业、文化旅游产业、新型建筑建材产业。这五大产业的一个共同特点就是与"山地资源"密切相关，都离不开一个"山"字。

纵观贵州旅游发展历程，贵州旅游发展起于山，兴于山。早在1985年贵州省第一次旅游会议上，贵州就确定重点建设好黄果树、织金洞景区。多年以来，贵州旅游产业的发展始终从自身山地资源优势出发，"唱山歌、走山路""念好山字经"，认真做好山地旅游这篇大文章；紧紧围绕山地旅游发展狠抓产业项目建设，相继推出了一批观光、度假、登山、养生、探险、宗教旅游、山地生态教育等山地旅游产品；紧紧围绕山地旅游发展，狠抓公共服务提升，加快推进山地旅游服务中心、景区道路、旅游厕所建设，切实完善信息发布、应急救援工作；紧紧围绕山地旅游发展，狠抓乡村旅游，推出一批"小而富、小而特、小而美"的旅游村寨和旅游乡镇。紧紧围绕山地旅游开发，强化区域合作；紧紧围绕山地旅游发展，深化旅游管理体制，在综合推进产品建设、综合开展执法检查、综合保障旅游安全、综合开展宣传推广及综合培养旅游人才上形成有效的联动工作机制。

第二节　新时代贵州乡村旅游提质增效的设施服务基础

近年来，贵州加大力量不断提升支撑旅游供给的"软""硬"件条件，旅游发展的基础设施建设得到很大改善，服务体系建设步伐不断加快，旅游供给要素保障水平显著增强，旅游接待能力有大幅度提升，旅游行业服务意识不断强化，服务能力和服务质量明显提升，为新时代贵州乡村旅游提质增效提供了坚实的设施服务基础。

一、旅游交通条件极大改善

交通兴，旅游兴。对山地贵州而言，交通——特别是连接客源地和目的地的旅游大交通，是制约旅游发展的关键短板。改革开放以来，特别是党的十八大以来，贵州提出了"交通引领经济"的发展理念，不断加大交通设施基础的投入和建设力度。截至 2018 年底，全省公路总里程达到 19.7 万公里，是 1978 年的 6.4 倍，其中，高速公路从无到有，达到 6452 公里，总量排全国第 7 位、综合密度排全国第 3 位；全省运营铁路里程达 3550 公里，其中高速铁路从无到 1262 公里，米字形高速铁路网正在逐步形成，成了全国十大高铁枢纽，基本建成了西南陆路交通枢纽。[①] 随着县县通高速公路、高铁时代到来、航空客运崛起、水路航运兴起而形成的立体化交通优势，有效补齐贵州连接东部沿海以及周边主要客源市场的短板，快速交通网络让贵州千山万水皆成坦途。

（一）立体交通成形

1. 民航持续为旅游保驾护航

---

① 龙平江：截至 2018 年底，全省公总里程达到 19.7 万公里，是 1978 年的 6.4 倍［EB/OL］. http：//news. gog. cn/system/2018/12/26/017015572. shtml，2020 – 05 – 24.

<<< 第四章　新时代贵州乡村旅游提质增效的基础条件

2018年，贵州全省建成并投入使用机场11个，形成了"一枢十支"的机场布局，实现全省9个市州机场全覆盖。其中，"一枢"为贵阳龙洞堡国际机场，"十支"分别为铜仁凤凰机场、黎平机场、兴义万峰林机场、遵义新舟机场、遵义茅台机场、安顺黄果树机场、六盘水月照机场、毕节飞雄机场、黔南荔波机场、凯里黄平机场，其中遵义市、黔东南州分别有2个机场。按机场数量与国土面积占比计算，贵州省达到了每万平方公里约0.62个机场，高于全国平均水平，是西南地区机场分布密度最高的省份，超出全国平均水平的1.6倍。在"十三五"期内，贵州省还将建成威宁、德江、罗甸、盘州和天柱5个支线机场，研究论证都匀民用运输机场，形成"一枢十六支"民用运输机场布局；远期展望到2030年，覆盖密度和网络结构水平进一步提高，全省机场总体布局是"17、17、54"的"县县通"民用航空和通用航空机场布局，即由17个运输机场兼顾通用航空功能、17个A1级通用机

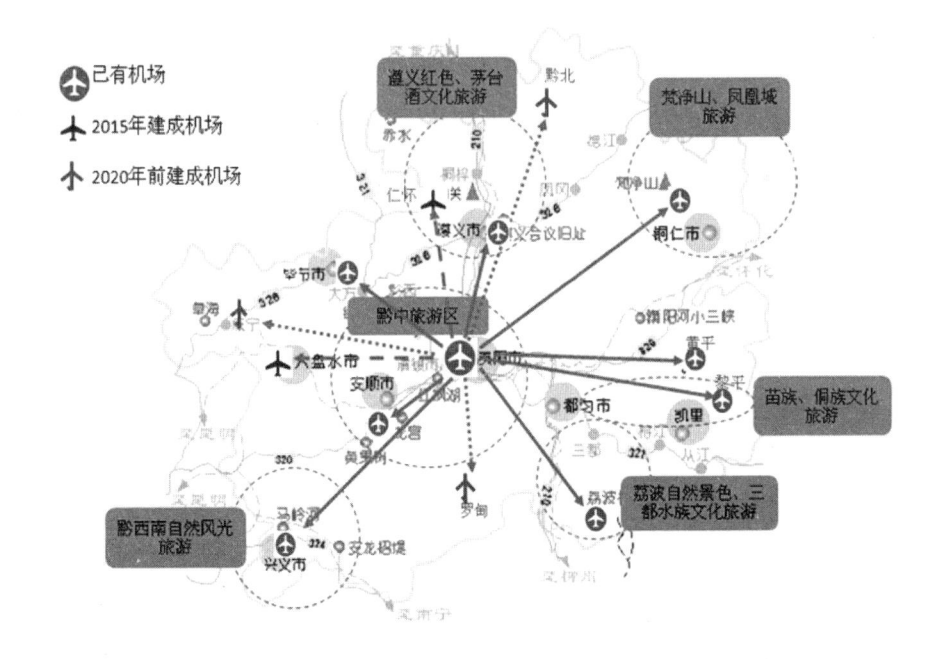

图4-1　贵州机场网络布局

资料来源：《贵州通用机场布局规划（2016—2030）》。

场、54个A2级通用机场组成的骨干网络,一批A3级通用机场为基础节点,构成的相对完善的全省通用机场体系(详见图4-1、表4-2)。贵州是全国少数已完成规划批复的省份,也是为数不多的提出"通用航空县县通"的省份。

表4-2 贵州省A1级、A2级通用机场总体布局

市州	运输机场(个)	A1级通用机场(个)	A2级通用机场(个)	合计(个)
贵阳市	1	2	2	5
遵义市	2	3	8	13
六盘水市	2	2	2	6
安顺市	1	1	4	6
铜仁市	2	2	6	10
毕节市	2	2	6	10
黔东南州	3	2	11	16
黔南州	3	2	7	12
黔西南州	1	1	7	9
贵安新区	0	0	1	1
合计	17	17	54	88

资料来源:《贵州通用机场布局规划(2016—2030)》。

贵州航班航线开发大步拓展,航线网络结构不断完善、航点通达性不断扩大,民航旅客吞吐量持续增加(见表4-3)。2018年,贵阳机场航线航线数量增加到241条,其中国际地区航线20条。传统航线布局进一步优化,"一带一路"沿线城市进一步加密,实现在东北亚的日本、韩国以及东南亚的新加坡、泰国、马来西亚等国家的重要航线全覆盖。2018年6月12日,贵州省首条直飞洲际航线(贵阳——莫斯科)开航。[1]

---

[1] 贵州首条全年直飞洲际航线开航,贵阳9小时飞抵莫斯科[EB/OL]. http://www.ccaonline.cn/news/hot/418479.html, 2020-03-21.

受益于贵州对外开放水平以及经济活跃程度提高，民航运输生产指标大幅增长，省内航空市场发展快于国内。2018年以来，贵州民航运输机场生产呈现持续快速迅猛增长态势，贵阳机场从2月19日至27日，单日旅客吞吐量连续9天突破历史记录，日均超过6.27万人次，单日旅客吞吐量最高达6.44万人次，较去年单日旅客吞吐量最高值多近6000人次。[1] 2018年，全省旅客吞吐量达到2799.51万人次，同比增长14.4%。[2] 贵阳龙洞堡国际机场2018年完成2009.47万人次。支线机场呈现出"井喷式"增长，2018年，贵州省支线机场中突破100万人次的就有遵义新舟机场（203.37万人次）、铜仁凤凰机场（127.66万人次）、毕节飞雄机场（121.66万人次）、兴义万峰林机场（112.09万人次）、遵义茅台机场（100.55万人次）5个。[3]

表4-3 贵州民航旅客吞吐量指标变化情况

指标	2013年	2014年	2015年	2016年	2017年	2018年
旅客吞吐量（万人次）	1125.46	1420.68	1563.28	1873.81	2457.65	2799.51
增速（%）	—	26.2	10.0	19.9	31.2	13.91

资料来源：《贵州省统计年鉴（2018—2019）》。

2018年，贵阳机场优化新增7个机位，总机位达到55个，过夜运力不断提升；兴义机场2号航站楼全面投入使用，极大缓解了保障压力，提高了干支机场保障容量。机场集团先后实施了贵阳机场飞行区、2号航站楼、1号航站楼扩容改造等重大项目和推进支线机场改扩建工程，运行保障资源极

---

[1] 贵阳机场连续9天单日旅客吞吐量突破6万[EB/OL]. http://www.gz.chinanews.com/content/2018/03-06/80628.shtml, 2019-07-20.

[2] 生肖红. 2018年全省民航旅客吞吐量再创新高[N]. 贵州都市报, 2019-01-16（A03）.

[3] 2018年1-12月西南地区机场生产统计简报[EB/OL]. http://info.swcaac.gov.cn/sctj/Manage/SimpleReport/SimpleMian.aspx?Id=18872, 2019-05-21.

大提升，诠释了贵州建设新速度。贵阳机场三期扩建工程规划有一条4000米跑道和一条3500米跑道同时运行，航站楼总面积达到36万平方米，总机位达到114个，能够满足年旅客吞吐量3000万人次、货邮吞吐量25万吨的使用需求，助推全省综合立体交通运输体系将更加完备，为贵州省实施"大旅游"战略提供航空运输支撑，增进了贵州与全国乃至世界的交流互通，打造了贵州对外开放的新名片。

2. 铁路发展打通旅游大动脉

2018年，贵州全省铁路里程已达到3598公里，其中，高速铁路1262公里（在全国排第15位、西部地区排第3位），铜玉铁路建成通车，盘兴高铁正式开工，贵州第二大高铁站——贵安站主体工程完工，米字形高速铁路网正在逐步形成，基本建成了西南陆路交通枢纽。[①] 通过贵阳铁路枢纽和国家已经建成的其他高速铁路，贵州省与相邻省会城市和其他主要城市实现了高铁连接，从东南西北四个方向全面进入了全国基本建成的"四纵四横"高速铁路网络。贵州到长三角、珠三角、京津冀和川渝滇的快速通道全面贯通。贵州地区开行的动车组约120对，铁路出省通道达到14个。

2018年底，贵州省在建的铁路项目共有10个，具体包括成都－贵阳（成贵高铁）、贵阳－南宁（贵南高铁）、安顺－六盘水（安六铁路）、盘州－兴义（盘兴铁路）、叙永－毕节（叙毕铁路）、瓮安－马场坪（瓮马铁路）、贵阳铁路枢纽小碧经清镇东至白云联络线、渝怀铁路梅江至怀化段增建二线、湖林铁路贵安新区段外迁工程、黔桂铁路都匀站外迁工程等铁路重大建设项目。根据贵州省政府2017年1月批复的《贵州省综合交通运输"十三五"发展规划》，至2020年底，全省铁路里程达到4000公里以上，其中，

[①] 卓毓淼：截至2018年底，全省铁路里程达到3598公里 [EB/OL]. http：//news. gog. cn/system/2019/06/21/ 017282206. shtml，2020 - 03 - 18.

高速铁路超过1500公里;形成贵阳至周边省会城市及珠三角、长三角、京津冀、北部湾、滇中等地区重要城市高速铁路联通,基本实现市市通高速铁路,铁路出省通道达到16个,实现贵阳至周边省会城市及全国主要经济区2至7小时铁路交通圈,基本实现贵阳至省内其他市(州)中心城市1至2小时到达。

2019年元旦前夕,贵州省"市市通高铁"的最后一个项目——盘兴铁路正式开工建设。该项目建成通车后,将全省唯一没有高铁连接的市州中心城市——兴义,通过沪昆高铁融入全国高铁网。盘兴铁路的开工意味着贵州省铁路建设迈进新征程,从东南西北四个方向的"十字"型高铁骨干网向实现"市市通高铁"的目标迈进。

目前,贵州省已相继建成投运贵广、沪昆、渝贵等国家高铁干线,全省已形成以省会贵阳为核心辐射全省、连接全国主要经济圈和周边省市城市群的高速铁路通道网络,贵阳成长为全国十大高铁枢纽,今后几年随着成贵、贵南和"市市通高铁"项目的全部建成,高铁对贵州旅游发展的带动作用将加快显现。2018年上半年贵州高铁累计发送旅客量增速达57.6%,助推旅游业实现持续井喷增长。实施高铁旅游配套建设工程,统筹推进高铁站场与相关高速公路、城市主干道和沿线重要景区景点的连接道路建设,围绕高铁站点建设旅游集散中心、游客咨询服务中心、旅游电子商务、旅游汽车租赁网点、停车场、汽车营地、医疗救助等旅游配套服务设施,培育壮大高铁旅游经济产业链。

3. 高速公路推动旅游新发展

2018年贵州高速公路建设稳步推进,累计完成投资821亿元,位居全国前列,共有12个高速公路项目建成通车,建成高速公路617公里,占全国通车里程的十分之一。新开工仁怀至遵义、威宁至围仗2个高速公路项目共81

公里，全省在建高速公路项目达 31 个 2082 公里。至 2018 年底，全省高速公路通车总里程突破 6000 公里大关，达到 6450 公里，总量排全国第 7 位、荣登全国高速公路综合密度"榜首"，新增省际出口通道 2 个、达 19 个。[①]

2018 年贵州出台了《贵州省新时代高速公路建设五年决战实施方案》，提出，将在全省范围内开展新时代高速公路建设五年决战，到 2022 年，高速公路完成投资 5000 亿元以上，通车总里程突破一万公里，面积密度和人口密度分别达到 5.7 公里/百平方公里和 2.7 公里/万人，形成网络更加完善、连通更加便捷、覆盖更加广泛、保障更加有力的高速公路网络。

——完善网络。构筑以贵阳为中心双通道连接各市（州）中心城市的 3 小时交通圈，建成市（州）中心城市连接周边县（市、区、特区）的 2 小时交通圈及相邻市（州）中心城市的 4 小时交通圈，形成环贵阳中心城区 1 小时快速交通圈。建成环贵州高速公路，建成 9 个市（州）中心城市绕城高速公路，构建连通顺畅、高效便捷的高速公路网络。

——互联互通。加强与周边省（区、市）互联互通，快速连接珠三角、长三角、成渝、长株潭、北部湾、滇中等重要经济区和城市群，形成省际高速公路出口通道 28 个，实现贵州与邻省（区、市）有 4 个及以上高速公路通道，7 小时到达周边省（区、市）中心城市，全面支撑"一带一路""长江经济带"等国家战略，强化南向通道建设。

——覆盖广泛。织密高速公路网络，提升对农业、产业园区等经济节点的连通能力，有效保障要素集聚与辐射能力。高速公路基本覆盖全省 3A 级及以上旅游景区、重点小城镇，通达铁路枢纽、重要港口、机场等交通枢纽节点。

——保障有力。充分发挥高速公路的比较优势，扩大有效供给，提升对

[①] 立体交通畅达八方"高速平原"渐行渐近［N］.贵州日报，2019-01-04（04）.

数字经济、旅游经济、绿色经济和县域经济的服务保障能力，改善贫困地区交通出行条件，全面增强交通运输的安全性和可靠性，降低交通运输单位能耗，实现人畅其行、货畅其流。

作为西部第一个实现县县通高速的省份，贵州持续织密旅游公路网络（详见图4-2）。高速公路基本覆盖全省重要旅游景区、重点小城镇、交通枢纽节点，形成以贵阳为中心、适应全域化旅游发展的安全便捷、服务完善的旅游公路运输网络体系，基本实现"城景通""景景通"，全省旅游的可进入性大大增强。根据贵州新时代高速公路建设五年决战行动目标，到2022年，高速公路通车总里程将突破1万公里，构建更加顺畅高效的高速公路网络。舒适、安全的旅游交通网为实现"快旅慢游"奠定基础，不断推动旅游新发展。

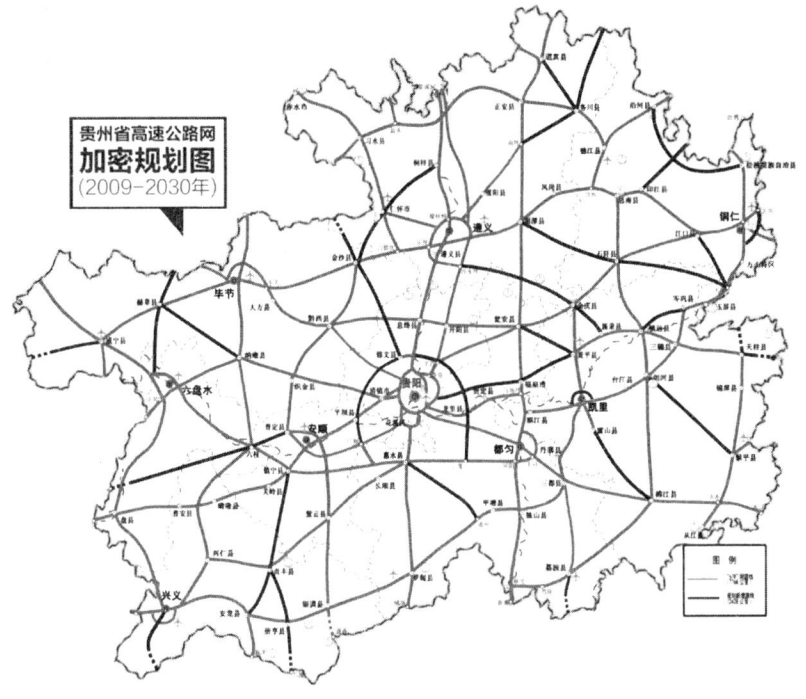

图4-2 贵州省高速公路网加密规划图

资料来源：《贵州省高速公路网规划（加密规划）》。

(二) 旅游交通行之顺心

1. 出行方式更加多元

随着贵州公路、民航、铁路建设快速发展,"通道效应"在全省旅游行业迅速释放,"旅游+交通"相融合推动旅游消费方式转型升级,自助游、自驾游等个性化、多样化方式呈现迅猛增长势头。2018年,民航旅客吞吐量达2799.60万人次,同比增长14.4%。高速公路收费站入口客车车流量2.90亿辆,同比增长16.9%;出口客车车流量2.92亿辆,同比增长17.4%。贵阳火车站辖区铁路旅客到达量3384.10万人次,同比增长19.9%,其中高铁旅客到达量达2296.90万人次,同比增长45.5%。旅游客运企业蓬勃发展,投入运营的旅游车辆运营公司(集团)197家,投放旅游客运车辆6440辆,座位15.98万座,较去年同期分别增加24家、954辆、1.51万座,同比分别增长13.9%、17.4%、10.4%;营业收入13.97亿元,同比增长18.1%。自驾游占比显著提高,从在黔国内游客出游形式来看,自驾出行占58.6%,比上年提高4.3个百分点,旅行社组织占0.46%。从结伴形式来看,选择和家人一起出游的比例为42.9%,选择朋友一起出游的比例为39.1%,选择独自出游的比例为9.3%,与公司同事一起出游的比例为5.3%。①

从游客旅游花费构成来看,2012年至2018年,贵州人均旅游交通消费呈现逐年上升趋势,从173.84元增加到295.20元,在全部旅游花费的比重由20%上升到30.2%(见表4-4)。

表4-4 旅游交通花费及其占旅游消费比例

项目	2012	2013	2014	2015	2016	2017	2018
人均旅游消费(元)	869.19	885.85	901.19	933.52	945.94	956.34	977.49
人均旅游交通消费(元)	173.84	166.54	157.71	183.90	235.54	282.12	295.20
1. 离开本地的长途交通费(%)	11.5	9.7	8.7	10	11.4	12.6	12.9

---

① 资料来源:贵州省文化和旅游厅。

续表

项目	2012	2013	2014	2015	2016	2017	2018
1.1 飞机（%）	7.3	4.9	4.2	5.3	5.7	6.0	4.1
1.2 火车（%）	1.7	1.9	1.9	2.6	3.4	4.1	5.2
1.3 长途汽车（%）	2.5	2.9	2.6	2.1	1.8	2	3.5
1.4 内河轮船（%）	0	0.1	0	0	0.5	0.5	0.1
2. 油费及汽车维护费（%）	6.4	6.7	6.2	6.6	10.1	11.6	11.3
3. 过路、停车费（%）	2.1	2.4	2.6	3.1	3.4	5.3	6
交通花费占比合计（%）	20	18.8	17.5	19.7	24.9	29.5	30.2

资料来源：贵州省文化和旅游厅。

2. "快旅慢游"体系加快覆盖

依托不断优化的立体交通格局，贵州加快实施"快旅慢游"交通服务体系建设，不断完善旅游集散服务功能，优化旅游观光巴士线路布局，设置旅游接驳和专线线路，构筑核心旅游区与城区外围相衔接的旅游集散通道。推进旅游道路标识建设，建立健全自驾游服务体系。大黄果树旅游圈、环梵净山、沿赤水河等旅游循环交通体系建设加快推进，一批旅游公交和景区直通车开通运行，机场、车站和旅游景区交通加快无缝对接，旅游目的地的通达性和舒适性发生革命性变化。[①] 贵州省加快完善景区配套设施，截至2018年底，全省建成景区连接外部交通主干公路34条、景区主干道45条、生态旅游步道65条、游客服务中心38个、购物场所78家、停车场102个，新增车位1.07万个、旅游标识牌2189块。[②]

根据《贵州省"快旅慢游"交通服务体系建设行动计划（2015—2020

---

① 山地旅游是贵州旅游发展的"靠山"专访贵州省旅游局局长李三旗［N］．贵州都市报，2015-12-25（B02）．
② 数据来源：贵州省文化和旅游厅。

年)》,围绕"交通如何服务于旅游,旅游如何嫁接好交通"这一核心命题,贵州以建设"接轨国际、覆盖全省"的"快旅慢游"交通服务体系为总体目标,通过实施十大工程(高铁旅游服务中心工程、高速公路旅游服务站工程、旅游集散中心工程、自驾车营地工程、旅游租车系统工程、旅游公路工程、智慧旅游云工程、旅游交通标志工程、旅游安全救援工程),打造四大产品(特色交通住宿产品、特色交通餐饮产品、特色交通购物产品、特色交通游览产品),落实六大保障(组织保障、政策保障、资金保障、人才保障、规划保障、安全保障),到2020年建设完善交通路网服务体系、交通便捷服务体系、交通特色产品体系、旅游信息服务体系、交通服务保障体系等五大体系,构建与国际接轨的交通旅游服务供给机制和保障机制,全面提升交通旅游服务质量和水平,为广大旅游者提供体系完备、规范标准、优质高效、安全舒适的交通旅游服务体系。

3. 绿色交通悄然升起

贵州着力推动生态文明交通,加快建设绿色交通省,并打造具有贵州特色的绿色交通品牌。在绿色交通理念的指导下,贵州交通运输结构、行业绿色发展水平也悄然发生着新的重大变化。贵州高度重视节能环保与绿色交通发展,先后出台了《关于加强交通运输行业重点耗能企业管理的实施意见》《关于加强全省交通运输万家企业节能低碳管理工作的实施意见》及《贵州省交通运输节能环保"十三五"发展规划》等政策条例,推动全省绿色交通优先发展,构建可持续发展的交通运输体系。以建设绿色交通省为引领,全面提升行业绿色发展水平,全面推进"1+4"绿色交通发展重点任务,推进绿色设计、绿色施工、绿色管理、绿色运输、绿色出行,初步建成布局科学、生态友好、清洁低碳、集约高效的绿色交通运输体系,打造醉美高铁等绿色交通品牌。加快构建绿色交通规划政策体系,研究制定黔中、黔南、黔西北等重点区域绿色交通发展规划。将生态文明建设目标纳入交通规划,推动构建科学合理适度有序的国土空间布局体系与绿色循环低碳发展的产业体系。在优化能源结构上,加快应用推广新能源和清洁能源运输装备。贵州省新增和更新的公交车中,新能源车的比例超过80%。2017年,贵州省新增和更新的公交车中,新能源车的比例高达85.5%;全省9个市州和贵安新区均设置有清洁能源、新能源公交运行线路,运营车辆达6233辆。① 在技术性节能减排上,利用节能技术设计、改造,实现低碳化运营。目前,贵州省新建高速公路隧道全部推广使用LED灯,已建高速公路隧道正逐步用LED灯代替高压钠灯,当前全省高速公路隧道LED灯使用率70%以上;通过研究路面材料循环利用技术,推广使用500MPa级钢筋,加快ETC车道改造工程等措施,很大程度起到了节能、降耗、减排的作用。

二、旅游要素保障与公共服务水平稳步提升

(一) 旅游要素保障加快改善

贵州省旅游接待服务设施加快改善,基本形成覆盖主要旅游城市、旅游景区的游客接待服务中心体系。旅游住宿接待设施得到改善,旅游标准化建设大力推进,省级层面出台了《贵州省旅游民族村寨设施与服务规范》《贵州省乡村旅舍质量等级评定管理办法》《贵州省乡村旅游区质量等级划分与评定办法(试行)》等文件。各地根据实际制定相应的规范体系,如制定了安顺市乡村旅游示范户规范及评价指标体系。建成一批星级酒店、特色主题酒店乡村旅舍和房车露营基地。截止到2018年12月,贵州共有星级酒店284家,其中4星级67家,5星级饭店6家;旅行社和旅游中介机构加快发展,截止到2018年末,贵州省旅行社增加到339家,其中出境游组团社28家。② 旅游信息化建设取得很大成就,以黄果树为代表的部分重点景区,已

---

① 贵州省多举措推动绿色交通发展 [EB/OL]. http://www.guizhou.gov.cn/xwdt/gzyw/201806/t20180615_1351096.html,2020-06-09.
② 贵州省统计局,国家统计局贵州调查总队. 2020年领导干部手册,2020;贵州省文化和旅游厅. 2018年度文化和旅游相关数据手册,2019.

经建设完成数据中心、景区免费 WiFi 系统、智能可视化视频系统、高速公路网、电子商务网、线上线下一体化系统、智慧票房系统等七大主系统。旅游行业服务意识不断强化，服务能力和服务质量明显提升。旅游接待公共服务的不断完善，提升了游客对贵州旅游的满意度，无论是集散、信息化、休息座椅、标识系统、旅游厕所、信息咨询等旅游公共服务，还是景区、住宿、餐饮、购物、娱乐、交通等旅游要素，游客满意度均有较大提升（见表4-5）。

表4-5 贵州旅游要素满意度指数

	2018年一季度	2018年度	提升程度
景区服务	80.87	82.12	1.25
住宿服务	79.99	82.44	2.45
餐饮服务	80.27	81.79	1.52
购物服务	80.92	82.43	1.51
娱乐服务	81.42	83.28	1.86
交通服务	79.61	81.65	2.04
旅行社服务	79.48	79.99	0.51

资料来源：贵州省文化和旅游厅。

1. 景区质量稳步提升

贵州省在2016年旅游资源大普查的基础上深入挖掘旅游资源，积极创建旅游品牌。山地旅游、避暑度假、康体养生、养老养心等新兴旅游业态不断涌现。2018年，遵义赤水河谷荣获国家级旅游度假区称号，成为全国27个国家级旅游度假区之一，实现我省国家级旅游度假区零突破。梵净山申遗成功，贵州成为全国世界自然遗产数量最多的省份。至2018年，贵州省拥有世界自然遗产地4个，国家级风景名胜区18个，国家级自然保护区11个，国家地质公园10个，国家湿地公园45个见表4-6）。A级景区数量从2016年的151家加增加至359家，平均增幅54.2%（见6表-7）。

表4-6 贵州省与周边省、市、区国家级旅游地比较（2018年）

旅游地	贵州	云南	四川	湖南	重庆	广西
世界遗产名录	5	5	5	2	2	2
世界地质公园	1	2	2	1	-	1
5A级旅游景区	6	8	12	8	8	6
国家级风景名胜区	18	12	15	21	7	3
国家森林公园	25	27	37	58	26	20
国家地质公园	10	12	18	15	8	11
国家自然保护区	10	20	32	23	6	23
国际一级博物馆	1	2	8	4	3	2
国家历史文化名城	2	6	8	4	1	3
国家历史文化名镇名村	24	22	37	35	24	38
国家级水利风景区	31	20	39	40	15	13
国际五星级温泉	-	4	-	-	2	-
国家级海洋公园	-	-	-	-	-	2
国家级旅游度假区	1	2	1	1	1	-
国家级旅游景区总数（个）	134	142	214	212	103	124

资料来源：贵州省文化和旅游厅，贵州省社会科学院.2018年贵州省旅游产业发展报告[R].2019；数据截至2018年。

表4-7 2016—2018年贵州省国家A级贵景区数量

等级	2016年	2017年	2018年
5A景区（个）	4	5	6
4A景区（个）	66	88	111
3A景区（个）	70	127	231
2A景区（个）	11	11	11
合计景区（个）	151	231	359

资料来源：贵州省文化和旅游厅。

围绕景区配套设施建设有效提升，贵州省加快建设景区连接外部交通主干公路、景区主干道、生态旅游步道、游客服务中心、购物场所、停车场、旅游标识牌等，旅游景区接待设施不断丰富。建成"行游贵州"预警提示系统，发布主要景区预警信息，为游客提供动态信息。以游客为中心，开通96972服务热线、旅游直播间。"云游贵州"APP上线运行，更加贴近游客需求。全省旅游公共服务智能化、特色化、多元化水平明显提升。

2. 旅游餐饮快速发展

近年来，在旅游业的迅猛发展及消费升级的大背景下，由于餐饮业投资的市场前景好、利润高、资金回收快，餐饮业的投资在实体经济投资减缓的态势下仍保持持续增长。2018年，与大旅游相关的住宿和餐饮业投资增长29.7%，增速高于全省投资增速13.9个百分点。其中，1－10月，全省第三产业投资增长16.2%，住宿和餐饮业投资比上年26.9%，高于全部投资增速10.8个百分点。[①] 尤其是随着乡村旅游的蓬勃发展，以农家乐为代表的特色餐饮业一枝独秀，成为餐饮业中的生力军，在高档餐饮萎缩时仍投资需求旺盛，成为餐饮业投资的重点，支撑了全省餐饮业快速发展。

3. 旅游住宿条件不断改善

一是规模不断扩大。近年来，贵州进一步加快旅游业发展，不断夯实旅游基础设施建设，全省酒店业发展提速，规模不断扩大，旅游接待能力显著增强，酒店入住率稳步提高。截至2018年底，贵州省旅游接待单位7.56万户，客房数79.21万间，房床位数138.07万张，较上年分别增加0.19万户、4.00万间、6.29万张，同比分别增长2.6%、5.3%、4.8%。2013—2018年间，酒店实际住宿人次数从2013年的7707.83万人次增加到2018年的18070.78万人次，增长2.34倍，客房开房率稳步保持在60%左右，暑期全

---

① 2018年贵州GDP1.48万亿 增速居全国前列［EB/OL］. http://www.gywb.cn/content/2019－01/22/content_ 5995526. htm，2020－03－21.

省酒店平均出租率达62.7%（见表4-8）。①

表4-8 2013—2018年贵州省旅游住宿情况

名称	2013年	2014年	2015年	2016年	2017年	2018年
年末客房数（万间）	31.48	33.05	37.17	52.13	76.68	101.24
年末客房床位数（万张）	56.54	59.29	66.16	92.02	134.05	138.07
实际住宿人次数（万人次）	7707.83	9268.64	10862.62	14362.34	17971.59	18070.78
客房开房率（%）	59.9	57.7	58.5	61.7	59.5	---

资料来源：贵州省文化和旅游厅。

二是结构不断优化。随着旅游业井喷发展，为了满足消费者不断多样化的需求，全省酒店行业不断优化发展，呈现出星级酒店、经济型酒店、特色主题酒店、民宿等竞相发展的局面。目前，贵州省星级酒店284家，其中4星级67家，5星级6家。尤其民宿业的发展十分迅速，我国客栈民宿总数达42658家，贵州以531家客栈民宿的数量位居全国第十九名。"2018年上半年，贵州民宿行业发展十分迅速，成交量同比增长470%。"贵州民宿房源中，大众用户偏向公寓、客栈、酒店式公寓类的房源，部分特色民宿如吊脚楼、农家乐、木屋、房车，较全国其他省份更受欢迎。②

三是效益不断提升。随着酒店业经营的不断创新，经营效益不断提升。2013—2017年间，贵州省旅馆业营业收入从2013年的1724281万元增加到2017年的9750029万元。星级酒店经营状况稳中有进，2018年，贵州省284家星级饭店营业收入20.84亿元，同比增长16.5%，客房平均出租率达

---

① 贵州省文化和旅游厅，贵州省社会科学院. 2018年贵州省旅游产业发展报告［R］. 2019.
② 贵州民宿行业发展迅速 民宿数量居全国19名［EB/OL］. http：//travel. gog. cn/system/2018/06/07/016627955. shtml，2020-05-04.

68%，其中 4 星、5 星级酒店平均房价 309 元，客房平均出租率达 70% 以上。①

4. 旅行社规范化进程加快

截至 2018 年末，贵州省共有旅行社 339 家，其中：出境游组团旅行社 28 家、国内及入境旅游旅行社 311 家；旅行社职工人数 4572 人，其中：出境游组团旅行社 1205 人、国内及入境旅游旅行社 3367 人；有持证导游 21012 人，其中，中级持证导游 432 人，高级持证导游 32 人。② 近年来，贵州省不断加强对旅行社人员、导游的专业技能标准化培训，构建培训长效机制，逐步提升旅行社服务质量、信用等级。加大对旅行社的监督检查，对违规经营的旅行社进行依法查封、注销执照、限期整改、警告罚款等，坚决杜绝旅行社虚假宣传、不履行合同约定、诱骗或强制购物、擅自增加自费项目等欺客宰客行为。通过开展"最佳旅行社""旅行社 A 级评定"等评选活动，着力培育一批具有较强综合实力的旅行社、旅游酒店等旅游集团，引进一批一流的国内外领军旅行社企业，树立一批具有模范带头作用的示范性旅行社。充分利用互联网和大数据，进一步开拓旅行社市场、扩充客源，改变过去散、小、弱的情况，强化旅行社的"增值服务"，增强市场风险抵御能力，提升旅行社整体收入。

5. 旅游交通服务便捷高效

交通基础设施从单纯满足出行功能向旅游、生态、消费、文化传播等复合功能转变。贵州省各地按照"零距离换乘"的理念，重点打造高铁站到城区、景区的快速交通线。加快推进现代化客运枢纽和旅客中转换乘中心建设，积极推进机场、高铁站与城市公交系统融为一体。贵州省高速公路收费站实现微信移动支付全覆盖，成为全国第七个、西部第一个全面开通移动支

---

① 贵州省文化和旅游厅，贵州省社会科学院. 2018 年贵州省旅游产业发展报告 [R]. 2019.
② 贵州省统计局，国家统计局贵州调查总队. 2020 年领导干部手册, 2020；贵州省文化和旅游厅. 2018 年度文化和旅游相关数据手册, 2019.

付的省份。景区与运输企业携手开通"景区直通车"旅游服务项目,旨在通过打造快捷旅游交通路线,全面打通抵达景区的最后一公里路,提升旅游服务水平,促进旅游发展。打造96972贵州文化旅游服务热线平台,推出"云游贵州"APP、"行游贵州"微信小程序,有力提升旅游交通服务智能化水平。加快构建网上售票、电话订票、无人售票机自助售票和传统人工售票等多元化的购票方式,提升旅客服务能力和质量,方便旅客出行购票。游客集散中心加快无障碍设施建设,为残障人设置专用通道、座椅和卫生间,为老、幼、病、残、孕等重点设置专门候车区和上车通道,配备电源插座等为旅客提供人性化服务。开展"铁拳行动",惩治不合理低价游、消费陷阱、强买强卖等违法违规行为,建立游客满意度大幅提升"红黑榜"、开展多彩贵州满意旅游痛客行系列活动。

6. 旅游购物环境持续改善

为了推进旅游商品发展,近年来贵州相继出台了《"十三五"民族民间文化旅游商品产业发展规划》《旅游商品生产示范基地认定管理办法》《工艺美术大师工作室认定办法》《旅游商品公共服务平台认定管理办法》等支持民族民间工艺品产业化发展的若干政策措施。同时,在高速公路服务区布局专销店、专销区,在旅游景区、景点、机场、高铁站、火车站等建设销售平台,不断完善的民族民间特色产品和旅游商品销售网络在全国范围内日见规模。合理运用大数据、"互联网+"、电商平台等新兴科技,利用贵州商务云、淘宝贵州馆、京东贵州馆等渠道,贵州旅游商品实现在全球范围内进行营销。

2018年,贵州省先后下发实施了《贵州省2018年旅游市场整治"铁拳行动"方案》《全省旅游接待团队购物场所及乡村旅游专项检查工作方案》等文件,深入开展旅游市场秩序综合整治"铁拳行动"的部署,依法严厉打击违法违规行为,重点针对各购物点等经营主体存在欺客宰客、非法经营、旅游安全隐患等情况进行督查整改,对镇宁自治县晶福御旅游商品购物店、平坝区夏云丰成雅丽商贸有限公司、赤水市千禧珠宝店等6家违规操作旅游购物店予以取缔,对5家消防和经营手续不全、以经营黄龙玉、乳胶、珠宝等为主的购物店责令停业,撤销了1家名为"博物馆"、实为旅游购物店的3A级旅游景区认定,查办1起涉嫌强迫购物的案件、吊销1名导游导游证,有力维护了全省旅游购物环境。贵州省持续贯彻《关于开展贵州省旅游景区、游客集散地购物退货试点工作的通知》(黔旅办〔2017〕180号)文件,积极引导全省旅游景区、游客聚散地旅游购物场所开展购物退货试点工作。仅2018年,贵州省就挂牌购物退货点53家,涉及特色旅游商品超市、珠宝银饰、蜡染、刺绣、食品、服饰、茶叶、酒类、农特产品等二十余种商品种类,旅游购物退货试点建立工作开展以来,积极为游客办理退货事宜,降低旅游购物投诉,推进和深化"文明在行动·满意在贵州""购之称心"活动内容,规范了旅游购物经营行为,保障游客和旅游经营者的合法权益。2018年,游客对贵州旅游要素满意度指数为82.43,比上年同期提高了6.39。[①]

(二)旅游公共服务稳步提升

贵州省不断完善乡村旅游景区(点)供电供水、垃圾清运、污水处理,停车场、公厕、交通旅游标识等旅游公共服务体系,稳步提升旅游公共服务水平和满意度(见表4-9、图4-3)。

表4-9:贵州旅游公共服务满意度指数

项 目	2018年一季度	2018年度	提升程度
信息化	80.61	82.63	2.02
休息座椅	81.46	83.67	2.21
标识系统	81.23	83.68	2.45
旅游厕所	79.68	81.33	1.65
旅游信息咨询	80.65	83.23	2.58

资料来源:贵州省旅游发展委员会,清研灵智信息咨询(北京)有限公司.贵州省游客花费及满意度调报告(2018年1-12月)[R],2018.

---

① 贵州省旅游发展委员会,清研灵智信息咨询(北京)有限公司.贵州省游客花费及满意度调报告(2018年1-12月)[R],2018.

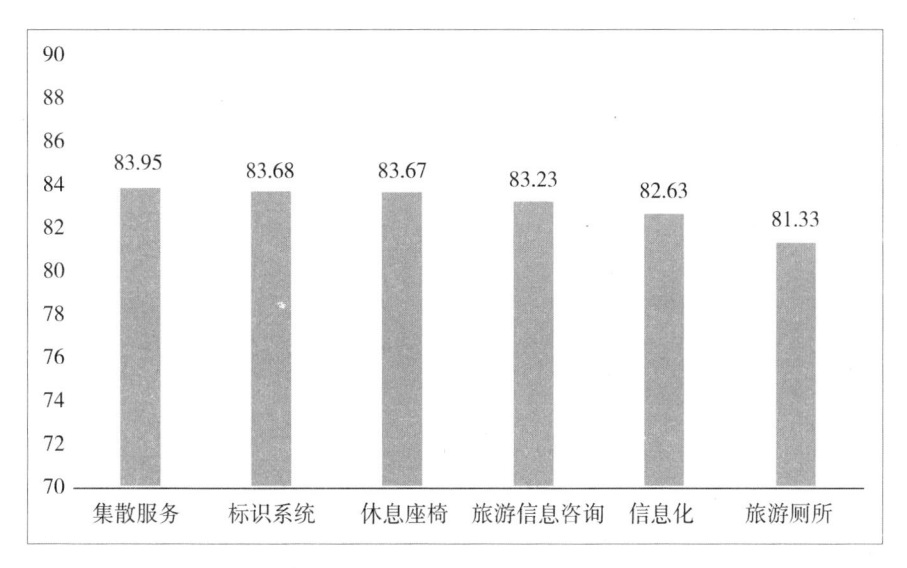

图4-3 2018年贵州省旅游公共服务满意度指数

资料来源：贵州省旅游发展委员会，清研灵智信息咨询（北京）有限公司.贵州省游客花费及满意度调报告（2018年1-12月）[R]，2018。

1. 智慧化旅游服务不断完善

贵州省加强旅游信息化基础设施建设，持续强化旅游景区及主要旅游区域的通信基础设施建设，逐步实现全省各地机场、高铁站、游客服务中心、乡村旅游扶贫示范村、4A级景区、4星级以上酒店等重点涉旅场所无线网络全覆盖。大力推进"智慧旅游"，着力构建适应现代旅游方式，满足管理行业、服务企业和服务游客的信息化应用平台体系，不断完善"云游贵州"全域旅游智慧服务平台及"云游贵州"APP等旅游信息化服务平台建设，强化数据收集传递、挖掘处理、融合应用等方面，不断充实平台数据提升服务能力，进一步扩大涉旅数据覆盖面和平台用户数量，打造集产品推广、服务预订、预售结算、实时查询、导游导览、容量监控等功能于一体的"一站式"旅游服务平台，实现旅游服务和管理全程、全域、全覆盖。积极推动景区、餐饮点、购物场所、娱乐场所的消费支付电子化，逐步实现景区和企业管理智慧化、旅游公共服务和出行服务智慧化。

2. 满意如厕基本实现

贵州省加强实施《贵州省"旅游厕所革命"新三年计划（2018—2020年)》。加快旅游厕所建设管理步伐，强化"七个一"标准化建设，确保重点景区、乡村旅游点建好一个旅游厕所，推进厕所革命深入城乡、普及景区内外，实现"数量充足、干净无味、实用免费、管理有效"目标。推动多彩贵州旅游厕所设计革命，打造贵州特色厕所标识、厕所文化、厕所景观建设，增设无性别第三卫生间；实施旅游厕所运营管理革命，推动成立贵州旅游厕所开放联盟，"以商建厕、以商养厕、以商管厕"旅游厕所商业化运作新模式，丰富旅游厕所服务功能，完善旅游厕所建设管理监督考核制度，实现标准化、精细化管理；将旅游厕所建设作为国家级旅游度假区、国家全域旅游示范区和5A、4A级景区以及乡村旅游示范点等创建评定的重要指标，并实行"一票否决"；推进旅游厕所技术革命，在黄果树瀑布、大小七孔等重点景区的旅游旺季设置一批移动厕所，创新建设一批生物降解型生态厕所；推进互联网+厕所应用，建立旅游景区信息管理平台，让游客实现满意如厕。在三年"厕所革命"中，贵州省建成乡村旅游厕所817座，达到A级及以上等级厕所161座。[①]

第三节　新时代贵州乡村旅游提质增效的组织与政策基础

乡村旅游提质增效有赖于强有力的组织和政策保障。当前，贵州已经建立覆盖省、市（州）、县的三级旅游发展和改革领导小组，通过实施"1＋N"旅游体系规划以及各部门的综合联动，为推进乡村旅游提质增效提供了

[①] 资料来源：贵州省文化和旅游厅。

坚实的组织保障。同时，在国家和省级层面，已经形成了较为系统的乡村旅游政策体系，也将有效推动贵州乡村旅游提质增效。

一、组织保障基础

（一）旅游发展和改革领导小组全覆盖

贵州省全省上下高度重视旅游业发展，将旅游业作为战略性产业或支柱产业来打造，不断加大财政、金融、土地、投资等综合性政策对旅游业发展的支持力度。为解决旅游业发展"政出多门、九龙治水"的问题，全面筹划、指导、组织和协调各级旅游工作，按深化旅游改革专题组的要求，建立和完善以党委或政府"一把手"为组长旅游发展和改革领导小组机制，并比照"深改组"模式，推动旅游发展和改革领导小组实体化运转，强化统筹协调、规划审核、项目推进等职能职责，不断推进由议事协调机构向决策指挥机构转变，逐步承担起各级旅游发展和改革的领导职能，促进了旅游部门统筹协调旅游发展能力提升。

截至2018年底，贵州省88个县（区、市）中贵阳市、安顺市、六盘水市、毕节市、黔东南州全部县（区、市），遵义市9个，铜仁市7个，黔南州9个，黔西南州4个共计73个县（区、市）成立了县级旅游发展和改革领导小组或相应议事协调机构并开展工作，其他县（区）也正在积极筹备成立旅游发展和改革领导小组，在全省基本建立了县级旅游发展和改革领导小组工作机制，形成各成员单位工作联动，共同推动全域旅游发展的良好局面。[1] 各级旅游发展和改革领导小组不断强化顶层统筹，制定旅游工作部门联席会议工作规则，不断强化旅游业发展的统筹协调，进一步增强旅游业发展的统揽能力，科学制定旅游产业发展战略，积极推动地方旅游产业的发展，为完善交通、信息、安全等旅游公共服务提供了强有力的制度保障。

---

[1] 资料来源：贵州省文化和旅游厅。

同时，各地进一步深化旅游管理体制机制改革，构建大景区管委会体制，建立"管委会＋公司"管理模式，推动资源整合、联动协作、抱团发展。如，安顺市黄果树、龙宫、大屯堡要在完善配套提升基础设施上下功夫，贵阳市花溪十里河滩、天河潭、孔学堂、青岩古镇要在彰显"大花园、大溪流"特色上优格局，遵义市国酒茅台、海龙屯、娄山关要在联动协作上见效益，黔西南州马岭河峡谷、万峰林、万峰湖要在推进产城景融合发展上提档次。

（二）"1＋N"规划体系全面展开

贵州省积极探索省里高位推动、各厅局、各市州（含贵安新区）深度参与、国内外专家智囊、全民互动的创新组织形式与规划实践，最终形成"1＋N"的规划成果体系。具体体现为：一是以《"十三五"旅游业发展规划》为纲，编制实施系列旅游产业发展专项规划体系，各市（州）县（市、区）结合本地实际制定具体实施方案或者专项规划，并结合本地实际创造性地提出具体的落实方案；二是以《贵州省全域山地旅游发展规划》为全省全域顶层设计与战略思路，编制N个"旅游＋"子规划，充分体现"旅游＋"多产业融合发展。

严格坚持规划先行，出台了《省人民政府办公厅关于加强全省旅游资源保护与开发的通知》（黔府办发电〔2016〕272号）和《贵州省旅游发展和改革领导小组关于进一步规范全省旅游资源保护和开发的通知》（黔旅改组发〔2017〕5号）明确区域旅游发展规划审批的要求，区域旅游发展规划需在征求上一级旅游主管部门意见后，由同级人民政府批准实施。截至2018年底，贵州88个县（市、区）及贵安新区已委托具有相应资质的规划编制公司编制或正在编制本级旅游发展规划（全域旅游规划）。

在编制完成《贵州省全域山地旅游发展规划（2017—2025年）》的基础上，围绕"1＋N"旅游规划体系，编制完成《贵州省温泉产业发展规划（2017—2025年）》，并于2018年3月30日以省旅游发展和改革领导小组名义正式印发（黔旅改组〔2018〕4号）；加快推进《千里乌江休闲度假旅游带规划》《贵州省世界名酒文化旅游产业带规划》《贵州省苗疆走廊旅游发展规划》《贵州山地旅游开发利用导则》等一系列子规划编制。进一步强化与其他部门的衔接,联合省直部门推进相关规划工作:联合省水利厅编制《贵州省水利+旅游融合发展规划》,联合省文化厅编制《贵州省文化旅游发展规划》,联合省林业厅编制《贵州省森林旅游发展规划》(含贵州旅游环境绿化美化方案),配合省交通运输厅编制《贵州省旅游公路发展规划(2018—2035)》,配合省体育局编制《贵州省全国体育旅游示范区总体规划》和《贵州省百万里健身步道实施方案》。同时,结合扶贫规划编制情况,完成了《都柳江国家公园总体规划》以及第一批13个深度贫困县和6个极贫乡镇编制《旅游扶贫规划》的规划评审工作,并启动第二批旅游扶贫规划(共16个)编制工作。此外,还联合企业推进相关规划工作,如联合美麟集团和北京巅峰智业编制《贵州索道产业发展规划》、联合温德克编制《贵州省通航旅游产业发展专项规划》等。

(三)旅游综合执法多方联动

以贵州省旅发委挂牌为契机,改变旅游发展"九龙治水、政出多门"的旧格局,形成多方联动、政出一门、利益共享的新局面。健全旅游监管体系,在省、市和重点旅游县设立旅游警察、旅游法庭、工商旅游分局等,健全旅游投诉处理和服务质量监督机制。推动"1+3+N"综合监管机制不断发挥作用。贵州省各地有序推动旅游综合监管机制建立和完善,2018年贵州省新增9个旅游警察机构、6个旅游工商市场监管机构、5个旅游法庭,截止2018年9月30日,贵州省共有各级旅游警察机构46个、旅游工商市场监管机构24个、旅游法庭22个。[①] 联合省工商、省食药监下发了《全省旅游接待团队购物场所及乡村旅游专项检查工作方案》。综合监管机制的建立和完善,为贵州省旅游业高速优质发展提供了保障。

---

① 资料来源:贵州省文化和旅游厅。

二、政策保障基础

(一) 国家层面乡村旅游发展政策保障

中央、国务院高度重视"三农问题",先后出台了一系列关于促进农业农村发展的文件政策,尤其是以中央一号文件和中央会议决议为代表。改革开放以来,中央先后发布 20 个一号文件聚焦"三农"问题,其中 2015 年—2019 年已连续 5 年发布,这些一号文件对推进乡村旅游发展提供了坚实的政策保障(详见表 4-10)。

表 4-10 近几年中央一号文件有关乡村旅游发展的政策保障

中央一号文件名称	年份	内容表述
关于加快推进农业科技创新持续增强农产品供给保障能力的若干意见	2012 年	支持发展森林旅游。
关于加快发展现代农业进一步增强农村发展活力的若干意见	2013 年	鼓励企业和社会组织在农村兴办文化旅游体育等事业;发展乡村旅游和休闲农业。
关于加大改革创新力度加快农业现代化建设的若干意见	2015 年	挖掘乡村旅游观光、生态休闲价值;扶持建设一批特色景观旅游村镇,打造特色鲜明、形式多样的乡村旅游休闲产品。加大对乡村旅游休闲基础设施建设的投入。研究制定促进乡村旅游休闲发展扶持政策;实施乡村旅游扶贫工程。
关于落实发展新理念加快农业现代化 实现全面小康目标的若干意见	2016 年	大力发展乡村旅游和休闲农业,实施乡村旅游和休闲农业提升工程。
关于深入推进农业供给侧结构性改革 加快培育农业农村发展新动能的若干意见	2017 年	大力发展乡村休闲旅游产业,秉持生态(旅游+)、资金、用地、行业标准、投资主体、资源保护等方面提出支持政策。

续表

中央一号文件名称	年份	内容表述
关于实施乡村振兴战略的意见	2018年	实施乡村旅游和休闲农业精品工程；加快发展森林草原旅游、河湖湿地观光、冰雪海上运动、野生动物驯养观赏等产业，积极开发观光农业、游憩休闲、健康养生、生态教育等服务。创建一批特色生态旅游示范村镇和精品线路，打造绿色生态环保的乡村生态旅游产业链。
关于坚持农业农村优先发展做好"三农"工作的若干意见	2019年	将农村人居环境整治与发展乡村休闲旅游等有机结合；充分发挥乡村资源、生态和文化优势，发展适应城乡民需要的休闲旅游、餐饮民宿、文化体验、健康养生、养老服务等产业。加强乡村旅游基础设施建设，改善卫生、交通、信息、邮政等公共服务设施。

资料来源：根据各年中央一号文件整理。

此外，国务院及相关部委相继出台了一系列的促进乡村旅游发展的政策文件，包括：国务院办公厅《关于进一步促进旅游投资和消费的若干意见》、国土资源部等《关于支持旅游发展用地政策的意见》、农业农村部《关于推动落实休闲农业和乡村旅游发展政策的通知》、文化和旅游部等《关于促进乡村旅游可持续发展的指导意见》等。其中，《关于促进乡村旅游可持续发展的指导意见》明确从基础设施、规划设计、文化内涵、品牌打造以及扶贫攻坚等五方面政策形成推进合力，以不断促进乡村旅游可持续发展。

（二）省级层面乡村旅游发展政策保障

旅游业已成为贵州守住发展和生态两条底线、推动产业转型升级的战略重点，乡村旅游已成为贵州深入贯彻习近平总书记系列重要讲话特别是在深度贫困地区脱贫攻坚座谈会上的重要讲话精神和认真落实中央脱贫攻坚系列决策部署的重要抓手。大力发展乡村旅游，走出一条特色的乡村旅游发展之路，一直是贵州旅游工作的重中之重。从1986年开始，为统筹各方力量推进乡村旅游发展，贵州就先后成立了省旅游资源开发领导小组、省旅游发展规划领导小组、省旅游事业委员会、省乡村旅游工作指导小组等机构，以不断凝聚乡村旅游发展合力。近年来，为进一步推进旅游业发展，省、市、县三级分别成立了以党委或政府"一把手"为组长，发改、旅游、扶贫等10多家单位为成员的旅游发展和改革领导小组，连续13年召开高规格的旅游发展大会。仅2016年，贵州省就出台了《贵州省旅游条例》，省主要领导32次、省领导67次就旅游工作作出重要批示，陈敏尔书记（时任）、孙志刚省长（时任）先后5次出席贵州省旅游工作有关会议，省领导8次组织召开旅游发展动员会、推进会和调度会，作出一系列安排部署。各地都成立了旅游发展和改革领导小组，由主要党政领导亲自安排部署旅游工作，形成了贵州省一盘棋、上下一条心大抓旅游、特抓旅游的强大合力。

为推动乡村旅游发展，贵州出台了一系列政策、文件，从法律上明确乡村旅游发展的方针政策、实施步骤和工作重点、方法措施（详见表4-11）。

表4-11 贵州省乡村旅游发展的政策一览表

文件名称	年份	涉及内容
关于加快旅游业发展的意见	2002	将旅游发展与农村经济结构调整、扶贫开发和生态保护结合起来，积极发展乡村旅游和观光农业。
关于大力发展乡村旅游的意见	2007	要把发展乡村旅游作为推进社会主义新农村建设的重要抓手，作为统筹城乡发展的重要举措和构建"和谐贵州"的重要载体。

续表

文件名称	年份	涉及内容
关于大力实施乡村旅游扶贫倍增计划的意见	2011	积极探索扶贫开发新途径、新方式，推动扶贫开发与乡村旅游有机融合，拓宽贫困农民增收渠道，实现持续稳定脱贫致富。
关于推进旅游业供给侧结构性改革的实施意见	2016	乡村旅游收入占旅游总收入的比重提高到25%。
贵州省发展旅游业助推脱贫攻坚三年行动方案（2017—2019年）	2017	明确了旅游扶贫的目标、重点任务及保障措施，要求确保"十三五"期间，通过旅游发展助推贵州全省100万以上建档立卡贫困人口增收脱贫。

资料来源：根据贵州省旅游相关文件整理，数据截至2018年。

此外，为规范乡村旅游发展，贵州还相继出台了《贵州省乡村旅舍质量等级评定管理办法》《贵州省乡村旅游村寨、经营户（农家乐）、客栈质量等级评定管理办法（试行）》《贵州省乡村旅游区质量等级划分与评定办法（试行）》《贵州省旅游民族村寨设施与服务规范》《贵州省乡村旅游村寨建设与服务标准》《贵州省乡村旅游农家乐经营户服务质量等级划分与评定》《贵州省乡村旅游客栈服务质量等级划分与评定》等文件和标准。

综上，国家和省级出台的一系列政策措施，为贵州乡村旅游提质增效提供了重要的政策保障，是贵州乡村旅游提质增效的重要依据和基础。

第五章

新时代贵州乡村旅游提质增效的现实起点

第一节 贵州乡村旅游发展现状分析

贵州旅游业在改革开放的新形势下应运而生,在早期开发自然风光旅游的过程中,贵州以自然民族村寨和原生态民族风情吸引游客,选择在贵阳的黑土苗寨、安顺的布依族石头寨、黔东南的上郎德苗寨等少数民族村寨开展乡村旅游。作为全国最先提出"旅游扶贫"理念、最早实施旅游扶贫战略的省份之一,贵州从旅游资源丰富而独特,但农村贫困人口多、贫困面大的实际出发,开展广泛深入的"旅游扶贫"实践与理论探讨,逐步调整旅游业结构,把"旅游扶贫"概念转化为旅游产品——乡村旅游。经过近40年的发展,贵州省乡村旅游从无到有,规模从小到大,类型从单一到多元,已成为贵州旅游业的重要组成部分和增长点,成为推动农村经济社会发展,特别是脱贫攻坚的重要力量。

一、贵州乡村旅游规模不断扩大

(一)乡村旅游景区初具规模

经过多年发展,贵州省形成了以民族村寨、休闲农业等为主体的乡村旅游景区。乡村旅游景区初具规模,并在贵州省旅游景区构成中占有重要地位。截至2018年底,贵州省列入重点统计监测的旅游景区共有1086个,其中乡村旅游景区为744个,占到贵州省旅游景区的68.51%。[1] 截至2018年底,贵州省开展乡村旅游自然村寨突破3500个(其中517个村被确定为全国乡村旅游扶贫重点村),其中:省市县三级评定标准级以上乡村旅游村寨267个,其中省级评定甲级村寨66个;有全国休闲农业与乡村旅游示范县10个、全国休闲农业与乡村旅游示范点20个(见表5-1)。[2]

表5-1 贵州省全国休闲农业与乡村旅游示范县(点)

序号	名　称	入选年份
全国休闲农业与乡村旅游示范县(10个)		
1	遵义市桐梓县	2010
2	黔东南州丹寨县	2012
3	黔东南州雷山县	2013
4	黔西南州兴义市	2013
5	遵义市凤冈县	2014
6	安顺市西秀区	2015
7	铜仁市江口县	2015
8	黔东南州台江县	2016
9	黔南州荔波县	2016
10	毕节市百里杜鹃管理区	2016
全国休闲农业与乡村旅游示范点(20个)		
1	遵义市凤冈县中国西部茶海之心景区	2010
2	遵义市湄潭县桃花江田园休闲度假区	2010
3	贵阳市开阳县十里画廊乡村旅游区	2011

---

[1] 数据来源:贵州省文化和旅游厅。
[2] 贵州省文化和旅游厅. 2018年度贵州文化和旅游相关数据手册, 2019.

续表

序号	名　称	入选年份
4	遵义市务川自治县龙潭仡佬丹砂古寨旅游景区	2011
5	遵义市湄潭县四品君旅游有限公司-茶海生态园	2011
6	黔西南州兴义市万峰林泉汇休闲农业观光园	2012
7	遵义市凤冈县益池园大鲵乡村旅游示范点	2012
8	六盘水市水城县百车河现代高效农业生态园	2012
9	贵阳市白云区蓬莱仙界贵州现代农业展示区	2012
10	毕节市金沙县台金休闲观光农业科技园	2013
11	铜仁市碧江区云林仙境桃花谷休闲农业观光园	2013
12	安顺市西秀区西秀双堡休闲农业观光园	2013
13	黔南州福泉市黄丝休闲农业与乡村旅游示范点	2014
14	六盘水市盘县哒啦仙谷休闲农业示范园	2014
15	遵义市赤水市金钗石斛生态示范园	2014
16	黔东南州凯里市云谷田园休闲观光农业示范园	2015
17	安顺市西秀区旧州镇生态文化旅游园	2015
18	六盘水市盘县娘娘山高原湿地生态农业示范园区	2015
19	六盘水市水城县猕猴桃产业示范园区	2015
20	遵义市务川县洪渡河旅游休闲点	2015

资料来源：根据农业农村部官网、贵州省文化和旅游厅，数据截至2018年。

（二）村旅游接待规模持续增大

近年来，贵州省乡村旅游接待规模不断增大。特别是进入"十三五"，贵州省乡村旅游接待量呈现井喷式增长态势，增长速度高于全省旅游增长速度（图5-1）。2018年，贵州省乡村旅游接待游客4.62亿人次，占全省旅游

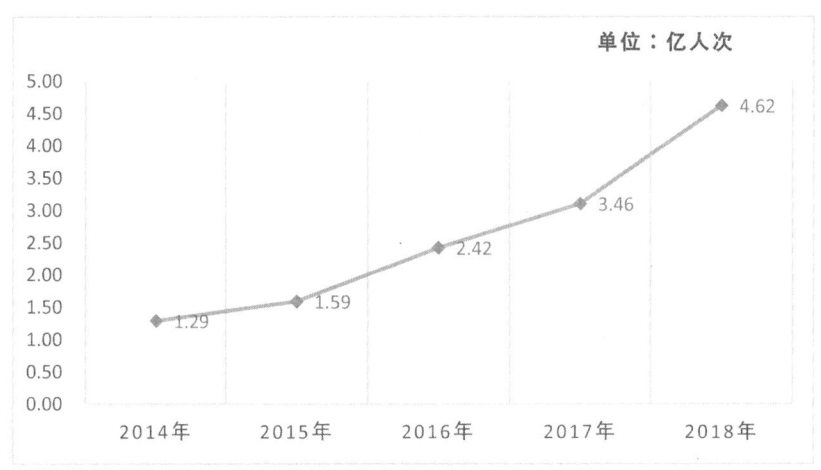

接待游客的47.68%,同比增长33.61%。①

图5-1 近五年贵州乡村旅游接待人次

资料来源:2014—2017年数据来源于《贵州年鉴(2015—2018)》;贵州省文化和旅游厅.2018年度贵州文化和旅游相关数据手册,2019。

(三) 乡村旅游要素不断丰富

1. 乡村旅游产品结构不断丰富

通过调整乡村旅游产品结构,贵州省乡村旅游以观光旅游产品为主的情况得到了较大改变,休闲度假产品和专题产品发展迅速,旅游产品呈现多元化发展格局,基本形成了乡村旅游与观光旅游、度假旅游、文化旅游、红色旅游、生态旅游、专项旅游相结合的多元化产品体系。适合贵州旅游资源特点和市场需求的山地旅游、避暑度假、康体养生、养老养心等新兴乡村旅游业态不断涌现。

贵州省结合特色优势产业推进乡村旅游发展,按照"守底线、走新路、奔小康"的总体要求,坚持"生态产业化、产业生态化"的理念,大力推进农旅融合,积极发展现代山地特色高效农业,开发绿色有机农产品,推进农

---

① 贵州省文化和旅游厅.2018年度贵州文化和旅游相关数据手册,2019.

产品旅游商品化，深度培育开发河谷漂流、森林徒步、自行车户外运动等体验性乡村旅游活动，提供农事感知、溪畔垂钓等乡村旅游产品，培育特色民宿、采摘篱园等旅游业态，推动实现"乡村度假"向"乡村生活"转变。积极推进大健康产业带动乡村旅游发展，促进产业融合，加快实现中药材产业"接二连三"，使资源优势转化为产业优势和经济优势，在施秉县、碧江区等地打造文化旅游健康养生宝地。抢抓国家批准贵州省实施宽带乡村示范工程机遇，在长顺、惠水、玉屏、松桃等地积极发展农村电子商务，合力打造电子商务特色村镇，推动特色农产品走向市场。

贵州省以自然生态、文化遗产、民族村寨、特色农业等资源为依托，强化乡村旅游标准体系建设，逐步打造出乡村田园观光、乡村农事体验、乡村度假休闲、乡村民俗风情等一系列产业类型。同时，不断加快地方民族特色文化融合提升，策划推出百里杜鹃花节、荔波梅花节、安顺油菜花节、贵定金海雪山旅游节、德江傩文化艺术节、凤冈春茶开采节等多个独具浓郁乡村文化、民族特色和地域风貌的乡村旅游文化节庆活动，形成了一批参与性强、体验内容丰富和具有深厚民族文化内涵的乡村旅游休闲度假产品，通过系列乡村旅游节庆活动的举办，全面激活了乡村旅游的内生动力，进一步提升了贵州旅游的品牌知名度和市场吸引力。

2. 旅游购物层出不穷

依托历史悠久的传统工艺、丰富的民族传统文化资源和地方特色自然资源，贵州省乡村旅游商品初具规模体系，企业门类较多，产品内容丰富、富有地域文化色彩。产品类型涵盖了农（土）特产品、工艺美术品、旅游纪念品、旅游日用品以及其他旅游商品，具体涉及染织、刺绣、织布、民族服饰、民族工艺品、银饰、酒、茶、土特食品、中药材等。特别是近年来，贵州省旅游市场的"井喷式"发展，很大程度上助推旅游商品逐步走向产业化，旅游商品市场发展势头强劲。以贵阳市为例，贵阳市与旅游商品关联度较高、年销售产值超过100万的旅游商品企业达379家，与整个旅游产业链相关的旅游商品企业有947家。①

贵州省旅游业实现持续"井喷"发展，有效带动了旅游商品销售的增长，发展势头良好。从企业数量上看，近年来旅游商品销售企业数量增加较快。从效益上看，所调查的旅游商品企业都处于盈利状态，旅游商品企业，特别是依托传统工艺及地方特色农产品企业，如蜡染、扎染、刺绣、茶叶、刺梨等能有效带动地方就业。从发展意愿上看，旅游商品企业比较看好本行业发展，一些企业长期坚守传统（民族）工艺，对未来发展意愿较高。在问及下一步打算时，多数企业计划扩大生产规模，加强人才引进和培育，拓展销售渠道。

旅游业快速发展的势头，带动了旅游商品企业的多元发展方式。从受欢迎程度来看，游客较愿意购买的商品是旅游纪念品和农（土）特产品、工艺美术品，且价格区间在50－200元的旅游商品销售最好，其次是200至500元和50元以下的旅游商品。②从生产销售模式上看，呈现生产销售模式多元的特征。生产上可分为全部自产、自产＋收购、自产＋委托加工等方式。销售上可分为实体店销售、实体店＋电子商务（O2O），并呈现出对线上销售的热情。从销售区域看，既有立足本省市场，也有主打外省市场（如贵州布依阿妈电子商务有限公司主要销往昆明）。

二、乡村旅游发展质量不断提升

（一）乡村旅游发展后劲得到夯实

1. 乡村旅游通达性不断改善

2018年，贵州省建成高速公路617公里，高速公路通车总里程达到6452公里，通车里程数由2015年底实现"县县通"高速时的全国第9位上升到

---

① 贵州省文化和旅游厅，贵州省社会科学院. 2018年贵州省旅游产业发展报告［R］. 2019.
② 笔者2019年在参与贵州省文化和旅游厅组织的"贵州旅游商品市场调研"过程中，通过对旅游商品销售企业调查中获得的数据。

第 7 位，综合密度排全国第 1 位，高速公路出省通道达 19 个，实现与相邻省（区、市）两个以上省际大通道；贵州到长三角、珠三角、京津冀和川渝滇的快速通道全面贯通，贵州省铁路里程达到 3598 公里，其中高速铁路 1262 公里；贵州地区开行的动车组约 120 对，铁路出省通道达到 14 个；通航机场实现市州全覆盖，2018 年机场旅客吞吐量达到 2800 万人次；行政村、村民组硬化路通达率分别达到 100% 和 98%；乌江实现通航，贵州省高等级航道达到 900 公里。① 贵州覆盖全域的立体化快速交通体系加速形成，高速公路网进一步完善，为贵州省自驾旅游创造了自由的通途；纵贯国内各地的高速铁路，打通了东西南北的交通；规划建设"一干十六支"航空网络，联通五大洲、四大洋；构建"四江一河、五水出境"格局，创造了旅游大省的水上通途。

2. 旅游接待服务能力大幅提升

截至 2018 年 12 月，贵州省有旅行社 495 家，旅行社门市 758 家，其中：有出境资质的 30 家，有赴台游资质的 7 家；住宿设施 7.56 万家，房间数 79.21 万间，床位数 138.07 万张；星级旅游饭店 284 家，其中 5 星级 6 家，4 星级 66 家，3 星级 120 家，2 星级 82 家，1 星级 10 家；旅游车辆营运公司 197 家，有营运车辆 6440 辆，座位数 15.98 万座。通过实施三年"厕所革命"，建成乡村旅游点厕所 817 座，达到 A 级及以上等级厕所 161 座。② 截至 2018 年底，贵州省有农家乐近 10000 家；标准级以上乡村旅游客栈 363 家，其中精品客栈 87 家；三星级以上乡村旅游经营户（农家乐）769 家，其中五星级经营户（农家乐）71 家。贵州省有持证导游 21012 人，其中，中级持证导游 432 人，高级持证导游 32 人。贵州省文化和旅游行业从业人员 140.35 万人，其中：文化行业从业人员 41.71 万人，旅游行业从业人员 98.64 万人。③

---

① 2018 年贵州省国民经济和社会发展统计公报。
② 贵州省文化和旅游厅. 2018 年度贵州文化和旅游相关数据手册，2019.
③ 贵州省文化和旅游厅. 2018 年度贵州文化和旅游相关数据手册，2019.

(二) 乡村旅游规范化水平逐步提升

通过市场化运作方式，动员发展乡村旅游的示范户、大户等组建成立合作社或旅游协会，促进了乡村旅游的规范化发展。一是强化人才支撑。注重人才培养，构建"产、学、研"一体化乡村旅游人才培养机制，重点培养以村支两委带头人、乡村旅游大户为主的管理人才、以专业合作社或行业组织为主的营销人才、以个体农户为主的经营人才、以乡村旅游服务员为主的技能人才，全面提升从业人员素质，为乡村旅游健康发展提供人才保障。二是突出示范带动。制定出台一系列扶持发展乡村旅游的政策措施，鼓励利用荒山、荒坡或村内空闲地进行乡村旅游开发，鼓励利用承包地开展乡村旅游，培育发展行业大户。因地制宜，培育适合地区发展条件的合作经营模式，提高乡村旅游的组织化程度，改变乡村旅游"散、小、差、乱"的发展模式，实现资源的有效整合，提升乡村旅游发展的市场竞争能力。逐步将酒店、饭店、乡村旅馆和旅行社等元素纳入旅游协会的服务范畴，进一步激活协会在发展乡村旅游中的示范带动作用，推动更多农户直接参与发展乡村旅游和间接服务乡村旅游，以点带面，重点突破，实现乡村旅游的可持续发展。经过多年的探索，形成了以"旅游协会+农户""政府+公司+农户""政府+公司+旅行社+农民旅游协会""农村合作社+村民"等社区参与、民主管理的贵州乡村旅游模式，调动了广大农户参与发展旅游业的积极性。

(三) 乡村旅游品质不断提升

贵州先后编制了《贵州省乡村旅舍等级评定与管理》《以社区为单位的乡村旅游标准》《贵州省乡村旅游区质量等级的划分与评定》《贵州省乡村旅游标准体系》等标准，推动乡村旅游市场准入、组织管理、服务营销、信息管理等规范发展；制定了《贵州省旅游民族村寨设施与服务规范》《贵州省乡村旅舍质量等级评定管理办法》等标准，推动乡村旅游服务设施建设、服务流程、服务质量纳入标准化和规范化管理；制定村规民约，加强对乡村旅游点、乡村旅舍等经营者和从业人员的培训，强化对乡村旅游市场的监管，切实维护游客、旅游投资者和经营者的合法权益，为发展乡村旅游帮助村民脱贫致富营造良好的发展氛围和市场环境；将理论与实践相结合，开展一系列乡村旅游人才培训，提升管理人员的整体素质和从业人员的服务水平，进一步提高乡村旅游开发实效。紧紧围绕市场需求，着力完善农家接待，依托当地资源特色，加快推进"五化"建设，实现乡村旅游环境生态化、居住文明化、餐饮当地化、服务标准化、管理规范化。让游客在原真和自然中，真正体验到"农之乐"，欣赏到"景之美"，感受到"家之暖"，引领农家接待向更高形态健康发展。

为了规范旅游开发，提高乡村旅游服务质量，贵州省还编制了立足资源特色优势，将乡村旅游纳入全省旅游宣传促销规划，瞄准环渤海、"长三角""珠三角"、周边省区市及港台、日韩、东南亚和欧美等重点客源市场，强化联动集中宣传和重点宣传，与中央电视台、搜狐等媒体合作，以"走遍大地神州·醉美多彩贵州"为主题，全方位持续宣传推介贵州乡村旅游。采取"请进来""走出去"等方式，多方位、广覆盖进行品牌形象宣传，全力提升贵州乡村旅游的客源市场占有率。

三、乡村旅游效益初步显现

（一）乡村旅游经济效益不断扩大

从经济效益看，随着乡村旅游景区规模、接待人数以及产品服务品质的提升，贵州省乡村旅游收入不断增加，乡村旅游收入在全省旅游总收入的比重也不断提高（图5-2）。2018年，贵州省实现乡村旅游收入2148.33亿元，占全省旅游总收入比重上升为22.68%，同比增长36.58%。乡村旅游为目的地提供了一个销售农副产品的大市场，成为带动贵州农村地区经济发展的新引擎，带动了贵州农村地区餐饮、娱乐等第三产业的发展。乡村旅游的快速发展为贵州农村经济收入增长提供了新的来源渠道，改变了传统依赖农业生产的经济发展方式，推动了农村经济多元化发展。

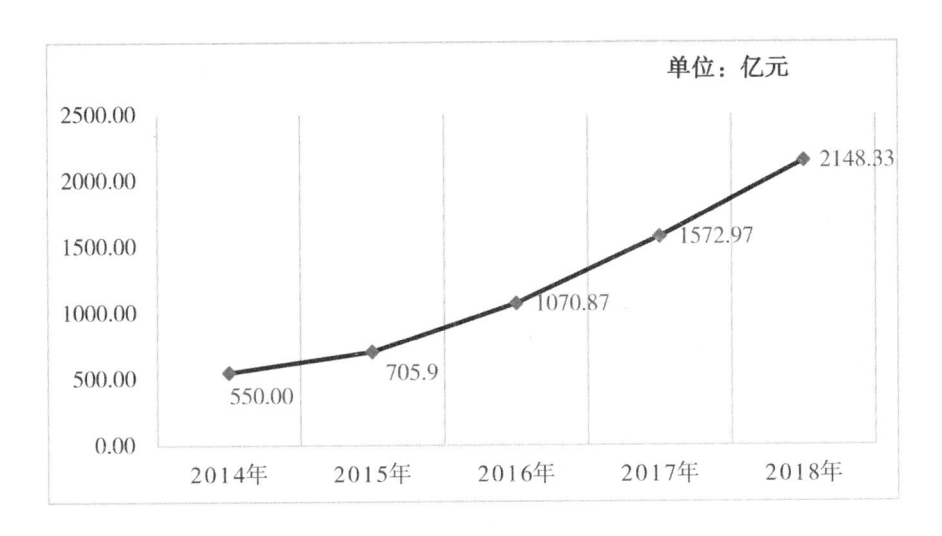

图 5-2 2014—2018 年贵州乡村旅游收入

注：2014—2017 年数据来源于《贵州年鉴（2015—2018）》；2018 年数据来源于贵州省文化和旅游厅《2018 年度贵州文化和旅游相关数据手册》。

（二）乡村旅游社会效益日益凸显

从社会效益看，依托大景区辐射周边区域，通过乡村旅游带动群众发展，旅游精准扶贫成效逐步显现。目前，贵州省开展乡村旅游的自然村寨突破 3000 个，其中有 517 个村被国家列为乡村旅游扶贫重点村，有 2422 个建档立卡贫困村纳入《全国乡村旅游扶贫工程行动方案》，共涉及建档立卡贫困户 324014 户，贫困人口 1076563 人。创建全国休闲农业与乡村旅游示范县（点）27 个。"十二五"期间，贵州省乡村旅游就带动社会就业 287.6 万人，受益人数 577 万人。① 如大屯堡文化旅游景区培育了 30 家乡村旅游示范户，织金洞旅游景区内开展农家乐、农家旅社、特色旅游产品经营店的农户达

---

① 钟明秀，文叶．"美丽经济"激活旅游扶贫——我省乡村旅游助推脱贫攻坚观察[N]．2017-07-26（12）．

100多家，带动当地老百姓就业达5000多人，六盘水野玉海景区解决了景区周边13个贫困村寨3262人的就业问题。2016年，通过100个旅游景区建设和乡村旅游发展，覆盖全省1417个建档立卡贫困村，带动29.4万建档立卡贫困人口就业增收脱贫，占全省脱贫人数的24.5%。① 2017年，通过旅游发展带动29.9万贫困人口受益脱贫。2018年，通过旅游发展助推30.3万贫困人口受益增收。② 根据《贵州省发展旅游业助推脱贫攻坚三年行动方案》，2017—2019年，贵州省将通过大力实施旅游扶贫九大工程，带动100万以上建档立卡贫困人口实现脱贫。

（三）乡村旅游生态效益不断提升

从生态效益看，乡村旅游的发展不断加深人们对生态环境价值的认识，改变人们的生活方式。旅游业的特性，决定了其可以成为激活贵州省"五大新兴产业经济"的黏合剂。旅游业更加注重保护自然环境，实现旅游业的可持续发展，大力发展旅游业，可以引导人们树立节能低碳环保的意识，为新型建筑建材业的发展扫清观念上的障碍，促进其快速健康发展。因此，旅游业发展能有效推动生态文明建设，通过大力实施生态文明的指导下"旅游+"，能有效促进生态文明理念在其他领域的践行。乡村旅游发展能有效促进社区居民生态意识、生态责任、对生态开发方式的关注度以及旅游者的生态认同、生态体验和生态评价等提升。

调查显示，贵州在旅游发展利益相关主体中旅游企业、旅游目的地居民和旅游旅游企业生态责任、生态形象和生态意识，旅游目的地当地社区居民生态意识、生态责任、对生态开发方式的关注程度以及旅游者的生

---

① 《贵州年鉴》编辑部. 贵州年鉴（2018）[M]. 贵阳：《贵州年鉴》编辑部出版，2018.
② 贵州省文化和旅游厅. 2018年文化和旅游相关数据手册，2019.

态认同、生态体验和生态评价等相关指标在周边省市排位靠前（详见表5－2）。

表5－2：贵州及周边5省（市）旅游利益主体生态调查分值

项目 地区	旅游企业			社区居民			旅游者		
	生态责任	生态形象	生态意识	生态意识	生态责任	生态开发方式关注	生态认同	生态体验	生态评价
广西	3.65	3.70	3.70	3.40	4.38	3.46	3.47	3.40	3.57
贵州	4.14	4.19	4.22	3.60	4.63	3.75	3.65	3.72	3.68
湖南	3.75	3.85	3.65	3.50	4.25	3.52	3.36	3.40	3.42
四川	3.70	3.80	3.65	3.60	4.30	3.73	3.35	3.42	3.45
云南	3.75	3.75	3.70	3.60	4.20	3.32	3.43	3.52	3.45
重庆	4.00	3.95	4.02	3.70	4.50	3.41	3.17	3.30	3.53

资料来源：问卷调查。

第二节 贵州乡村旅游发展存在的问题

鉴于本书探讨的是新时代贵州乡村旅游提质增效问题，因此，基于新时代社会主要矛盾转变对乡村旅游发展的新要求，分析贵州省乡村旅游发展目前存在的问题，是探索解决路径的重要内容。如前所述，新时代我国社会主要矛盾转变在旅游发展方面的体现，突出表现为人们对个性化、多样化、高品质旅游产品需求的日益增长以及对乡村旅游平衡充分发展、带动农村经济社会发展、不断缩小地区城乡发展差距上。贵州省乡村旅游发展势头迅猛、成就斐然，但在质量和效益方面依然存在一些问题。基于实地调研和宏观数据分析，结合新时代对乡村旅游质量和效益的要求，不难得出研判——贵州省乡村旅游发展无论在质量上还是在效益上，离新时代社会主要矛盾变化引致的旅游发展变化要求存在较大差距，主要表现为：乡村旅游发展不平衡

（供给与需求不平衡、区域发展不平衡、内部结构不平衡等）和乡村旅游发展不充分（主体不强、质量不高、效益不凸显等）。

为深入分析了解贵州省乡村旅游发展存在的问题，课题组在研期间先后深入多地乡村旅游点进行实地调研，并发放调查问卷300份，回收286份，其中有效问卷274份，有效回收率约占92%。调查采取简单随机调查，调查对象为乡村旅游点游客，以综合了解贵州省乡村旅游产品现状与问题。同时，为了解乡村旅游的社会效益，也对当地村民（贫困人口）进行了调查。鉴于目前乡村旅游相关数据并未被纳入统计口径的实际，本部分在分析贵州乡村旅游发展存在问题时，既立足实地问卷调查进行分析，同时也结合地区旅游业发展情况作为分析基础。

一、乡村旅游发展不平衡

（一）乡村旅游供给与需求不平衡

贵州有着独特的自然旅游资源和人文旅游资源，尤其是独特的地质地貌是发展乡村旅游、建设乡村旅游目的地的重要基础。加大供给侧投资，高水平开发旅游资源，提供高品质旅游产品，必然是未来时期贵州乡村旅游发展的重要任务。"十二五"以来，虽然贵州省乡村旅游产业化发展取得了长足的进步，但总体来看，贵州乡村旅游产品特色不够突出，与新时代人民日益增长的美好生活需要不相匹配。

1. 供给类型与需求不匹配

旅游业是典型的需求导向型产业，旅游需求是旅游目的地发展的风向标。伴随着经济社会的发展和人们收入水平的提高，旅游者需求也朝着个性化的方向发展。个性化的旅游需求将催生新型旅游业态的不断涌现，内容上从传统的观光旅游向自助游、自驾游、体验游、休闲度假游、康体疗养游的转变已是大势所趋。就当前市场趋势而言，单一的传统观光旅游已经不能满足人们的需求，人们更趋向于体验型、文化型、休闲型、度假型高端旅游产品，休闲度假、康体养生、娱乐休闲等综合产品更受青睐。特色化、精品化、差异化旅游产品成为旅游市场需求的主流,避暑度假、康体养生、养老养心等高层次、精品化旅游产品市场需求日益增大。但从旅游产品供给来看,贵州观光旅游的基本面与多元化市场需求不对应。根据贵州省旅游发展委员会和清研灵智信息咨询(北京)有限公司共同编制的2018年《贵州省游客花费及满意度调查报告(1-12月)》,2018年1-12月份,贵州国内游客观光比重最低为59.53%(12月),最高达到71.06%(1月),全年平均(按报告人数加权平均)为68.24%(详见图5-3)。①

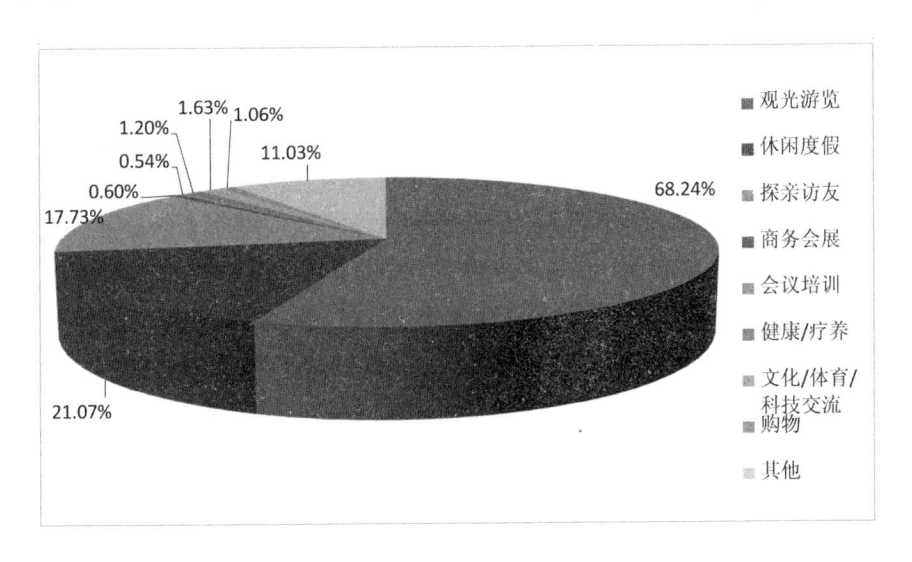

图5-3 2018年贵州省国内游客旅游产品消费类型

资料来源:贵州省旅游发展委员会,清研灵智信息咨询(北京)有限公司.贵州省游客花费及满意度调报告(2018年1-12月)[R],2018。

贵州省乡村旅游基本属于观光经济,依然存在着观光旅游是贵州乡村旅游产品的主体特点。上述情况在旅游资源较为丰富、经济发展水平相对较低

---

① 贵州省旅游发展委员会,清研灵智信息咨询(北京)有限公司.贵州省游客花费及满意度调报告(2018年1-12月)[R],2018。

的第三方阵尤为突出。① 以荔波县为例：依托世界自然遗产、国家 5A 级旅游景区，荔波县 2018 年接待游客总人数 1615.63 万人次，旅游总收入 141.86 亿元，② 但其所拥有主要 A 级景区绝大多数为观光性质的，所提供的旅游产品类型较为单一，基本是观光产品。同时，观光类旅游产品在整体数量、规模、质量及品牌的市场号召力，均与贵州省丰富的观光资源存在较大差距。通过问卷调查结果表明，认为乡村旅游产品没差别的被调查者占到 42.30%，认为乡村旅游产品差异一般的被调查者为 51.34%，而认为乡村旅游产品差异明显的被调查者仅占 6.36%。

突出表现为：一是，休闲产品供给不足。旅游产品供给的较为单一性与丰富的市场需求之间存在矛盾，旅游休闲产业发展不足。截至 2014 年底，贵州省度假休闲类景区为 21 家，比湖南、广西、重庆、四川分别少 12 家、25 家、21 家、17 家，仅为度假休闲类景区数量前三位山东的 15.9%、黑龙江的 19.4%、内蒙古的 26.3%。③ 近年来，贵州虽然加快度假休闲旅游景区建设，但贵州度假休闲类景区不足的现状没有根本性改变。截至 2018 年底，贵州省仅有旅游度假区 34 处，其中国家级旅游度假区 1 处（遵义市赤水河谷国家级旅游度假区）、省级旅游度假区 33 处。④ 二是，度假产品严重短缺。贵州省气候、生态、文化资源数量、特色等优势明显，旅游度假开发潜力巨大，但由于起步较晚、省内市场较小、季节影响等原因，旅游度假产品存在产品空间与资源分布不匹配、商务与度假产品结构失衡、社会化投资水平较低等供给侧问题。避暑、温泉、养生养老等度假产品严重不足，生态、文化特色鲜明的度假酒店、特色民宿和房车露营基地与市场需求差距较大。三

---

① 贵州省委、省人民政府《关于强化分类指导加快县域经济发展的意见》（黔党发〔2015〕33 号）将贵州 88 个县（市、区）划分为城区方阵、县域第一方阵、县域第二方阵、县域第三方阵。
② 荔波县统计局. 2018 年荔波县国民经济和社会发展统计公报 [EB/OL]. http://www.libo.gov.cn/zwgk/ xxgkml/tjxx_ 67118/tjgb/201906/t20190627_ 3447980.html, 2019 - 7 - 31.
③ 贵州省旅游局. 贵州旅游供给侧结构性改革研究报告 [R], 2016.
④ 贵州省文化和旅游厅. 2018 年度贵州文化和旅游相关数据手册, 2019.

是，新兴业态发展不足。经过四十余年的发展，我国旅游市场不仅规模呈几何式增长，旅游市场的结构、游客出游的选择等市场需求更为多元化。作为乡村旅游资源大省，无论从资源数量，还是资源特色看，开发山地运动、汽车露营、科普探险、研学旅行等新兴业态均具有较大优势，但整体上看，贵州省新兴乡村旅游业态还处于起步阶段，数量、结构、品质与新时期旅游多元化市场需求不对应。四是，体验型产品严重缺乏。体验是旅游者进行旅游活动的本质要求。乡村旅游的最大吸引力在于为游客提供一个亲身体验的乡土环境、亲身感受的民俗场景，能够让游客亲身接触田园生活。然而，目前贵州省乡村旅游产品体验性的较少，多数景区仅为周末休闲场所，文化内涵挖掘不够，基本还停留在打麻将、采摘、垂钓、骑自行车等浅层次的项目活动，因而对丰富的乡村资源利用效率低，游客无法获得真实的乡村生活感受。

2. 供给质量与需求不匹配

贵州乡村旅游供给质量与需求不匹配主要表现在两个方面：一是以交通、卫生等为主的公共基础服务设施不完善；二是旅游接待水平（服务水平）有待提高。

（1）基础设施不完善

基础设施是目的地提供乡村旅游产品的重要组成内容，是旅游者实现旅游活动的重要条件。基础设施既代表着乡村旅游目的地经济发展水平所能为旅游者提供服务的能力，也是乡村旅游目的地吸引旅游者的重要条件，因此，基础设施建设对推动乡村旅游的发展具有重要作用。近年来，贵州省农村地区基础设施建设取得了翻天覆地的变化，道路、通讯等基本实现村村通，甚至组组通。但是，贵州省作为经济欠发达地区，贫困落后的基本面仍然没有从根本上改变，农村地区"脏、乱、差"等问题没有得到根本性解决，并且基于脱贫攻坚和美丽乡村建设目标建设的基础设施在很大程度上并非为满足旅游发展所需，实际上也不能完全满足旅游发展的需要。基础设施不完善严重制约着贵州乡村旅游高质量发展。调查发现，被调查者对游览地基础设施的满意度总体偏低。排在首位的是较不满意，占到被调查者的36.21%；其次为一般，占到被调查者的28.35%；而很不满意，占到被调查者的12.24%；较满意和很满意的合计占到被调查者的23.20%（详见图5-4）。因此，总体来看，游客对贵州乡村旅游基础设施的满意度偏低，表明贵州乡村旅游基础设施仍不完善，建设仍然处于较低水平，无法较好地满足游客的需求。

实地调查发现，当前贵州乡村旅游基础设施总体供给不足，包括乡村旅游地交通基础设施（道路、停车场等）、环卫基础设施（垃圾清运、污水处理、旅游厕所等）以及景观环境、食宿设施等。具体表现为：旅游交通最后一公里欠账较多，通往乡村旅游点的道路距离旅游需求仍有差距。如按照贵州通组公路建设标准，通组公路路基宽度不小于4.5米，实际建设中多数按照4.5米的最低宽度要求实施，道路在宽度以及其他技术标准方面距离旅游公路的标准仍有不小差距。同时，沿路道路标识（指示牌）较少，停车场配置不足，不能为旅游者提供良好的道路指引和满足游客停车需求。乡村旅游食宿设施不完善，多数乡村旅游点食宿多为村民自发性行为，缺乏统一的标准和规划，档次有待提升。虽然贵州全力推进乡村旅游标准化建设，但目前纳入标准化管理的农家乐、乡村旅游客栈数量仍然偏少。截至2018年，贵州省标准级以上乡村旅游客栈仅363家，其中精品客栈87家；三星级以上乡村旅游经营户（农家乐）仅769家，其中五星级经营户（农家乐）71家。[①] 乡村旅游环卫设施缺乏，垃圾污水无害处理、卫生厕所等设施缺口大。受农村经济社会发展水平限制，贵州大多农村地区垃圾污水处理严重不足，少数农村处于空白状态。一些自发形成、规模较小或处于发展早期的乡村旅游点，生活垃圾、污水处理无法跟上旅游发展需要，有的甚至是采取直排的方式，对地区生态环境带来极大影响。同时，乡村厕所也是乡村旅游发展的短板，虽然近年来贵州通过实施厕所革命极大地改善了农村就厕条件，但在总量上依然无法满足需求，并且由于多数乡村旅游点为开放式、非公司化运作，旅

---

① 贵州省文化和旅游厅. 2018年度贵州文化和旅游相关数据手册，2019.

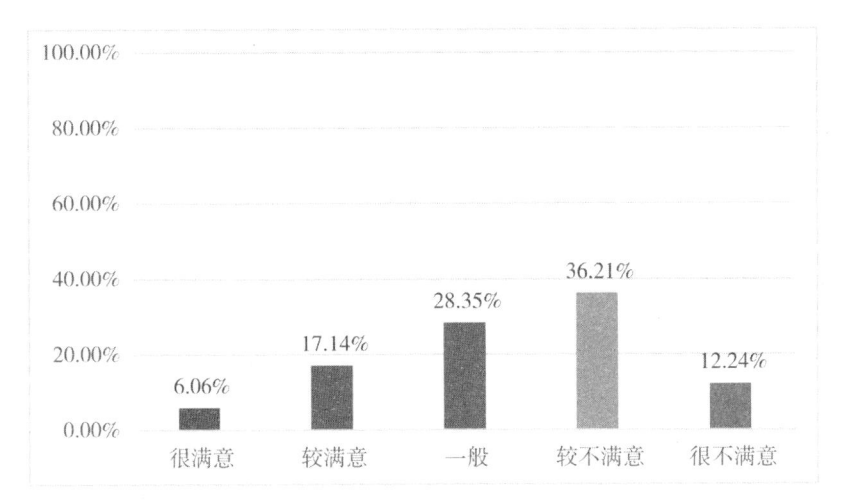

游厕所建设后管理资金、人员无法保证，导致设备损坏、开放率低等问题。

图 5-4　贵州乡村旅游基础设施满意度

（柱状图数据：很满意 6.06%，较满意 17.14%，一般 28.35%，较不满意 36.21%，很不满意 12.24%）

资料来源：实地调查。

（2）高等级景区较少

在旅游发展的过程中，旅游景区扮演着重要的角色，其决定了目的地旅游吸引力的大小。旅游景区既是旅游产品的主体构成，也是旅游产业的核心要素，在整个旅游产业链、价值链中处于中心环节，是旅游产业的辐射中心、旅游消费的吸引中心，在旅游发展中起着核心的作用。乡村旅游的发展离不开乡村旅游景区建设，特别是高等级景区，因其强大的吸引力和产业整合力，往往能形成强大的市场号召力，对地区经济社会发展具有重要影响。目前，贵州高等级景区整体偏少。截至 2018 年，贵州省国家 3A 级以上景区（含）348 家，其中：5A 级景区 6 家、4A 级 111 家、3A 级 231 家。[①] 大量名、优、新、独、特资源没有得到有效开发，如雷公山、韭菜坪、云台山等名山目前都不是 5A 级景区，乌江、清水江、都柳江、南北盘江、舞阳河、马岭河等河流峡谷的开发力度较弱、省外知名度不大。而上述景区和资源都

---

① 贵州省文化和旅游厅. 2018 年度文化和旅游相关数据手册，2019.

与乡村旅游息息相关。就乡村旅游而言，截至2018年，贵州省有超过3500个村寨开展乡村旅游，但省市县三级评定标准级以上乡村旅游村寨仅有267个（其中省级评定甲级村寨66个），标准评定率仅为7.63%不到。从贵州省2018年景区接待统计来看，全省纳入重点统计监测的乡村旅游景区仅为744个，也表明贵州省大部分开展乡村旅游的点在规模上和知名度上都较小。

（二）乡村旅游区域平衡发展不足①

1. 市州发展不平衡

从市州层面看，2018年贵州省市州（不含贵安新区）旅游总收入和旅游接待人次最高的为贵阳市，实现旅游总收入2456.56亿元，接待旅游总人数为1.88亿人次，分别占全省比重的25.94%和19.4%，分别相当于排在末位六盘水市的8.16倍和4.47倍（表5-3）。

表5-3：2018年贵州省各市州旅游总收入和总人数

市州名称	旅游总收入		旅游总人数	
	绝对值（亿元）	增长（%）	绝对值（亿人次）	增长（%）
贵阳市	2456.56	31.2	1.88	26.7
六盘水市	301.06	50.2	0.42	41.0
遵义市	1557.2	36.2	1.55	30.3
安顺市	1035.41	35.4	1.01	35.6
毕节市	937.12	46.0	1.04	34.9
铜仁市	743.97	43.6	0.91	40.6
黔东南州	937.23	20.5	1.08	15.6
黔南州	1066.54	24.7	1.21	29.8
黔西南州	509.01	48.6	0.63	47.3

---

① 鉴于目前乡村旅游相关数据并未被纳入统计口径的实际，此处在分析贵州乡村旅游区域平衡发展存在的问题时，以地区旅游业发展情况作为分析基础。

数据来源：贵州省文化和旅游厅.2018年贵州省旅游产业发展报告［R］，2019.

从旅游发展的核心要素来看，贵州省各市州在旅游景区分布上也不平衡。正如国际著名旅游学者冈恩所说，旅游产业发展的第一生产力是景区。一个地方有了景区，特别是优质景区，游客才会从居住地前往。没有景区，就不会有旅游，更别说旅游发展和提质增效。① 2018年，贵州纳入重点统计监测的景区为1083个，全省县均景区数为12.20个，县均旅游景区数最多为16.86个（遵义市），县均旅游景区数最少为3.00个（贵安新区）（表5-2）。县均旅游景区最多的遵义市是最少的贵安新区的5.62倍。2018年贵州纳入重点统计监测的乡村旅游景区为744个，全省县均乡村旅游景区数为8.36个，县均乡村景区数最多为12个（毕节市），县均乡村旅游景区数最少为2个（贵安新区）。县均乡村旅游景区最多的毕节市是最少的贵安新区的6倍。

表5-4 2018年度贵州省旅游景区情况

市州	辖区县（市、区）数	全部旅游景区 数量	全部旅游景区 各县平均	乡村旅游景区 数量	乡村旅游景区 各县平均
贵阳市	10	97	9.70	57	5.70
遵义市	14	236	16.86	130	9.29
六盘水市	4	49	12.25	29	7.25
安顺市	6	68	11.33	58	9.67
毕节市	8	121	15.13	96	12.00
铜仁市	10	86	8.60	51	5.10
黔西南州	8	74	9.25	66	8.25
黔东南州	16	222	13.88	184	11.50

---

① 刘家明.创建全域旅游的背景、误区与抓手［J］.旅游学刊，2016，31（12）：7-9.

续表

市州	辖区县（市、区）数	全部旅游景区 数量	全部旅游景区 各县平均	乡村旅游景区 数量	乡村旅游景区 各县平均
黔南州	12	130	10.83	71	5.92
贵安新区	1	3	3.00	2	2.00
全省合计	89	1086	12.20	742	8.36

注：资料来源于贵州省文化和旅游厅，贵安新区按照1个县进行处理。

2. 城区和县域发展不平衡

从城区和县域层面看，贵州省县域旅游与城区旅游差距明显，集中表现在旅游经济收入和旅游经营主体等方面。在旅游经济收入方面，2016年贵州省88个县（市、区）旅游经济总收入为4824.98亿元，其中：18个城区旅游总收入为2566.79亿元，占比53.20%，平均每城区旅游收入142.60亿元；70个县域旅游中收入为2258.19亿元，占比46.80%，平均每县域旅游收入32.26亿元，不足城区平均收入的1/4；城区旅游经济总收入占城区GDP的比重为46.55%，但乡村旅游总收入仅占县域GDP的29.34%，远低于城区比重。[①] 从旅游区位商视角来看，就贵州省情来看旅游经济理应作为县域支柱产业来打造，旅游收入占县域GDP的比重应高于贵州城区旅游收入占GDP的比重。2016年贵州88个县（市、区）旅游总收入占GDP的比重为36.53%，县域旅游收入占GDP的比重为29.35%，乡村旅游的区位商为0.8034。可见，与城区旅游经济相比，贵州省乡村旅游整体的贡献率偏低，县域旅游发展尚处于起步阶段，区域旅游经济的竞争优势较弱。

3. 县域之间发展不平衡

从乡村旅游规模（收入）绝对值来看，贵州省乡村旅游发展差距十分显

[①] 贵州省全面小康建设工作领导小组办公室. 2016年度全省县域经济运行情况监测分析报告（贵康办字〔2017〕6号）[R], 2017. 下同。

著。2016年，县域旅游收入最高的是赤水市，旅游收入达到82.01亿元，是旅游收入最低的岑巩县（4.02亿）的20.4倍。2016年，贵州70个县域旅游收入超过全省平均水平54.83亿元的有12个，分别是赤水市（82.01亿）、开阳县（78.95亿）、荔波县（77.93亿元）、仁怀市（77.65亿）、修文县（74.36亿）、织金县（71.54亿）、平塘县（67.81亿）、威宁县（64.76亿）、大方县（62.83亿）、清镇市（62.83亿）、镇远县（59.16亿）、雷山县（54.88亿）；而旅游收入低于10亿元的县域有15个分别是榕江县（9.14亿）、天柱县（8.82亿）、麻江县（8.75亿）、道真县（8.25亿）、台江县（8亿）、正安县（7.83亿）、册亨县（7.8亿）、三穗县（7.68亿）、罗甸县（7.3亿）、晴隆县（5.94亿）、安龙县（5.76亿）、丹寨县（5.48亿）、普安县（4.6亿）、望谟县（4.27亿）、岑巩县（4.02亿）。上述旅游收入超过贵州省平均水平的12个县（市）数量上仅为贵州70个县域的17.14%，但旅游收入却占到贵州县域旅游收入的36.96%；而上述旅游收入低于10亿元的15个县域旅游收入仅占县域旅游收入的4.59%，但数量却占到县域的21.43%。

从县域旅游收入相对值来看，贵州乡村旅游发展也表现为明显的差距。县域旅游收入相对值主要衡量乡村旅游在整个县域经济中所占的比重，是判定旅游经济对推动地方经济发展所起作用的重要内容。在70个县域中，2016年旅游收入占县域GDP比重最高的达到195.79%（雷山县），最低的仅为5.57%（安龙县），前者为后者的35.15倍。在70个县域中，2016年贵州有23个县域的旅游收入与GDP的占比超过全省平均水平，亦即旅游区位商大于1。旅游区位商排在前10位的分别是雷山县（5.3597）、荔波县（4.2269）、平塘县（3.3018）、江口县（3.0595）、紫云县（2.4027）、赤水市（2.3342）、镇远县（2.2835）、三都县（1.8589）、贵定县（1.8525）、独山县（1.7617），排在后10位的分别是天柱县（0.3084）、德江县（0.3072）、岑巩县（0.2575）、正安县（0.2492）、晴隆县（0.2480）、望谟县（0.2057）、水城县（0.2008）、普安县（0.1777）、盘州市（0.1732）、安龙县（0.1524）（详见表5-5）。

表5-5　2016年贵州省乡村旅游差距表

旅游收入绝对差				旅游收入相对差			
前10位		后10位		前10位		后10位	
县（市）	收入（亿）	县（市）	收入（亿）	县（市）	区位商	县（市）	区位商
赤水市	82.01	正安县	7.83	雷山县	5.3597	天柱县	0.3084
开阳县	78.95	册亨县	7.80	荔波县	4.2269	德江县	0.3072
荔波县	77.93	三穗县	7.68	平塘县	3.3018	岑巩县	0.2575
仁怀市	77.65	罗甸县	7.30	江口县	3.0595	正安县	0.2492
修文县	74.36	晴隆县	5.94	紫云县	2.4027	晴隆县	0.2480
织金县	71.54	安龙县	5.76	赤水市	2.3342	望谟县	0.2057
平塘县	67.81	丹寨县	5.48	镇远县	2.2835	水城县	0.2008
威宁县	64.76	普安县	4.60	三都县	1.8589	普安县	0.1777
大方县	62.83	望谟县	4.27	贵定县	1.8525	盘州市	0.1732
清镇市	62.74	岑巩县	4.02	独山县	1.7617	安龙县	0.1524

资料来源：贵州省全面小康建设工作领导小组办公室.2016年度全省县域经济运行情况监测分析报告（贵康办字〔2017〕6号）[R]，2017.

（三）乡村旅游产业自身平衡发展不足

旅游的"流动性"特点，决定了乡村旅游发展的区域竞争，产业聚集程度是区域竞争力的重要指标。贵州省乡村旅游发展起步较晚、规模较小，导致在乡村旅游发展上面临极核少、链条短等问题。"十二五"以来，贵州省乡村旅游发展空前快速发展，但由于各经济发展基础、交通等基础设施等条件差异，贵州省乡村旅游发展在行政空间分布上不均衡，毕节、六盘水、黔西南等地相比贵阳市和遵义市等区域，旅游发展相对不足。同时，乡村旅游发展与资源条件在空间上，也存在发展不平衡，特别是旅游发展相对落后的地区，正是贵州省旅游资源优势地区，如思南县、德江县、从江县、黎平县、麻江县等，其资源优势转化为产品优势进而变为经济优势尚不充分。从旅游业空间集聚程度看，贵州省整体上尚未形成被市场认知的大型乡村旅游板块和乡村旅游廊道。乡村旅游区域发展的空间分布、发展程度与"山地公园省"的目标差距较大。贵州省乡村旅游"吃、住、行、游、购、娱"六要素之间还没有形成良好的产业链条，更没有向工业以及农业领域延伸。在行游住食购娱等旅游基本服务要素链中，长期偏重景点、住宿和餐饮环节的供给，忽视购物、娱乐和康体环节的供给。

本书主要以旅游商品市场为例，对贵州省乡村旅游自身平衡发展不足进行说明。贵州省普遍缺乏旅游商品、纪念品街区等消费热点，符合地方特色的旅游纪念品、旅游工艺品、旅游特产、特色旅游商品、生活用品等轻工业品发展也较弱。随着今年旅游业的快速发展，贵州省旅游商品市场实现了较快发展，但仍处于规模小、层次低、实力弱、收益低的起步发展阶段，还存在不少困难和问题。具体表现为：

1. 整体发展水平不高

在收入方面，虽然贵州省旅游购物消费收入占旅游总收入的比重逐年增加（见表5-6），但其仍处于相对较低水平，特别是贵州本土化的旅游商品购物消费。2018年，贵州省旅游者人均旅游购物消费占其旅游总支出的28.1%（其中还包含游客旅游过程中的正常消耗品），低于交通与住宿和餐饮支出（图5-5）。在企业规模方面，贵州省旅游商品企业规模普遍较小，整体以民营企业居多，大中型企业占比较低，年产值上亿的旅游商品生产企业很少，大量的旅游商品企业年销售额在500万以下，缺乏规模大、档次高、创意新的特色旅游商品企业。以贵阳市为例，在贵阳旅游商品企业领域，大中型企业（大型企业年产值2000万以上；中型企业年产值500-2000万）分别仅占1.85%和12.14%，而小微企业约占总数的86%，其中小型企业和微型企业分别占比29.29%和56.73%。① 目前，贵阳市仅有7个大型旅游商品企业，分别是贵州黔粹行民族文化发展有限公司、贵州贵茶有限公司、际华三五三七制鞋责任有限公司、贵州龙膳香坊食品有限公司、贵州聚福轩心茶之旅农业旅游有限公司、贵阳南明老干妈风味食品有限责任公司和贵州五福坊食品股份有限公司。在产业化方面，贵州省旅游商品企业产业化水平低，许多民族旅游商品，特别是民族手工艺品，多是在小作坊式的生产厂家制作，相当部分旅游商品企业采取"公司+农户"生产模式，即农户生产、公司负责收购销售的模式。以黔东南州为例，黔东南州共有旅游商品生产企业1239家，但个体民族工艺品企业达到835户，占比67.39%。在标准化方面，贵州省旅游商，如银饰、刺绣、蜡染等，不同生产厂家均是自我标准，没有行业标准，导致在定价的过程中也参差不齐，鱼目混珠，游客真假难辨。

表5-6 2012—2018年贵州省旅游者人均购物花费项目构成

指 标	2012年	2013年	2014年	2015年	2016年	2017年	2018年
购物花费占比（%）	22.1	24.7	24.8	25.6	26.3	27.5	28.1
其中：各类工艺品、蜡染制品	5.9	7.7	7.1	5.8	6.0	6.3	4.8
香烟	3.0	3.6	3.1	3.4	3.1	3.0	3.2
酒类（含白酒、啤酒、饮料酒）	6.3	5.6	5.3	7.5	7.9	8.2	7.4
茶叶及饮料（含矿泉水）	4.0	5.5	5.3	6.1	6.2	6.7	8.5
药材、药品、保健品	2.9	2.4	2.7	2.5	2.7	3.1	3.3
其他	0	0	1.3	0.3	0.4	0.2	0.9

资料来源：贵州省文化和旅游厅。

---

① 贵州省文化和旅游厅，贵州省社会科学院. 2018年贵州省旅游产业发展报告［R］. 2019.

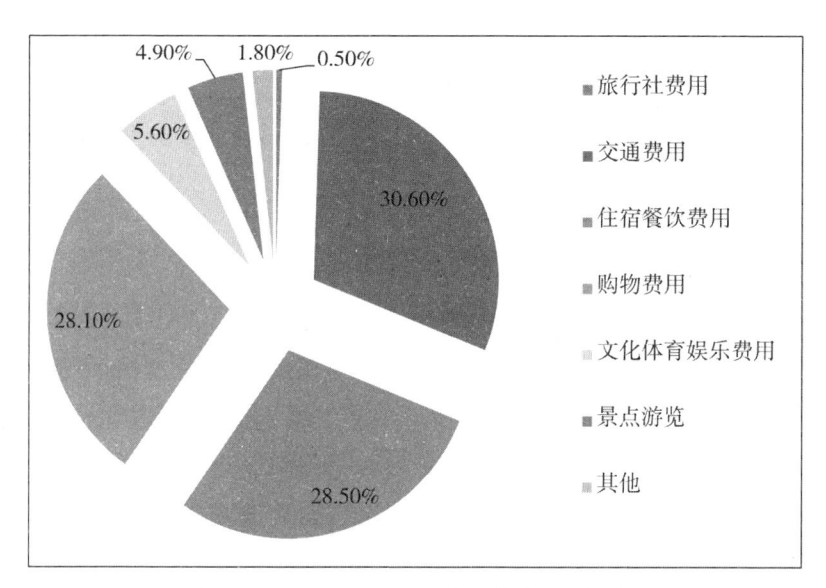

图 5-5 2018 年贵州省人均花费项目构成

资料来源：贵州省文化和旅游厅。

2. 示范带动不力

一是，缺集聚带动区。目前，贵州省缺乏旅游商品集聚区，旅游商品企业多为分散经营，资本集中度低，多数企业在设计研发上乏力，在销售整合上不足，未形成设计生产销售一条龙服务，难以形成产业链本地化，商品的上下游联动不紧密，提高了生产和销售成本，无法形成集聚规模发展。二是，缺典型带动企业。缺乏规模大、档次高、创意新的特色旅游商品的生产企业，没有形成研发、生产、宣传、销售一体化的经营格局。旅游商品销售企业小、散、弱，缺乏龙头企业带动和支撑。旅游商品销售店面小，设置分散，经营粗放，各自为战，传统产品缺乏持续和深度开发，缺乏整体发展的环境。

3. 品牌特色彰显不够

一是，产品特色不够。受资金和技术制约，旅游商品企业无力开展创新研发和工艺革新，旅游商品多花色单一、产品同质化，品种缺乏特色，多贵州普适性的元素（苗银、蜡染、红色文化等）而少与地方主题文化相结合的旅游商品（如围绕景区特征开发的旅游商品）。包装水平不高，缺乏更新、优化和改造，对游客的吸引力不强，产品缺乏创意和新鲜感，或是简单化，制作工艺粗，不能体现旅游商品的文化内涵，附加值不高，出现"一等货品""二等包装""三等价钱"的情况。由于本地旅游商品类型不够丰富，产品创新性不足，实用性不强，难以满足游客的需要，给外地商品的进入提供了机会。二是，企业品牌意识不强。目前，贵州省虽然统一推行黔系列，但在贵州省内众多旅游商品生产企业间并没有形成统一的品牌意识。许多旅游商品生产企业在研发和生产中却缺乏品牌意识，品牌建设重视不够，一些精品佳作没有注册商标，缺乏有效的产品保护。从调查来看，生产染织和民族工艺的企业有自己的商标的企业不多（一些仅有简单商标，连 LOG 都没有）。三是，品牌带动不足。贵州省旅游商品虽然类型很丰富，但全国知名的精品和品牌较少，带动效应有待增强，大多数产品处于无牌或贴牌销售的尴尬境地。品牌的欠缺限制了本地旅游商品的附加值和溢出效应，压缩了产品的销售利润，导致好的旅游商品无法获得更大的市场认知，难以打开更多的市场。部分传统工艺缺乏知识产权保护，仿冒现象比较严重，内部无序竞争明显，无法形成品牌价值。

4. 销售渠道不畅

一是，缺集中营销平台。调查中，多数企业表现出希望在景区设立直销点的意愿，然而贵州省缺乏对旅游景区旅游商品销售统一布局规划，特别是 4A 级以上景区旅游商品销售布局。此外，贵州省缺乏大型展示地方特色商品的平台，特色资源产品多数都是零散分散的小店经营，未能有将全省各地特色旅游商品集中向游客展示，出现"游客买不到商品，也不知道去哪里买商品，商家卖不出商品"的状况，游客遇见中意的商品，因缺少推介而难知其详。二是，企业营销专业性不强。旅游商品企业多为中小型企业，整体规模和实力较弱，没有专业的销售队伍，旅游商品销售主要依靠企业负责人，缺乏市场调查和市场营销策略，受市场影响较大。企业缺乏协会等行业组织的自律约束,各自为政,杀价拆台促销时有发生。虽然线上销售有所涉及,但受限于实力和人才,网站内涵建设不足,文化艺术气息不浓,缺乏吸引力。调查中企业希望得到的帮助中,宣传和销售渠道建设是被提及最多的。三是,销售动力不足。相较外省旅游商品,如乳胶、玉石以及义乌小商品等,本地旅游商品品牌价值低,成本相对较高,导致利润低。在影响本地旅游商品销售的众多制约因素中,利润太低排在众因素之首。调查表明,贵州省内生产旅游商品利润率主要集中在5%－20%之间,导致旅行社(导游)不愿意向旅游者介绍或推介本地旅游商品,为省外旅游商品入黔留下了空间。

5. 发展后劲不足

一是,人才短缺。在与生产企业访谈中,大多数旅游商品生产企业面临的主要问题之一便是研发设计人才缺乏。目前,掌握蜡染、刺绣、银器等传统手工艺的人存在明显老化的趋势,很多宝贵的工艺有失传的危险。部分发现和挖掘出的大批民间旅游商品人才因市场开发缓慢,缺少资金等因素,许多获奖的能工巧匠没有用武之地,被省外商家和企业挖走。二是,资金缺乏。文创企业主要是轻资产,固定资产相对较少,以抵押贷款方式融资的能力较低,融资困难。调查中资金缺乏是旅游商品生产企业,特别是小型旅游商品生产企业面临的共同问题。三是,市场不够规范。旅游商品销售市场秩序仍不够规范,缺乏科学的定价标准和合理的价格体系,价格体系较为混乱,随意定价现象严重,在相同商品上价格存在较大差距。以次充好、以假乱真和宰客现象时有发生。如旅游商店购买本地低质商品(如茅台镇的小酒厂勾兑酒)卖给游客,影响贵州省旅游商品形象,扰乱全省旅游商品市场。四是,竞争加剧。从商品来源看,贵州省内生产商品占比仍占据优势,占七成左右,省外生产商品占三成左右,但省外旅游商品有加速进入贵州省的趋势。

二、乡村旅游充分发展不足

(一) 乡村旅游发展水平与新时代要求有差距

贵州省乡村旅游发展水平与新时代要求存在一定的差距,主要表现为:

乡村旅游市场主体不强、乡村旅游产品质量不高等方面，导致乡村旅游无法满足新时代人民日益增长的高品质旅游需要，未能有效带动农村地区经济社会发展。

1. 乡村旅游市场主体"小、散、弱"

受制于经济社会发展，贵州旅游市场主体小散弱特征明显，而乡村旅游市场主体小散弱更为突出。[①] 贵州省乡村旅游企业依然存在着市场主体偏小、偏弱、偏散的特点，与现代旅游组织方式不相适应。近年数据表明，贵州省乡村旅游主要市场主体乡村旅游景区、乡村旅游客栈（农家乐）等的规模和层次处于较低水平。从旅游景区来看，集团化、规模化的乡村旅游景区实体少，乡村旅游景区作为核心吸引物，上升到国家以上层面并辐射的乡村旅游板块没有形成。一些县域没有旅游开发企业，乡村旅游景区没有成为真正的市场主体，没有形成自己的拳头产品，自身竞争力不强。已经形成的有些景区效益不好，产业带动性不高，就业带动力不强。2018年贵州省开展乡村旅游的村寨就多达3500个，省市县三级评定标准级以上乡村旅游村寨仅有267个（标准率仅为7.63%），其中省级评定甲级村寨66个；贵州省农家乐近10000家，三星级以上乡村旅游经营户（农家乐）只有769家（三星级以上乡村旅游经营户占比7.69%），其中五星级经营户（农家乐）仅为71家。[②]

2. 乡村旅游产品质量不高

旅游业是典型的服务型行业，服务水平的高度直接决定产品层次和质量，从某种程度上讲，对旅游目的地而言（特别是对发展较为成熟的目的地而言），旅游服务水平的提升比旅游基础设施建设更为重要、意义更大。决定旅游目的地服务水平的重要因素是人，整体来看，贵州省缺乏旅游专业人才，而乡村旅游人才缺乏更为突出。据不完全统计，贵州省目前共有28所大

---

① 在"与城区旅游经济差距明显"分析中得出："贵州县域旅游经营主体与城区旅游经营主体存在较大差距"，因此，可以判定贵州省乡村旅游市场主体要比全省平均水平弱。

② 贵州省文化和旅游厅. 2018年度文化和旅游相关数据手册，2019.

专及以上院校开设有旅游管理相关专业,每年培养旅游管理方面的人才为6800人左右,2015年贵州省旅游业发展所需人才缺口就达到了4万以上,而且贵州旅游人才培养增长速度是12.1%,但贵州省旅游业发展人才需求增长却达到15.7%。[1] 因此,贵州省目前的旅游人才的培养规模低于旅游业发展的需要,旅游人才供给总量不足,并且随着旅游业的快速发展这一状况还将变得越来越严峻。贵州省旅游业中高端人才严重不足,并且贵州每年培养的旅游专业毕业生中约有46%没有从事旅游行业。[2] 根据《贵州省文化和旅游人才发展白皮书(2019)》,贵州文化旅游人才需求规模为4.8万人,但人才供给只有1.7万人,缺口达到3.1万人,文化旅游人才存在总量不足、产业分布不合理、地域分布不均衡、高层次人才偏少、层次分布不优等问题。[3] 2018年贵州省有持证导游21012人,其中:中级持证导游432人、高级持证导游32人,中高级导游比率仅为2.21%。[4] 虽然,贵州每年都对乡村旅游从业者开展乡村旅游接待管理培训,但所覆盖的范围以及实际效果依然存在差距。乡村旅游从业者大多数为当地村民,仍然有相当部分的乡村旅游经营管理和服务人员没有参与培训或者培训效果不明显,他们缺乏对乡村旅游专业知识的系统掌握,而且服务意识也有所欠缺。在管理模式上,多数乡村旅游企业为家族经营,规模较小,管理水平距离现代企业管理要求相距甚远,而且对于乡村旅游而言,其旅游就业吸引力要远低于城区旅游业,进一步扩大了乡村旅游发展的人才缺口。

从旅游的要素构成来看,旅游服务通常包括交通服务、娱乐服务、餐饮服务、购物服务、住宿服务、游览服务等内容。实地调查表明,贵州省乡村旅游服务整体满意度为71.85%,各构成要素中满意度最高的为游览服务75.42%,

---

[1] 贵州省旅游局. 贵州旅游供给侧结构性改革研究报告[R], 2016.
[2] 贵州省旅游局. 贵州旅游供给侧结构性改革研究报告[R], 2016.
[3] 贵州数字经济人才、文化旅游人才、卫生健康人才发展白皮书(2019)"出炉"[EB/OL]. http://dsjw.guiyang.gov.cn/c9538/20190422/i2127709.html, 2019-4-30.
[4] 贵州省文化和旅游厅. 2018年度文化和旅游相关数据手册, 2019.

最低的为购物服务68.48%（图5-6）。因此，贵州省乡村旅游服务水平仍有待提升，要围绕服务存在的短板改善，不断提升游客体验感、获得感。

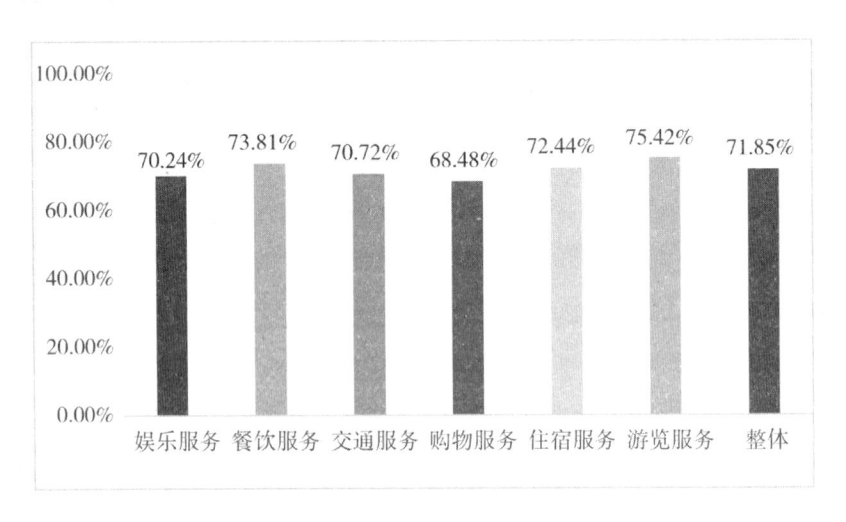

图5-6　贵州省乡村旅游服务满意度

资料来源：实地调查。

根据旅游生命周期理论，贵州省乡村旅游仍然处于快速发展阶段（近五年接待人数平均增长37.58%、收入平均增长57.41%）①，旅游服务质量和水平都有待提高。在餐饮服务方面，贵州多数乡村旅游点就餐环境比较简陋，正规的餐饮场所较为缺乏，多数为当地居民自营、门面店铺、小商小贩经营，所提供的食品虽然类别较多，但多为街上小吃、烧烤、粉面等，缺乏统一的食品卫生标准，同时也存在服务规范问题，容易因服务态度导致游客不满，影响游客旅游体验提高。此外，对餐饮经营管理也存在不足，一些农家乐、餐饮饭店等经营者过分揽客，既影响乡村旅游点形象，也让游客产生反感，降低游客评价。在住宿服务方面，贵州乡村旅游住宿条件在硬件上不断改善，但其仍然无法满足游客的需求。一些经营者缺乏长远发展思维，对

---

① 详见图1-2、图1-4、图5-1、图5-2。

住宿设施改善和服务质量提升重视不够,住宿卫生条件较差,表现为客房用品闲置摆设时间过长(特别是周末经济明显的乡村旅游点)、没有采用专业化保养与卫生洗涤等。当然,乡村旅游住宿过度招揽生意的现象也较为普遍。在交通服务方面,从区域空间来讲,乡村旅游是在农村地区开展的旅游形式,加之贵州以山地丘陵为主的地貌特征,旅游交通是乡村旅游发展的重要制约因素。相对较为成熟的大景区(景点)而言,乡村旅游道路交通指引服务并不到位,导向牌、指示标识缺乏,信息不全,不能很好地为游客出行带来便利。在游览服务方面,乡村旅游缺乏必要的向导、讲解服务,游客旅游中难以对当地历史文化、风土人情进行深入了解,也缺乏对游客告知当地注意事项、安全事项。如时下较为广泛的农业采摘园,多数为游客自行参观游览、自行采摘,而多数并没有向导指引和游览讲解;再比如乡村旅游的重要类型——景区带动型,游客在景区周边乡村旅游也都是自行游览(如兴义万峰林下纳灰村、惠水好花红)等。在购物服务方面,乡村旅游购物服务问题较为明显。旅游购物中游客体验是较为深刻的,也是容易产生矛盾或降低游客评价的重要环节。贵州乡村旅游购物主要以当地土特产品、工艺品以及外地批发的小商品为主,其中土特产品、工艺品较受游客欢迎。目前,多数乡村旅游地购物店(点)缺乏,主要是依托本地市场或农户自己售卖,旅游商品的品质和服务很难给游客带来良好的购物体验,甚至会存在杀价、强卖行为。在娱乐服务方面,获得原汁原味的乡土娱乐,是游客开展乡村旅游获得的最主要目的,因此游客对娱乐服务要求相对较高。目前,多数乡村旅游地所开展的相关娱乐活动主要为本地村民,虽然有助于保持本土性,但在服务态度和综合素质方面存在一定的差距,不能很好地满足游客的需求,进而会影响到游客娱乐体验。

(二)乡村旅游效益与新时代要求有差距[1]

乡村旅游发展对地方带来了经济、社会和生态多重效益,其中经济效益

---

[1] 鉴于目前乡村旅游相关数据并未被纳入统计口径的实际,此处在分析贵州乡村旅游发展效益存在的问题时,主要以地区旅游业发展情况作为分析基础。

是基础。贵州乡村旅游发展态势良好，在经济、社会和生态三重效益上不断获得提升，成为促进农村经济社会发展、农业增效、农民增收和生态环境改善的重要力量，但与新时代效益为先的要求仍存在一定差距。

1. 乡村旅游经济效益不高

（1）乡村旅游整体经济效益不高

近年来，贵州省乡村旅游持续实现井喷，无论是乡村旅游接待人数还是乡村旅游收入都保持在30%以上的增长（详见表5－7）。特别是"十三五"以来，贵州省乡村旅游累计接待游客10.5亿人次，实现收入4791.99亿元，同比分别增长42.93%、47.27%。① 2018年贵州乡村旅游接待人数达到4.62亿人次，比上年增长49.03%；实现乡村旅游收入2148.33亿元，比上年增长43.22%。乡村旅游接待人数增长率和收入增长率都分别超过全省旅游接待人数增长率和收入增长率。但进一步分析不难发现，乡村旅游实现人均收入较低。2018年贵州省乡村旅游接待人数占全省旅游接待人数比重为47.68%，但乡村旅游收入仅占全省旅游收入的22.68%，两者比重相差25个百分点。2018年贵州乡村旅游人均消费为465.01元，仅占全省旅游人均消费977.40元的47.58%。②

表5－7 2014—2018年贵州省乡村旅游接待人次及收入情况分析

年份	2014	2015	2016	2017	2018
旅游总接待人次（亿人次）	3.21	3.76	5.31	7.44	9.69
乡村旅游接待人次（亿人次）	1.29	1.59	2.42	3.42	4.62
乡村旅游接待人次占比（%）	40.19	42.29	45.57	45.97	47.68
旅游总收入（亿元）	2895.98	3512.82	5027.54	7116.81	9471.03
乡村旅游收入（亿元）	550	705.9	1070.87	1572.97	2148.33

---

① 贵州省文化和旅游厅. 2018年文化和旅游相关数据手册，2019.
② 人均消费按总收入除以总接待人次计算。

续表

年份	2014	2015	2016	2017	2018
旅游总接待人次（亿人次）	3.21	3.76	5.31	7.44	9.69
乡村旅游收入占比（%）	18.99	20.09	21.30	22.10	22.68
接待人次占比与收入占比差	21.20	22.20	24.27	23.87	25.00

资料来源：《贵州年鉴（2015—2018）》《2018年贵州国民经济和社会发展统计公报》。

(2) 旅游经济投入产出效率较低

由于旅游经济发展所追求的是旅游竞争力的提升和持久地为地方经济带来更多效益，其最终指向于旅游经济的运行效率。通常而言，旅游经济发展水平高、竞争力强，其运行效率也会较为显著，因此，对旅游经济运行效率进行分析是判定旅游经济运行效益的重要内容。DEA数据包络分析方法是分析经济运行效率的常用方法，鉴于基于县级层面的乡村旅游数据难以收集，本书基于贵州省乡村旅游基本数据[①]，将旅游收入作为产出因素，旅游资源（三级以上旅游资源）、固定资产投资、旅游企业（旅行社和A级景区）作为投入因素，并对贵州省乡村旅游效率进行效率分析，以此来间接说明贵州乡村旅投入产出效率。分析结果表明，贵州省乡村旅游整体运行效率为0.3779，整体表现为无效率。从县域分布来看，贵州省乡村旅游运行有效率的县域只有7个，分别是雷山县、紫云县、修文县、桐梓县、平塘县、纳雍县、关岭县，而无效率的达到63个，并且效率最低的水城县只有0.1009（等于1为有效）（详见表5-8）。说明从投入角度来看，当前的旅游资源、固定资产投资及旅游企业在贵州省乡村旅游发展中效能并未得到充分发挥，存在投入冗余；从产出角度来看，在当前的旅游经济运行技术水平下，贵州县域

---

① 相较城区旅游，县域旅游发展对乡村旅游的依赖性更大，亦即乡村旅游在县域旅游发展的作用更为突出，因此本书以县域旅游发展情况分析作为贵州乡村旅游发展情况的参考根据合理性。

旅游发展投入还应该带来更多的旅游产出，旅游产出存在不足。值得一提的是，贵州省乡村旅游整体表现为规模报酬递增，这也就意味着乡村旅游产出增加的比例要大于投入要素增加的比例。

表5-8 贵州省乡村旅游运行效率情况

效率值前10位			效率值后10位		
县域名称	旅游收入（亿元）	占GDP比重（%）	效率值	县域名称	旅游收入（亿元）	占GDP比重（%）	效率值
雷山县	54.88	195.79	1.0000	望谟县	4.27	7.51	0.1869
紫云县	52.89	87.77	1.0000	德江县	10.45	11.22	0.1850
修文县	74.36	44.91	1.0000	务川县	10.72	18.07	0.1832
桐梓县	49.34	35.57	1.0000	正安县	7.83	9.10	0.1771
平塘县	67.81	120.62	1.0000	黄平县	12.3	23.97	0.1753
纳雍县	27.15	14.25	1.0000	榕江县	9.14	16.18	0.1597
关岭县	30.03	38.25	1.0000	盘州市	32.91	6.33	0.1593
贵定县	53.5	67.67	0.8137	岑巩县	4.02	9.41	0.1420
黔西县	54.16	28.13	0.8063	罗甸县	7.3	11.27	0.1047
息烽县	38.41	23.33	0.7531	水城县	17.11	7.34	0.1009
城区整体	2566.79	46.55	1.0000	县域整体	2255.18	29.34	0.3779

资料来源：根据贵州省全面小康建设工作小组领导办公室《2016年度全省县域经济运行情况监测分析报告》（贵康办字〔2017〕6号）计算得出。

（3）单位旅游资源产出不高

为客观分析贵州省乡村旅游经济发展程度及其旅游资源利用情况，本书以单位旅游资源产出（单位旅游资源带来的旅游收入）[①] 和旅游综合发展指

---

① 本书以三级以上旅游资源作为统计口径，为体现不同等级旅游资源的开发价值，本书采取赋值的方法，即三级旅游资源赋3分、四级旅游资源赋4分、五级旅游资源赋5分。

数两个维度,将贵州省乡村旅游发展情况划分为四个类型,即高产出—高发展指数型、高产出—低发展指数型、低产出—高发展指数型和低产出—低发展指数型。本书以贵州省88个县(市、区)单位旅游资源产出的平均值(0.2765亿)和平均旅游综合发展指数(75.41)为标准,将70个县域分别归入上述四种类型(详见图5-7、图5-8)。相对于城区旅游发展,县域旅游发展对乡村旅游的依赖会更大,亦即乡村旅游在乡村旅游发展中所处地位更为凸显。因此,县域旅游资源单位产出情况很大程度上能够说明乡村旅游资源产出情况。按照上述划分情况,贵州省大多数县域旅游资源产出都处于低产出水平,占到全部县域的87.14%。

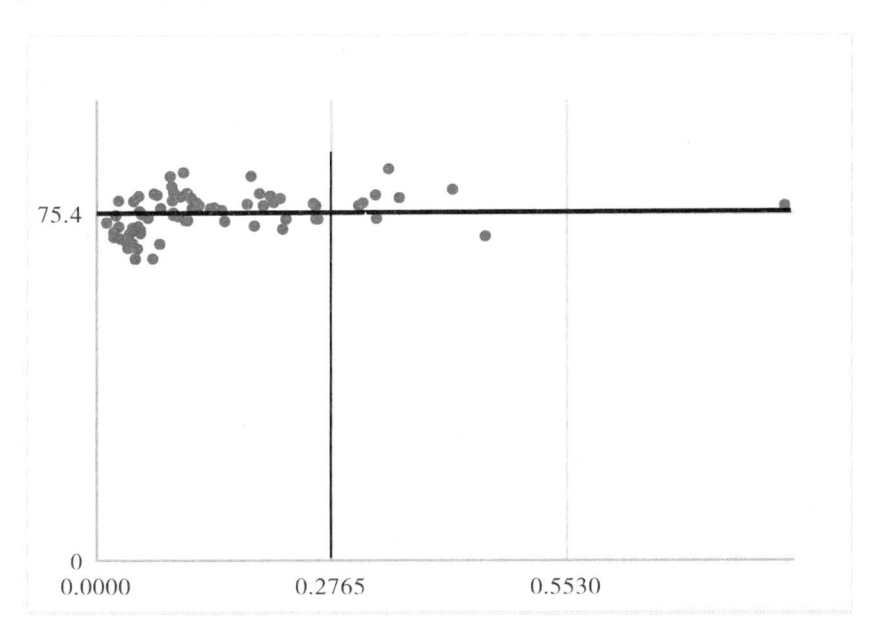

图5-7 贵州省旅游经济按单位旅游资源产出和旅游综合发展指数分类散点分布图

数据来源:根据贵州省全面小康建设工作小组领导办公室《2016年全省县域经济运行情况监测分析报告》(贵康办字〔2017〕6号)数据计算整理。

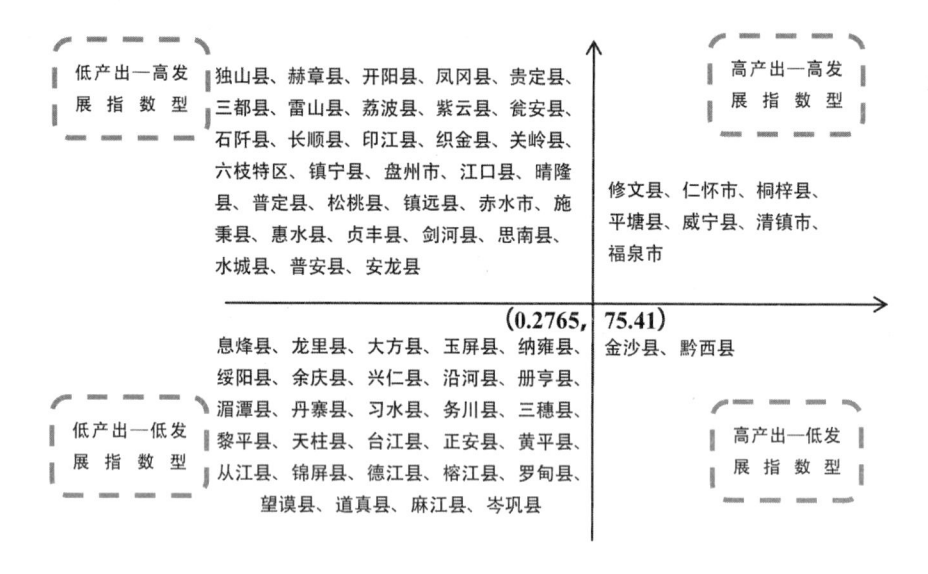

```
低产出—高发        独山县、赫章县、开阳县、凤冈县、贵定县、           高产出—高发
展 指 数 型        三都县、雷山县、荔波县、紫云县、瓮安县、           展 指 数 型
                石阡县、长顺县、印江县、织金县、关岭县、
                六枝特区、镇宁县、盘州市、江口县、晴隆   修文县、仁怀市、桐梓县、
                县、普定县、松桃县、镇远县、赤水市、施   平塘县、威宁县、清镇市、
                秉县、惠水县、贞丰县、剑河县、思南县、   福泉市
                水城县、普安县、安龙县
                                      (0.2765, 75.41)
                息烽县、龙里县、大方县、玉屏县、纳雍    金沙县、黔西县
                县、绥阳县、余庆县、兴仁县、沿河县、册亨县、
                湄潭县、丹寨县、习水县、务川县、三穗县、
低产出—低发        黎平县、天柱县、台江县、正安县、黄平县、           高产出—低发
展 指 数 型        从江县、锦屏县、德江县、榕江县、罗甸县、           展 指 数 型
                望谟县、道真县、麻江县、岑巩县
```

图 5-8　贵州省乡村旅游类型

数据来源：根据贵州省全面小康建设工作小组领导办公室《2016 年全省县域经济运行情况监测分析报告》（黔康办字〔2017〕6 号）数据计算整理。

高产出—高发展指数型。高产出—高发展指数型是指乡村旅游单位旅游资源产出较高（高于平均水平）并且旅游综合发展指数也较高（高于平均水平）的情况，是乡村旅游发展程度较高的表现。以 2016 年数据计算，贵州省乡村旅游属于高产出—高发展指数型的县域有修文县（0.8083 亿、77.34）、仁怀市（0.4175 亿、80.79）、桐梓县（0.3550 亿、78.99）、平塘县（0.3425 亿、85.22）、威宁县（0.3271 亿、79.59）、清镇市（0.3121 亿、77.90）、福泉市（0.3074 亿、77.33）等 7 个县域。就实际而言，属于上述类型的县域旅游资源通常低于贵州省平均水平（七个县域中三级以上旅游资源加权得分为清镇市 201 分、威宁县 198 分、平塘县 198 分、仁怀市 186 分、桐梓县 139 分、修文县 92 分，都低于贵州省平均 272.93 分），具有典型的市场导向或资源优势（平塘县依托世界天眼）导向特征。

高产出—低发展指数型。高产出—低发展指数性型是指乡村旅游单位旅游资源产出较高（高于平均水平）但是旅游综合发展指数较低（低于平均水平）的情况。以2016年数据计算，贵州省乡村旅游属于高产出—低发展指数类型的县域有金沙县（0.4558亿、70.68）和黔西县（0.3282亿、74.48）2个县域。就实际分布而言，该种类型乡村旅游旅游资源丰富度相对较低（金沙104分、黔西165分），但乡村旅游发展潜力得到较大程度发挥。该类型乡村旅游发展应在巩固现有发展的基础上，进一步挖掘现有旅游资源效能，通过不断创新旅游发展方式，创新旅游发展业态，推进旅游+融合发展。

低产出—高发展指数型。低产出—高发展指数型是指乡村旅游单位旅游资源产出较低（低于平均水平）但旅游综合发展指数较高（高于平均水平）的情况。以2016年数据计算，贵州省乡村旅游属于低产出—高发展指数型的县域有32个县域（详见表5-9）。从上述类型在贵州省的实际分布来看，呈现出两种细分类型：一是由于旅游资源非常丰富（高于全省平均水平），导致单位旅游资源产出较低；二是虽然旅游资源低于全省平均水平，但由于旅游发展经济规模较小，单位旅游资源产出较低。

表5-9 贵州低产出—高发展指数型乡村旅游县域

县域名称	单位旅游资源产出（亿元）	旅游综合发展指数	县域名称	单位旅游资源产出（亿元）	旅游综合发展指数
独山县	0.2570	77.27	镇宁县	0.1056	80.02
赫章县	0.2541	77.79	盘县	0.1013	84.51
开阳县	0.2151	78.85	江口县	0.0979	79.26
凤冈县	0.2076	77.99	晴隆县	0.0900	80.13
贵定县	0.2034	79.41	普定县	0.0895	75.74
三都县	0.1952	77.33	松桃县	0.0886	78.42
雷山县	0.1906	79.93	镇远县	0.0878	81.46
荔波县	0.1808	83.68	赤水市	0.0860	83.65

续表

县域名称	单位旅游资源产出（亿元）	旅游综合发展指数	县域名称	单位旅游资源产出（亿元）	旅游综合发展指数
紫云县	0.1763	77.63	施秉县	0.0748	76.72
瓮安县	0.1463	76.31	惠水县	0.0703	79.59
石阡县	0.1373	76.86	贞丰县	0.0668	79.9
长顺县	0.1331	76.72	剑河县	0.0520	75.44
印江县	0.1193	77.38	思南县	0.0497	76.05
织金县	0.1165	77.96	水城县	0.0486	79.37
关岭县	0.1116	76.78	普安县	0.0426	78.29
六枝特区	0.1101	78.96	安龙县	0.0249	78.35

数据来源：根据贵州省全面小康建设工作小组领导办公室《2016年全省县域经济运行情况监测分析报告》（贵康办字〔2017〕6号）数据计算整理。

低产出—低发展指数型。 低产出—低发展指数性型是指乡村旅游单位旅游资源产出较低（低于平均水平）且旅游综合发展指数较低（低于平均水平）的情况，是乡村旅游发展不太理想的表现。以2016年数据计算，贵州省乡村旅游属于低产出—低发展指数类型的县域有29个（详见表5-10）。从上述类型在贵州省的实际分布来看，该种类型也可划分为两种细分类型，一是由于旅游资源非常丰富（高于贵州省平均水平），导致单位旅游资源产出较低；二是虽然旅游资源低于全省平均水平，但由于旅游发展经济规模较小，单位旅游资源产出较低。

表5-10 贵州低产出—低发展指数型乡村旅游县域

县域名称	单位旅游资源产出（亿元）	旅游综合发展指数	县域名称	单位旅游资源产出（亿元）	旅游综合发展指数
息烽县	0.2595	74.38	黎平县	0.0475	72.81

续表

县域名称	单位旅游资源产出（亿元）	旅游综合发展指数	县域名称	单位旅游资源产出（亿元）	旅游综合发展指数
龙里县	0.2575	74.44	天柱县	0.0469	67.96
大方县	0.2220	74.36	台江县	0.0444	65.78
玉屏县	0.2180	72.19	正安县	0.0416	72.52
纳雍县	0.1847	72.92	黄平县	0.0411	69.1
绥阳县	0.1498	73.9	从江县	0.0378	71.25
余庆县	0.1059	74.11	锦屏县	0.0358	68.1
兴仁县	0.1039	74.08	德江县	0.0342	69.42
沿河县	0.0955	74.95	榕江县	0.0276	70.11
册亨县	0.0897	75.23	罗甸县	0.0251	72.74
湄潭县	0.0735	69.01	望谟县	0.0218	75.2
丹寨县	0.0652	65.82	道真县	0.0194	70.49
习水县	0.0595	74.64	麻江县	0.0192	71.47
务川县	0.0506	72	岑巩县	0.0107	73.62
三穗县	0.0505	71.34			

数据来源：根据贵州省全面小康建设工作小组领导办公室《2016年全省县域经济运行情况监测分析报告》（贵康办字〔2017〕6号）数据计算整理。

2. 乡村旅游社会生态效益有待提升

如前所述，乡村旅游发展的社会生态效益主要体现在促进就业、改善当地生产生活条件以及促进生态保护等方面，在新时代其突出表现为带动贫困人口脱贫致富和推动生态文明建设。对贵州而言，作为旅游扶贫重要途径的乡村旅游被赋予重任，成为助推全省脱贫攻坚和实现同步小康的重要举措。《贵州省"十三五"旅游业发展规划》提出，"实现旅游惠及或带动相关产业就业 300 万人以上，通过旅游受益人群达 700 万人以上；力争实现农民旅游收入占农民人均纯收入的 20% 以上，旅游脱贫人数占总脱贫人数的比重提高到 30% 以上，带动 150 万以上贫困群众实现脱贫致富"。《贵州省发展旅游业助推脱贫攻坚三年行动方案（2017—2019 年）》提出，"2017—2019 年带动 100 万以上贫困人口脱贫"。根据贵州省旅游部门官方数据，2016 年贵州省旅游精准扶贫云系统涉及全省建档立卡贫困人口 172.24 万，带动 29.4 万建档立卡贫困人口受益增收；2017 年，贵州省旅游精准扶贫云系统涉及全省建档立卡贫困人口 255.46 万，带动 29.95 万建档立卡贫困人口受益增收，2018 年，贵州省通过旅游发展助推 30.3 万贫困人口受益增收。从数据及其趋势看，到 2019 年，贵州省乡村旅游扶贫将难以实现既定目标，即 2017—2019 年三年带动 100 万以上贫困人口脱贫。并且，2018 年 5－9 月笔者在参与原贵州省旅游发展委员会委托新华社中国经济信息社贵州经济研究中心实施的贵州省旅游扶贫督查调研时，发现通过旅游直接受益的贫困人口人数较少，如旅游项目建设用工、旅游景区就业等，农户（贫困户）对旅游扶贫效应感知较低。相对其他部门如农业等部门的资金而言，旅游产业资金太少，贫困人口对旅游发展的带动感知较小、认同度低。对发展农业产业的农户来说，乡村旅游发展仅仅是增加了种养殖产品的销售渠道，而增收的功劳更多的是来自发展农业项目。同时，督查调研还对官方数据所来源的贵州省旅游精准扶贫云系统录入信息的合格率进行抽样调查，结果显示旅游扶贫云数据录入合格率平均为 66.39%，主要为两个方面：一是录入的贫困人口的联系方式不是本人或亲友，为完全互不认识的陌生人；二是录入的贫困人口或家庭其他成员没有通过旅游直接或间接获得收益。在生态环境方面，由于目前贵州大多数乡村旅游点并没有实现规范化经营管理，仍处在自发、粗放经营阶段，乡村旅游目的地缺乏必要的市政环卫设施，餐饮、住宿经营场所也缺乏必要的生态环保设施，导致乡村旅游经营所产生的生活废水、废气、固体垃圾随意排放，对当地生态环境带来的严重污染。

第六章

新时代贵州乡村旅游提质增效的路径

新时代贵州乡村旅游提质增效实现路径必然要基于新时代社会主要矛盾,立足于贵州乡村旅游发展的现实条件,围绕乡村旅游提质增效内外部运行机制,遵循乡村旅游市场发展规律,通过乡村旅游发展动能转换、乡村旅游发展方式转变和乡村旅游发展政策优化,推动贵州乡村旅游从政府主导的发展转向以市场主导的社会多元发展、从传统的乡村旅游资源"要素驱动"转向"创新驱动"、从单一发展动力转向综合发展动力;从点状发展转向全域发展、从单一发展转向"旅游+"多元融合发展、从分散粗放发展转向集约专业发展、从做大规模转向做优质量;从简单叠加转向协同发力、从大水漫灌转向精准滴灌,实现贵州乡村旅游持续发展和结构优化,最终促进贵州乡村旅游平衡充分发展,满足人民日益增长的乡村旅游需求,实现乡村旅游提质量和效益提升(图6-1)。

第一节 推动乡村旅游发展动能转换

新时代外部发展环境以及乡村旅游内在发展矛盾促使乡村旅游发展动能转换。乡村旅游发展动能是能够有效推动乡村旅游发展的各种力量是乡村旅游提质增效的根本。推动乡村旅游发展动能转换,需要不断推动乡村旅游发

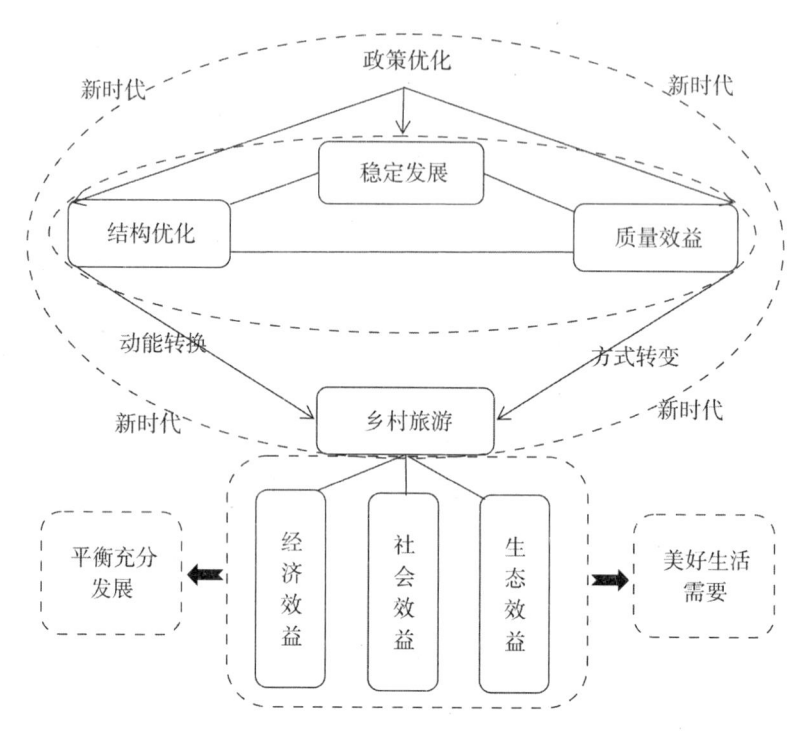

图 6-1 新时代贵州乡村旅游提质增效路径

展由政府主导向市场主导转变、由要素驱动向创新驱动转变、由单一动力向综合动力转变。

一、从政府主导转向市场主导

从世界旅游发展实践来看,旅游业是伴随社会经济发展而出现并不断发展演进的,也就是说旅游是经济社会发展到一定阶段的产物,特别是现代旅游业的发展必须以较高程度的经济社会发展为基础。长期以来,贵州经济社会发展水平较低,市场发展较慢、发展程度较低,同我国大多数旅游发展的模式一样,贵州旅游发展采用的适度超前的发展模式,即旅游发展适度超前与经济社会发展,多数地区(特别是贫困地区)通过大力发展旅游业,以此来带动地区经济社会发展。贵州早期的乡村旅游主要围绕重点景区(如黄果树)和城市周边(贵阳市),如贵阳高坡民族乡和黑土苗寨、镇宁自治县的布依族石头寨等,其发展带有"贫困地区自我开发"的特点,但政府部门在规划、建设和管理等方面起到了巨大作用。"十一五"期间,贵州乡村旅游发展进入规范提升阶段,政府主导在乡村旅游发展过程中表现得更为明显,政府在乡村旅游发展资金投入、政策引导、管理规范等方面的主导作用大大提升。通过每年在市州举办全省旅游产业发展大会、每年举办多彩贵州"两赛一会",逐步形成了贵州乡村旅游品牌,乡村旅游快速发展,形成了一定规模。同时,针对全省乡村旅游档次不高、内容单调、管理水平低、服务质量差等问题,逐步出台乡村旅游发展的政策措施和标准化体系,如《关于大力发展乡村旅游的意见》《农家乐经营管理规范》等,推动乡村旅游标准化、精细化、人性化程度明显提升。步入"十二五",贵州加大对乡村旅游发展项目建设投入,通过"四在农家·美丽乡村"基础设施建设六项行动计划、"五个100工程"、乡村旅游示范、贫困村旅游扶贫等项目,整合多方资源,打造多彩贵州、美丽乡村,带动乡村旅游发展,促进农民增收致富。"十三五"以来,贵州以全域旅游发展为契机,以旅游供给侧结构性改革和实施全域旅游为抓手,全力推进乡村旅游提质增效。在全域旅游战略和旅游供给侧结构性改革推进中,通过全域旅游示范区建设,围绕《关于促进全域旅游发展指导意见》和《关于推进旅游业供给侧结构改革的实施意见》,政府突出在人才、用地、财政、金融、专业等方面给予乡村旅游发展的政策支持。因此,在贵州旅游业发展的历程中,政府的主导地位十分明显。从贵州省乡村旅游发展实践来看,当地居民的自发以及市场资本的进入在乡村旅游发展过程中到了重要作用,尤其是在一些地方乡村旅游的起步阶段,乡村旅游发展带有一定的自发性特征,并且乡村旅游发展所处的不同阶段(起步发展、规范提升、项目带动、提质增效),政府在乡村旅游发展中所起到的作用也存在差异,但市场在乡村旅游发展中的资源配置作用并未能得到充分发挥,贵州乡村旅游发展主要依托政府推动的状况并未从根本上得到改变。

不可否认,适度超前的政府主导乡村旅游发展模式对贵州省乡村旅游发展起到了巨大的推动作用，也是近年来贵州乡村旅游持续快速发展的重要原因。政府主导推动可以有效解决乡村旅游发展初期的基础配套和资金缺乏问题，通过加大交通、供电、供水、通讯等基础设施加速投入，从而能够改善乡村旅游发展条件，为乡村旅游持续发展提供基础保障，并吸引社会投资主体积极投身乡村旅游发展。在乡村旅游发展过程中，政府主导推动能够有效解决因"自发"的"经济人"逐利性导致的发展乱象和短视行为带来的负面影响，如一哄而上的开发建设以及雷同单一的产品开发等。然而，随着乡村旅游的发展，政府主导发展模式其弊端也会进一步暴露，特别是随着乡村旅游发展到一定程度和规模后，政府主导会导致乡村旅游发展资源配置效率降低，制约乡村旅游发展主体的积极性和主动性，从而会对乡村旅游的进一步发展带来阻碍。经过近40年的发展，贵州乡村旅游在发展规模、发展层次、影响力等都达到了一定高度，已经从"有没有"的阶段转向"好不好"的阶段，即从乡村旅游发展的初期转向乡村旅游发展的中后期。特别是随着我国经济社会发展进入新时代，以往的靠政府大投入、大建设的时期已不复存在，乡村旅游发展必然要转变发展方式，政府要让位于市场，政府在乡村旅游发展的作用要逐步由主导转向引导、由管理转向服务。政府要在乡村旅游发展中从全局观上引导发展，完善公共服务设施建设（如旅游交通、网络配套、安全保障、信息服务等）和乡村旅游服务标准、规范，通过引导乡村绿化、产业发展、生态建设把乡村旅游发展与农村经济社会发展密切结合起来，为市场的发育创造良好的环境，发挥市场在乡村旅游经济活动中资源配置的决定性作用。充分发挥市场主体作用，大力培育乡村旅游发展主体，积极引导社会投资主体投身乡村旅游发展。

（一）增强乡村旅游市场经营主体活力

乡村旅游发展的主体是企业，作为乡村旅游产品的供给者，其发展和改革的核心是培育独立的、多元化的市场主体。要积极引导社会资本投身乡村旅游发展，改善乡村旅游投资主体结构。当前，贵州民营企业投资主体A级景区不到全部A级景区的三分之一，政府主导的景区依然占据A景区投资主体地位，①但当前政府财政支持压力大，旅游景区发展投入不足，同时又缺乏高效的、对社会资本开放的融资平台，必然会导致对景区投入的不足，影响景区做大做强，因此，构建充分对接市场、产权清晰的景区经营管理体制成为目前乡村旅游发展亟待解决的问题。加大乡村旅游企业扶持力度，加快设立旅游产业发展基金和旅游扶贫基金，推动乡村旅游发展动力从资源支撑向资本驱动转变，加快乡村旅游现代化、产业化进程。出台提升旅游企业竞争力实施细则，梳理和创新旅游产业扶持政策，发挥财政资金的引导和推动作用，通过以奖代补、贷款贴息等方式培育一批示范性经营项目。发挥财政资金的引导和推动作用，通过以奖代补、贷款贴息等方式培育一批示范性经营项目。梳理现有旅游产业扶持政策，出台提升旅游企业竞争力实施细则，进一步明确政策各项措施的适用对象、申请条件、资金安排、支持标准等，提高扶持资金使用效益。加强政策解读和宣传工作，帮助群众和企业了解政策，切实解决政策信息不对称问题。

（二）推动全民参与乡村旅游发展

把发展全域旅游、发动全社会参与作为贵州省乡村旅游发展的基本方针、基本理念，坚持以旅游产业大发展带动大众创业，以旅游产业转型升级吸引万众创新为根本出发点，不断推动乡村旅游发展模式由政府主导型、资源优势型朝市场主导型转变。积极发挥景区和旅游龙头企业的带动作用，打造一批县域旅游创客天地，以乡村旅游为重点，大力支持返乡大学生和农民工开展旅游创业，支持建设一批乡村旅游和大学生旅游创业示范基地或孵化器。鼓励电子商务第三方交易平台渠道下沉，带动基层旅游创业人员依托其平台和经营网络开展旅游创业。推动"旅游+"多产业融合发展，引导社会资本以租赁、承包、联营、股份合作等多种形式投资开发旅游项目，兴办各种旅游开发性企业和实体。推进旅游与农业、水利、工业、林业、文化、交

---

① 贵州省旅游发展委员会，中国（深圳）综合开发研究院.贵州省旅游发展白皮书[R].2017.

通、体育、康养、养老等多产业融合发展,把贵州省的旅游资源优势转化为产业优势和市场优势。要引导和鼓励农民成为贵州县域旅游开发和经营主体,深入推广资源变资产、资金变股金、农民变股东的旅游"三变"改革,将符合条件的农村土地资源、集体所有森林资源、旅游文化资源通过存量折股、增量配股、土地使用权入股等多种方式,转变为企业、合作社或其他经济组织的股权,推动农村资产股份化、土地使用权股权化、旅游资源股权化,盘活乡村旅游资产资金,让农民长期分享股权收益。

二、从要素驱动转向创新驱动

乡村旅游要素驱动发展强调通过依靠乡村旅游各种要素投入,如资金、资源、土地、劳动力等,来促进乡村旅游增长的发展方式。此类驱动是乡村旅游发展最原始,也是最初级的驱动方式,其适合于区域科技创新匮乏和不足的时期,是我国旅游业(包括乡村旅游)发展初期最为主要的驱动力。随着"中国制造"向"中国智造"的转变,国家对自主创新的愈发重视以及我国自主创新能力的提升,要素驱动方式在推动经济发展中的弊端日益显现。相对于创新驱动而言,乡村旅游要素驱动不具备很好的经济发展持续性,要素驱动难以持续支撑乡村旅游的高速增长,特别是随着生态文明时代的到来,乡村旅游增长动力必然要发生转变。同时,从要素驱动转向创新驱动也是乡村旅游发展未来的大势所趋。乡村旅游发展必然要从注重资源、资本和劳动力等传统要素投入转变为注重科技创新投入,从注重投入总量和规模的增加提升转变为注重提升投入要素效率的转变,从关注经济总量增长转变为发展速度、质量和效益的协调统一。

(一)推动乡村旅游科技创新发展

科技发展推动旅游发展,现代科技是现代旅游业形成的条件,不仅影响旅游供给(旅游产品、旅游从业者、企业经营等),也影响旅游市场需求(旅游者消费等)。科技创新有效提升旅游基础设施,新材料、新工艺、新技术、新设备等的投入使用,使得外出旅游更为便利、舒适,如高铁技术的进步让客源地和目的地连接更为紧密。同时，科技创新能够进一步扩大旅游市场的外延和空间，能让以往无法前往的地区成为现实旅游目的地，一些以往没有的旅游项目和业态大量涌现。如通过科技创新，对传统农业进行改造，能够拓展传统农业"种、养"功能，实现休闲和旅游功能，成为备受欢迎的农业科技旅游产品和目的地。在经营方面，科技还能有效延长旅游产品生命周期，提升旅游产品安全性能和质量，增强企业市场营销精准度，提高游客体验，从而能够增强企业竞争力和盈利水平。此外，科学技术发展提高生产效率，增加人们收入和闲暇时间，让更多人能够外出旅游，并改变旅游者的旅游行为和消费方式。因此，现代化旅游经营企业越来越重视科技创新，通过增加科技投入，实现产品创新、服务质量和效益提升。

新时代贵州乡村旅游提质增效，必然要顺应我国经济社会高质量发展大趋势，不断推动科技创新。具体而言，一是，要大力发展智慧乡村旅游。政府要不断加大对智慧平台建设投入，充分利用大数据，构建大平台，提升平台监管水平，确保平台安全运行，不断升级产品服务功能，推动乡村旅游的发展。将贵州各地乡村旅游景区（景点）进行整合，实现销售、预定、客户评价、私人订制等多功能为一体的智慧乡村旅游。旅游者能实时查询乡村旅游点情况，如交通、车位、厕所等信息，可以实现购票、订车、订餐、订房等。旅游企业能通过数据的共享，分析预测市场的需求，及时调整经营策略，提升经营管理水平，提高经济收入。政府部门能增强乡村旅游监测能力，提升旅游行政管理决策和服务水平。二是，要创新乡村旅游产品科技水平。采用新技术、新工艺，促进乡村旅游商品开发设计，增加黔菜、黔茶、黔银、黔织、黔艺等的科技含量，增加产品附加值和实用性。利用声、光、电技术，提升乡村旅游节目表演吸引力，增强贵州乡村旅游互动和体验性。利用科技创新，加大清洁能源使用，开发低碳技术，降低乡村旅游能耗和污染。

（二）推动乡村旅游要素配置优化

以乡村旅游发展效率、效益为主导，创新优化土地、资本、劳动力等要素配置，是加快乡村旅游供给侧改革，推动乡村旅游提质增效的有效杠杆。[①]新时代贵州乡村旅游提质增效以质量效益提升为结果，因此，要不断优化乡村旅游产业结构、提升乡村旅游投入产出效率。

1. 要优化乡村旅游产业结构

产业结构优化理论认为，从业结构会不断发生演变，其演变的总体趋势是不断实现产业结构的高级化和合理化。[②] 当前，贵州乡村旅游正处于转型发展阶段，正处在发展方式转变、质量和效率提升的关键期，优化贵州乡村旅游产业结构必然要推动旅游向合理化和高级化发展。

首先，要推动乡村旅游结构合理化，关注乡村旅游内部要素与要素之间的有序排列和层次，强化内部要素间的功能互补、相互促进和"1+1>2"的效果，注重乡村旅游内部要素投入的协调性和合理性，提高乡村旅游投入要素的精准性；加大对乡村旅游技术要素投入，要从整体性、综合性的角度思考乡村旅游发展中内部构成的产出能力，不断实现各生产要素在乡村旅游运行中投入比例的相互协调，把实现乡村旅游内部要素增长相互协调与平衡发展，乡村旅游规模和发展与市场发展及旅游需求变化相适应，乡村旅游规模和发展与当地经济社会发展相适应作为推动乡村旅游发展的核心工作。

其次，要推动乡村旅游结构高度化，促使乡村旅游资产结构、技术水平和产出不断向高度化发展，努力实现与经济发展及旅游市场需求相适应，乡村旅游规模越来越明显，规模效益越来越凸显，县域旅游经营主体朝着综合化、规模化和大型化方向发展。再次，要推动乡村旅游要素整合，强化对县域旅游规划和资源开发的管理，特别是重点旅游资源（如温泉等），制止随意乱开发和"小、散、低"，实行跨区域抱团规划开发，跳出县域、放眼全局，集中资金、资源、技术和人才等要素，倾力打造具有国际国内影响力和竞争力的跨县域旅游大景区。

---

① 季胜武. 供给侧结构性改革：乡村旅游提质增效的科学路径——以浙江省仙居县为例 [J]. 上海农业经济，2017（11）：26-30.
② 周维现. 中国欠发达县域经济发展研究 [D]. 武汉大学，2013：12.

2. 提升乡村旅游投入产出效率

乡村旅游发展要从"数量导向"转向"效率导向",优化乡村旅游要素配置,降低乡村旅游要素投入冗余,努力推动乡村旅游产业空间开发从外延扩张转向优化结构,不断提升乡村旅游经济效率。要加法与减法并举,两端同时发力,既要增加乡村旅游经济有效产出,特别是高附加值的产出,又要减少低水平、重复建设的无效或低水平产出,不断提升乡村旅游经济产出效率;既要增加乡村旅游经济边际效用高的投入,补齐乡村旅游经济发展投入短板,如部分县域填补旅行社、A 级景区空白,又要降低乡村旅游经济无效投入或低水平投入,不断提升乡村旅游经济投入效率。同时,要从全省乃至大区域的范围来思考乡村旅游经济发展,充分利用区域乡村旅游发展所带来的外部溢出经济效应,努力降低外部溢出不经济效应的影响,以不断提高乡村旅游经济发展效率。如充分利用区域旅游形象和周边旅游热点、实施差异化策略与周边形成互补关系而非竞争关系、统一向外推介营销等等。

(三) 推进乡村旅游内涵式发展

当前,乡村旅游发展已不再是以追求简单的经济利益为目标的行动范畴,而是追求乡村治理、乡村社会、乡村环境的全方位优化和协调发展,寻求在"稳增长、促消费、减贫困、惠民生"等方面发挥作用。[1] 乡村旅游提质增效就是最大可能的扩增效果,实现乡村旅游的经济功能、生态功能、社会综合带动功能,追求其在推动农村可持续发展的作用,即农村"五位一体"(经济、社会、文化、生态、政治)的全面发展。因此,乡村旅游发展必然需要从传统的外延式发展转为内涵式发展。

1. 提升乡村旅游产品文化内涵

乡村旅游产品是由多元要素构成,通常包括乡村活动、乡村生活、乡村遗产、乡村环境等。[2] 与之相对应,旅游者在乡村旅游活动中的消费需求必

---

[1] 宋慧娟,陈明. 乡村振兴战略背景下乡村旅游提质增效路径探析 [J]. 经济体制改革, 2018 (6): 76-81.

[2] 唐德荣. 乡村旅游开发与管理 [M]. 北京: 中国农业出版社, 2011.

然也包含物质产品消费需求、体验产品消费需求和精神文化产品消费需求。乡村文化是乡村旅游产品的灵魂和特色所在。因此，乡村旅游产品开发不应仅停留在乡村田园风光，更要挖掘乡村文化内涵，必须立足本土文化，从深层次、多方位的角度去审视乡村文化的丰富资源，并使之融入乡村旅游产品，以使旅游者参与其中，真实体验返璞归真的乡村生活，乡村旅游产品更有吸引力。① 目前，贵州乡村旅游产品更多停留在基本层次，即吃、住、行等方面，满足的是旅游者物质性产品需求，属于较低层面的需求。随着旅游消费的升级，特别是进入新时代，人民对美好生活需要的日益增长，乡村旅游要迎合和适应这种变化，不断满足旅游者高层次的精神文化需求，必然要围绕文化创新打造核心产品，提升乡村旅游产品的文化品质和内涵。首先，深入推进文旅融合发展。将乡村旅游资源开发与传统文化保护开发有机结合起来，挖掘贵州各地历史文化（夜郎文化、红色文化）、民族文化（侗族文化、苗族文化、布依族文化）、饮食文化（黔菜系列、地方特色小吃、民族饮食）、乡土文化、农耕文化等，努力把贵州乡村文化元素根植于乡村旅游的过程和环节之中，提升乡村旅游文化内涵，突出乡村旅游发展差异化和特色化，让旅游者在享受优美乡村田园景观的同时，感受乡村文化的深厚底蕴，实现乡村旅游从农家乐到乡村体验式、再到乡村生活式的转型。其次，要以特色文化为媒介，打造乡村旅游品牌。根据旅游者偏好、消费结构，加强乡村旅游文化产品开发，在乡村旅游开发过程中，要了解乡村的风俗民情，注重乡村文脉的发展，将乡村浓郁的乡土气息和独特的文化魅力通过乡村旅游产品表现出来，将乡村文化特色元素融入乡村旅游品牌塑造，提升乡村旅游产品美誉度和乡村旅游产品的核心竞争力。

2. 优化乡村旅游产品结构

贵州乡村旅游要在业态上发展"小、精、特"乡村旅游产品。小精特的发展模式是基于其本身乡村旅游资源特色而决定的。贵州乡村旅游资源总量

---

① 刘玉堂，高睿霞. 文旅融合视域下乡村旅游核心竞争力研究［J］. 理论月刊，2020（1）：92-100.

多、体量小、分布广泛的特点，为开展多种形式乡村旅游组合、加深乡村旅游资源的深度开发、丰富乡村旅游产品业态、提高乡村旅游消费品位奠定了坚实的基础。贵州民族成分有 49 个，其中 18 个世居民族，他们都有自己悠久的历史和灿烂的文化。贵州各族人民和睦相处，创造了"从未断裂的人类文明奇迹"，保存着丰富多彩的"活的文化遗产"，山海贵州间隐藏着五万多个风格各异的村寨和古镇，整合多姿多彩的山地文化风景，被誉为"文化千岛"。贵州遍及全省的乡村旅游资源，处处皆景的小、精、特自然文化景观，契合了全域旅游发展的资源诉求。因此，基于贵州乡村旅游资源分布广泛、体量小的资源禀赋和文化千岛的民俗风情，其乡村旅游的发展必然是走小型化、特色化和精品化的全域旅游发展模式。在现有的乡村观光旅游产品基础上，大力发展乡村精品民宿、户外运动营地、汽车营地、精品休闲农庄、亲子游乐农场等乡村体验、乡村度假、乡村休闲类产品，形成生态观光、休闲体验、康养度假等多元化、精品化、特色化的乡村旅游产品体系，不断满足旅游者层次化、多样化、个性化的需求。依托良好的生态环境，以乡村资源特色为基础，以乡村文化创意为核心，因地制宜、合理发展集乡村地产、乡村商业、乡村酒店等配套的乡村旅游田园综合体。改变以往以观光、餐饮、住宿功能为主的乡村旅游产品供给方式，不断完善乡村旅游的生活、住宿、休闲、购物、娱乐、度假等复合功能，打造集生态观光、休闲体验、娱乐购物、康养度假等为一体的功能全、品质高的乡村旅游产业集聚区。

3. 推进乡村旅游生态化发展

一是以国家生态文明试验区建设为契机，大力推进乡村旅游生态发展，完善旅游资源分级分类管理，根据旅游资源的特点和环境承载力，在生态文明先行示范区的大格局下，深入探索乡村旅游绿色发展之路，设计一条既管当前又管长远的生态旅游发展路径。在实践中，加强规划管控，在核心景区严格划定限制开发的红线，限定旅游容量和活动范围，控制旅游服务设施建设强度，实行旅游资源开发全过程保护，对生态敏感区范围内的景区（景点）实行旅游开发、旅游活动和游客容量总量控制、适度规模开发，并限制对重点生态功能区进行旅游开发。

二是围绕《国家生态文明试验区（贵州）实施方案》的总体目标，加大对森林公园、湿地公园、自然保护区、风景名胜区等与旅游直接相关生态载体的建设和保护力度，按照"生态产业化、产业生态化"理念，重点抓好国家生态旅游示范区、生态旅游度假区建设，形成以5A级旅游区、世界自然遗产地、风景名胜区、自然保护区、森林公园、湿地公园和地质公园为载体，以观光、避暑、休闲、度假、康体、科研、文化体验和环境保护为内涵支撑的县域生态旅游发展格局。

三是在旅游规划、项目建设、产品运营等各个环节把生态资源作为旅游发展的生命线，采用国际一流标准，推广生态旅游新技术，全面提升县域生态旅游质量和水平，探索生态旅游可持续发展补偿机制，探索建立资源权属明晰、管理机构统一、产业融合发展、利益分配合理的生态旅游管理体制。加快在凤冈、绥阳等地开展绿色、低碳、资源循环型生态景区试点工作，积极布局乡村旅游生态旅游示范区（点），加快推进赤水旅游综合体等创建国家生态旅游示范区。将旅游生态发展程度列入贵州省旅游业发展评价指标体系和旅游发展综合评价指标内容，并将生态发展度作为测评贵州县域经济增比进位的测评内容；加大对旅游企业环保督查力度，加强对旅游地社区居民生态教育，提升旅游者生态体验和生态评价。

三、从单一动力转向综合动力

新时代贵州乡村旅游提质增效有赖于打通乡村旅游发展各要素的流通通道，实现乡村旅游发展要素的自由流动。一方面，乡村旅游提质增效要充分发挥乡村旅游内部各要素、各结构功能的有序良性发挥，实现乡村旅游发展内生力的持续增强壮大；另一方面，乡村旅游提质增效要在宏观经济社会发展、国家政策以及政府服务等的基础上，有效实现乡村旅游与农村相关产业的融合发展。因此，乡村旅游提质增效是以农村地区资源本底为依托，宏观经济社会发展、国家政策以及政府服务等为背景，以激发乡村旅游内在发展动力为基础的、综合性的动力良性运行的过程。如前文所述，乡村旅游提质增效动力可分为内在动力和外在动力两大类型，新时代贵州乡村旅游提质增效就是要推动乡村旅游发展内外动力的良性互动，并实现由单一动力推动转向综合动力推动。

（一）推动乡村旅游内外动力良性互动

乡村旅游提质增效内部动力是乡村旅游实现提质增效目标的主导性动力因素，是推动乡村旅游质量和效益提升的根本性力量。外部动力是引导乡村旅游提质增效的辅助性动力要素，突出表现在经济社会发展、市场需求以及政府等对乡村旅游提质增效的影响。新时代贵州乡村旅游提质增效受制于内外各种驱动因素的共同影响，是内外动力共同作用的结果。内外动力相互作用共同推动贵州乡村旅游提质增效目标实现，因此，要推动新时代贵州乡村旅游提质增效内外动力良性互动。

乡村旅游提质增效区别于传统的乡村旅游发展，其重要特征在于乡村旅游数量增长向质量效益增长的转变，其不再追求高速度的发展，是乡村旅游发展方式的重大变化。因此，从乡村旅游的投入要素、产品开发以及与相关产业融合全过程中形成发展动力，并使其在整个发展过程中发挥核心驱动作用，是乡村旅游提质增效的关键。新时代贵州乡村旅游提质增效核心在于不断培育壮大乡村旅游发展的内在动力，就是要在当前乡村旅游外部环境中不断优化内部要素功能、优化内部结构并发挥效益。新时代贵州乡村旅游提质增效依赖于宏观经济社会发展大环境，新时代社会主要矛盾的转变、旅游市场需求变化、政府产业政策引导、城乡发展战略实施等为乡村旅游提质增效提供良好的外围环境，以上因素综合构筑起新时代贵州乡村旅游提质增效的外部动力。当前，我国经济社会发展步入新时代，经济发展转向高质量发展，为推进乡村旅游提质增效提供了强有力的驱动力和外部支撑；人民追求物质生活满足转向追求美好生活转变，高品质、高端化的产品和服务越来越受市场青睐的趋势，旅游需求从单一的观光旅游转向体验、休闲、度假等多样化的旅游，旅游业发展从"有没有"转向"好不好"的高端化、高品质、精品化旅游为乡村旅游提质增效带来重大机遇；从脱贫攻坚迈向乡村振兴的转型期，对重构乡村旅游发展动能、发展目标、发展方式提出更高要求；在上述背景下，政府全面协调，出台了一些旅游、农业农村、产业发展等扶持政策，为乡村旅游提质增效提供政策保障。因此，要充分借助我国经济高质量发展的契机，加强对旅游市场需求进行分析，利用国家脱贫攻坚和乡村振兴的政策优势，完善乡村旅游治理体系，完善乡村旅游供需对接机制，调动各界积极性，引导优质资本、资源投身乡村旅游发展，从而不断优化乡村旅游要素配置、产业结构，激发乡村旅游发展主体积极性、主动性，不断推动贵州乡村旅游发展内外动力良性互动。

（二）实现乡村旅游综合动力推动

长期以来，贵州乡村旅游发展采用的模式为政府主导。在乡村旅游发展起步阶段，政府在推动乡村旅游发展中发挥了重要的作用，特别是贫困地区乡村旅游发展中。然而，政府主导推动对实现乡村旅游"有没有"目标作用明显，但随着我国经济社会发展大环境的转变，以及乡村旅游发展所处的阶段变化，政府主导推动已然无法实现乡村旅游"好不好"的新发展需求，无法承担起新时代贵州乡村旅游提质增效的历史重任。因此，新时代贵州乡村旅游提质增效发展动力必然要朝综合动力推动发展。

1. 加快培育乡村旅游市场主体

大力培育和引进旅游龙头企业，重点培育旅游上市公司、大型旅游集团公司、大型旅游联合体、旅游互联网综合平台等，充分发挥其作为产品供给者的作用，运用市场规律促进其竞争、发展。

加快实施民营及中小企业家培育工程，推进中小微企业家培训项目和中小微企业管理咨询项目资助计划。做特做活中小型特色旅游企业，以新技术引进、新业态培育、乡村旅游建设等为重点，在全省范围选择一批具有竞争力和发展特色的成长型旅游中小企业重点培育。

加强与国际国内景区、住宿、餐饮龙头企业相互合作交流，学习推广先进产品设计、企业经营管理、理念。组织引导返乡农民工、大学生、专业艺术人才、青年创业团队等各类"创客"投身乡村旅游发展,培育乡村旅游创客示范基地。

推动乡村旅游企业间的协同,培育乡村旅游产业融合的市场主体。积极鼓励乡村旅游企业间深度合作,支持采用资本融合、并购等方式组建跨界融合的产业联盟和产业集团,加快乡村旅游集群打造,加快地方特色的乡村旅游企业培育。

2. 创新乡村旅游社区参与机制

当地社区和村民是乡村旅游发展的重要主体。新时代贵州乡村旅游提质增效离不开构建社区参与、村民主体的发展机制。要加快构建"公司+合作社+农户"的乡村旅游目的地新型社区治理模式,重构乡村旅游发展中政府、旅游开发商、旅游经营者、当地居民等利益相关主体之间的利益和关系。充分发挥当地居民在乡村旅游发展中的主体作用,保障村民生存权、发展权、参与权和收益权,让当地居民深深融入乡村旅游发展之中,避免乡村旅游"飞地经济"。通过"三变"改革、土地制度改革,创新乡村旅游社区治理模式和村民参与乡村旅游发展机制,不断提高社区和村民参与乡村旅游发展深度和广度,扩大乡村旅游发展成果分享范围。

第二节 推动乡村旅游发展方式转变

在新时代背景下,乡村旅游转变发展方式势在必行。乡村旅游提质增效的内在要求,需要乡村旅游发展实现从点线发展转向全域发展、从单一发展转向多元融合发展、从分散粗放转向集约专业、从做大规模转向做优质量。

一、从点线发展转向全域发展

实现乡村旅游区域平衡发展,以带动城乡协调发展、推动农村地区经济社会快速发展是新时代贵州乡村旅游提质增效重要内容之一。在当前大力发展全域旅游的背景下，乡村旅游平衡发展在区域空间上突出表现为以全域旅游发展理念为指导，不断推动乡村旅游区域协调发展，实现乡村旅游点线发展转向全域发展，充分带动三次产业和农村地区经济社会发展。针对当前贵州乡村旅游发展不平衡所表现出来的问题，要推动"区域联动、资源组合、线路联合"发展，促进乡村旅游区域协调发展，发挥乡村旅游增长极的扩散效应，促进乡村旅游全域发展格局。

（一）区域联动，推动乡村旅游区域协调发展

1. 推动城县互动发展

以贵阳和遵义两大核心枢纽城市的高铁、机场和"6横7纵8联"高速公路格局为基础，建设联通城县的旅游资源互动工程，借助城区旅游经济的发展带动县域乡村旅游，实现以城带县、以县助城的全省乡村旅游经济发展新态势。同时，基于乡村旅游资源分布，打破县域行政区划，按照旅游资源以及交通干线打造旅游精品线路，充分发挥已有知名旅游景点，如黄果树、百里杜鹃、小七孔、织金洞、梵净山、西江苗寨等的辐射带动作用，全力打造赤水河谷、乌江滨河、天眼科普、红色文化乡村旅游带，协同开发周边旅游资源乃至跨县旅游资源开发。积极鼓励城区旅游企业投身乡村旅游产品开发，政府可设立乡村旅游发展基金，用于乡村旅游产品开发，如对开发乡村旅游线路、并组织一定量客源的旅行社给予一定的奖励等，积极探索建立资源共用、市场共建、客源共享、利益共分的乡村旅游合作机制。

2. 构建乡村旅游大通道

按照区域经济发展点轴理论，充分利用现有乡村旅游增长极，即旅游资源丰富且旅游综合发展指数高的县域（如荔波、赤水、雷山、镇远等），积极培育新的乡村旅游增长极，通过旅游产品线路组合，努力在增长极之间构建旅游大通道，实现旅游人流、旅游信息、旅游物流的自由、通畅流动，培育乡村旅游发展带，并逐步延伸、带动乡村旅游发展程度较低的县域。

一是依托现有交通大通道，如"一干十六支"机场、沪昆高铁、贵广高

铁、黔渝高铁、成贵高铁、沪昆高速、杭瑞高速、厦蓉高速等统筹整合县域旅游资源，制定实施一批航线、高铁、高速公路旅游带发展规划，着力打造以立体交通旅游为支撑的旅游带，精心规划设计能全面覆盖和带动周边的特色精品旅游线路，构建以旅游交通为依托的县域旅游大通道。二是以旅游资源为依托，结合全省四大精品旅游带打造，积极开发布局一批县域旅游新项目、新景区（景点）、新业态，同时，积极规划建设一批能有效串联区域乡村旅游特色资源的交通干线，构建以乡村旅游特色资源为依托的旅游大通道。依托全省旅游资源大普查成果，充分发挥独特的自然景观和多样性的多民族文化的特色，打造完善资源独特、主题突出的经典精品乡村旅游线路。如以温泉疗养为主题的康体养生精品旅游线，以喀斯特奇观为主题的经典精品旅游线，以苗族文化为主题经典精品旅游线，以天眼为主题的科普精品旅游线，以酒文化为主题的经典精品旅游线，以长征文化为主题的世界遗产经典精品旅游线，以侗族文化为主题的经典精品旅游线，以乌蒙古镇彝文化为主题的经典精品旅游线，以苗疆走廊山水文化为主题的经典精品旅游线和以东部名山旅游、古城古镇、红色文化、佛教文化与生态休闲经典精品旅游线等。通过精品旅游线路打造，构建全省乡村旅游发展动脉。三是依托国家经济战略布局，积极融入"一带一路"、长江经济带、珠江——西江经济带发展战略。

3. 优化旅游经济空间布局

一是优化乡村旅游"行政区划"。结合旅游资源大普查和交通发展新格局，综合考虑旅游资源禀赋和旅游开发条件，系统分析县域与县域间旅游发展定位、产品类型和线路组织，按照旅游经济发展和旅游活动规律调整乡村旅游"行政区划"，以"全景式规划""全区域管理"为目标，放眼全局、跳出县域，形成整合的、整体的全域县域旅游发展格局。如各地可借鉴百里杜鹃管委会和大黄果树景区的模式，按照旅游资源的分布统筹行政区划，成立统一的旅游目的地管理机构，实现旅游资源、旅游景区（点）抱团发展，引导民间企业强强联手，共同发展。同时，可以考虑实施"大景区+"发展战略,如实行"大景区+区域"("黄果树+关岭+黔西南景区""平塘天眼+黔南景区"等)、"大景区+周边景区"("遵义会议会址景区+周边景区""梵净山+周边景区""小七孔+周边景区"等),吸引、引导人流大集中、小分散,催生旅游消费新形态,把商场式、逛街式、博物馆式旅游业态导入到体验式、消费式旅游业态。二是优化乡村旅游供应链(网)和价值链(网)。围绕乡村旅游景区(点)、乡村旅游线路、功能分区优化乡村旅游链(网),引导各县域差异化发展、协同发展,避免重复建设,不断优化和延长乡村旅游产品链、价值链,形成乡村旅游产业集聚效应。

（二）资源组合,促进乡村旅游增长极效应扩散

贵州旅游资源丰富多彩,有多样性的环境、独特的景观、多彩的民族文化。贵州乡村旅游单体资源多而分散,但具有良好的组合性。单一的资源在规模和体量上并不具有优势,难以发挥极大效应,需要进行资源组合。通过将不同类型旅游资源和乡村旅游发展要素进行组合,依托乡村旅游核心资源带动一般资源,发挥核心资源增长极作用,形成区域乡村旅游集聚发展区,增强乡村旅游市场竞争力。纵向上,深度挖掘乡村旅游资源潜力,凸显地方文化和特色,增强乡村旅游吸引力,创新乡村旅游内容形式,合理定位乡村旅游开发主题,积极打造特色突出、主题鲜明、极具吸引力的乡村旅游产品,形成乡村旅游增长极,并发挥其增长极扩散效应,吸引市场需求。横向上,依托乡村旅游步道和绿道、景观廊道等,将乡村旅游道路沿线旅游资源纳入其中,构建乡村旅游发展主轴,带动一般乡村旅游资源的开发,发挥乡村旅游核心线路增长极扩散效应,促进游客停留时间延长,增强乡村旅游带动地区经济社会发展作用。经营模式上,加快推进从个体农户经营向乡村全域旅游拓展。乡村旅游者前往乡村旅游目的地的主要目的在体验乡村的不同生活氛围和生活方式。这种体验并非单一个体经营户所能完全提供,因此,要增强乡村旅游发展质量,必然要从乡村全域角度整合乡村资源,实现从单一个体经营转向村域(社区)规模发展。通过在乡村不同区域开发不同旅游产品或经营业态,充分挖掘乡村体验主题元素,将旅游各要素融入其中,打

造乡村旅游"生产、生活、生态"空间,弥补个体经营存在的资源禀赋问题。

（三）线路联合，形成乡村旅游全域发展格局

一是，依托现有交通大通道，如"一干十支"机场、沪昆高铁、贵广高铁、黔渝高铁、成贵高铁、沪昆高速、杭瑞高速、厦蓉高速等统筹整合乡村旅游资源，打造以交通干线旅游为支撑的乡村旅游带，精心规划设计能全面覆盖和带动周边的特色精品乡村旅游线路，构建以旅游交通为依托的乡村旅游大通道。二是，以乡村旅游资源为依托，结合全省四大精品旅游带打造，积极开发布局一批乡村旅游新项目、新景区（景点）、新业态，同时，积极规划建设一批能有效串联旅游特色资源的交通干线，构建以旅游特色资源为依托的乡村旅游大通道。依托全省旅游资源大普查成果，充分发挥独特的自然景观和多样性的多民族文化的特色，打造完善资源独特、主题突出的经典精品乡村旅游线路。如以温泉疗养为主题的康体养生精品乡村旅游线，以喀斯特奇观为主题的经典精品乡村旅游线，以苗族文化为主题经典精品乡村旅游线，以天眼为主题的科普精品旅游线，以酒文化为主题的经典精品乡村旅游线，以长征文化为主题的世界遗产经典精品乡村旅游线，以侗族文化为主题的经典精品乡村旅游线，以乌蒙古彝文化为主题的经典精品乡村旅游线，以苗疆走廊山水文化为主题的经典精品乡村旅游线和以东部名山旅游、古城古镇、红色文化、佛教文化与生态休闲经典精品乡村旅游线等。通过精品乡村旅游线路打造，构建全省乡村旅游经济发展动脉。三是，加快建设以乡村旅游道路为主的基础设施建设，破解乡村旅游发展"最后一公里"难题。乡村道路是实现乡村旅游各目的地相互连接的重要纽带，也是乡村旅游景观呈现的重要内容。要强化乡村道路旅游功能，在发展乡村旅游的适宜地段设置功能完善、类型丰富的旅游公路旅游服务设施，将乡村旅游道路建设成为风景线。通过建设、自驾车道、景观廊道、步行（骑行）绿道、游船道等，并配备相应的旅游服务设施（如游客中心、营地、驿站等），将乡村旅游景区（点）有机联结，依托资源和区位，合理开发多场景、多类型的乡村旅游线

路，形成乡村旅游环线，推动形成全域格局，满足旅游者多样需求。

二、从单一发展转向多元融合

相关研究表明，旅游业与110个行业相关联，尤其是现代旅游业与其他行业的横向和纵向联系更加紧密[①]。当前，旅游消费已经步入转型升级快车道，个性化、多元化的旅游需求正当其道。旅游与生活的高度重叠，生活需求不边框，催生出无边界的旅游需求，必然要求无边际的旅游资源和无边界的旅游供给。在新常态下的旅游消费背景下，乡村旅游发展需要综合利用区域特色资源，不断创新产业业态，以满足旅游者需求新空间。为不断创新乡村旅游业态，满足旅游者的多样性需求，乡村旅游的发展离不开其他相关行业的共同参与。并且，旅游业作为以产品和服务提供为基础的高度综合性产业，被认为是促进经济持续发展的"润滑剂"，已成为加快经济发展的重要手段。[②] 乡村旅游要实现有效带动农村地区经济、社会、文化和生态的全面发展，发挥拉动第一产业、联动第二产业和带动第三产业的"综合动力"，必然要将乡村旅游发展根植于农村地区经济社会发展方方面面。因此，不论是满足旅游者多元化需求，还是进一步激发乡村旅游带动效应，都需要依托于乡村旅游与相关产业的融合发展。推动乡村旅游多元融合发展是不断创新旅游产品业态，破解当前贵州乡村旅游发展业态单一、乡村旅游供需结构不平衡困境，充分发挥乡村旅游带动效应，提升乡村旅游综合效益的重要途径。

（一）推动乡村旅游体制机制融合

鉴于乡村旅游的综合性，其涉及的行业类别多、产业链条长。新时代乡村旅游产业提质增效无论在乡村旅游带动性的深度和广度都提出了更高要

---

① 徐金海，王俊."互联网+"时代的旅游产业融合研究 [J]. 财经问题研究，2016，37（3）：123-129.
② 牛海桢，高燕，雷金瑞. 甘肃省乡村旅游发展论纲 [J]. 甘肃联合大学学报（社会科学版），2010，26（4）：65-70.

求，这必将需要从更深层面和更广层面强化乡村旅游体制机制创新融合，而这种要求也在目前国家推动乡村旅游发展的政策方针上得到充分体现，如2018年中央1号文件《关于实施乡村振兴战略的意见》提出"推动乡村旅游管理制度创新"、文化和旅游部等17部委联合出台《关于促进乡村旅游可持续发展的指导意见》等。因此，推动贵州乡村旅游发展从单一发展转向多元融合首要任务就是要推动体制机制融合，不断凝聚乡村旅游融合发展合力，形成体制机制合力，促进新时代贵州乡村旅游提质增效。

1. 构建乡村旅游发展领导机构

乡村旅游发展离不开相关职能部门和各级地方政府的统筹协调，要完善乡村旅游发展顶层设计，进一步理顺管理体制机制，打破目前事实存在的乡村旅游管理条块分割现象。在旅游发展和改革领导小组下增设乡村旅游发展专项组，负责筹划、指导、组织和协调工作，统筹解决乡村旅游发展中的有关问题。构建能够有效整合全省乡村旅游发展各种要素，统筹立项、用地、税收、信贷、融资、人才等方面政策的乡村旅游发展机构，联合出台乡村旅游专项政策，统筹协调乡村旅游相关产业部门合作和融合发展，加快形成部门联动的发展机制，有效破除乡村旅游发展部门分割、条块管理的体制障碍。联系建立乡村旅游发展激励机制，设立乡村旅游发展专项基金，实施乡村旅游普惠制，鼓励资本、资源、技术、人才流向乡村旅游领域。加强部门合作，探索建立行之有效的跨部门业务沟通机制，通过资源整合、规划衔接、项目实施，最大限度地把旅游服务要素配置到相关联的产业，催生新业态，拓展新空间，形成多点支撑、多业共生、多元融合的发展格局。

2. 构建乡村旅游综合治理机制

良好的发展环境是乡村旅游持续发展的重要前提，新时代贵州乡村旅游提质增效需要各方共同营造出一个良好的产业发展生态，特别是市场发展生态，因此，需要构建起各方共同参与的综合治理机制，通过完善乡村旅游多元融合的管理、监督、奖惩等跨界治理机制，协调乡村旅游多元融合过程中各方的关系和利益。要加快推进"1+3+N"全域旅游综合执法管理，构建旅游、公安、交通、司法、市监、消防等部门共同参与的乡村旅游综合执法管理机制。同时，将乡村旅游市场环境综合管理作为乡村综合治理的重要内容，整合乡村治理资源，加大治理力度，形成乡村旅游各级、各部门管理联动。充分发挥乡村旅游行业协会的作用，建立完善行业自律性管理约束机制，规范行业标准，开展行业自律，推进乡村旅游有序发展。推动社会化监督管理，充分利用游客、当地居民在促进乡村旅游发展中的作用，搭建社会参与乡村旅游发展监督的组织平台、举报平台和乡村旅游主体信用信息公示平台。

（二）推动乡村旅游产业深度融合

乡村旅游综合带动效应的显现源自旅游业的乘数效应，取决于乡村旅游与当地产业之间的关联程度。通常，一个地区乡村旅游与当地经济联系越紧密、融入当地社会经济发展程度越深，则乡村旅游在带动地区经济社会发展的作用越大。鉴于新时代乡村旅游提质增效强调综合效益提升，因此，乡村旅游与当地经济社会关联度越高、乡村旅游乘数越大则越能体现乡村旅游效益。所以，新时代贵州乡村旅游提质增效必然要增强乡村旅游与当地经济社会发展的关联性，走多产业深度融合发展之路，推动乡村旅游与相关产业融合发展，催生新业态，延伸乡村旅游产业链，提升乡村旅游的综合效益。要以大旅游和全产业发展引领乡村旅游发展，以"旅游+"思维推动乡村旅游与多产业融合发展，促进"吃住行游购娱""商养学闲奇情"全产业链发展。依托贵州省100个旅游景区建设，推动乡村旅游与农业、工业、文化、水利、交通、城镇化、大扶贫、大数据等相关产业的相互融合，实现乡村旅游与各地特色产业融合、乡村旅游与三次产业间的互融互通，不断丰富乡村旅游产品供给、创新乡村旅游业态，优化乡村旅游产品体系，推动乡村旅游全产业发展。

1. 推动乡村旅游产业横向融合

乡村旅游横向融合旨在实现乡村旅游与当地其他产业联动发展，通过农村经济社会旅游化发展，构建起乡村复合增值的现代产业体系，把乡村旅游产品供给延伸至相关产业中去，让相关产业领域融入乡村旅游发展、嵌入到乡村旅游产品供给链条，实现乡村旅游跨界效益。通过乡村旅游与当地其他产业深度融合互动，搭建起"乡村旅游+"产品链接通道，根据观光、度假、休闲、养生、探险、文产、医疗、商业等不同的乡村旅游产品属性，实现静态与动态产品相结合的乡村旅游产品体系打造，实现乡村旅游产业价值增值。新时代贵州乡村旅游多产业融合发展，要依托当地乡土资源和现有条件，逐步将乡村旅游发展推向产业化发展，以日益增长的高品质旅游需求为导向，以乡村旅游为龙头，优化配置相关产业，扩张乡村旅游产品功能，拓展乡村旅游产业链条，推动现代农业、农产品加工、农村商贸以及乡村文化、脱贫攻坚、乡村振兴等的发展，促进农村产业转型。通过乡村旅游的横向融合，一方面，可以创新乡村旅游产品业态，丰富乡村旅游产品供给，不断满足乡村旅游者需求；另一方面，能够构建乡村旅游产业链，推动地区主导产业、支柱产业的形成和发展，实现农村地区多产业的协同共赢，以多种乡村旅游业态集群的方式带动当地经济社会的转型升级。推进乡村旅游多产业深度融合，首先要加大乡村旅游与第一产业深度融合，将乡村旅游产品开发与农村种养殖业（农、林、牧、渔）发展联系起来，如乡村旅游可以细化为乡村休闲度假、农业观光、农村文化遗产游、生态农庄等；其次要加大乡村旅游与第二产业深度融合，将乡村旅游产品开发与农村食品加工、工艺品加工、农副产品加工发展联系起来，大力发展乡村旅游购物品（旅游用品、旅游纪念品等）的加工制造，如依托黔系列发展贵州特色食品、特色工艺品等；最后加大乡村旅游与农村第三产业深度融合，将乡村旅游产品开发与文化、住宿、餐饮、医疗、保险等发展联系起来，大力发展乡村旅游服务业，如发展乡村民宿、乡村节庆、乡村康养等，真正带动乡村经济发展。

推动乡村旅游与现代山地特色高效农业融合发展，开发提升自然生态观光、民族文化体验、休闲度假养生、山地体育运动等乡村旅游产品体系，形成健康、休闲、养生的泛乡村旅游产业集群；推动乡村旅游经济与数字经济融合发展，深化大数据、"互联网+"理念和技术在乡村旅游发展中的应用；

打造一批特色农家休闲、乡村民宿、民宿体验、山地营地、特色酒店、康养度假精品和乡村旅游综合体,开发一批居家型、度假型养老产,创建康体养老机构和创新型老年人颐养新村,建设一批民族文化休闲街区,培育一批知名的民族节庆品牌,推出一批有影响力的知名演艺产品,形成泛乡村旅游产业集群。

2. 推动乡村旅游产业纵向融合

乡村旅游产业纵向融合旨在实现乡村旅游产品纵向延伸,通过乡村旅游产业内部融合,不断提升乡村旅游产品深度。新时代我国社会主要矛盾发展变化,传统的乡村旅游观光产品将不再适应市场需求,旅游者消费升级带来对休闲体验乡村旅游产品需求高涨。乡村旅游产品提供方式必然要发生改变,要充分突出乡村旅游产品的参与体验、休闲娱乐和度假康养功能,以迎合新时代旅游消费市场。推动乡村旅游产业纵向融合是解决贵州当前乡村旅游产品雷同、品种单一、同质化、深度不够的根本举措。贵州乡村旅游产业纵向融合要在乡村旅游横向融合的基础上推进,根据当地资源特色,延伸乡村旅游产业链条,进一步锤炼、拉伸乡村旅游产业链的"强度"和"长度",实现乡村旅游纵向延伸融合,不断提升乡村旅游与相关产业融合密度和丰度。如在乡村旅游与农业横向融合的基础上,围绕农业生产各环节,深挖乡村旅游与农业的深入融合形式,如结合农业种植开展农事体验、在农作物开花期间开展赏花游、结合农产品收获开展农产品品尝等乡村旅游活动。

(三)推动乡村旅游营销宣传融合

与其他旅游产业相比,受到人才因素、环境因素和地理因素等的影响,乡村旅游在市场营销和宣传上无论是在观念还是在方式方面都较为滞后,不利于促进乡村旅游品牌的形成,影响乡村旅游的可持续发展。产业融合大背景下,乡村旅游营销和宣传必须要得到强化,不断创新方式,满足乡村旅游市场需求。首先,融合不同宣传媒体,充分利用新型媒体,如微信、微博、抖音等,加大网络营销和宣传,打造以视频、动画、图片和文字相结合的形式,丰富宣传内容和方式;其次,加强各宣传主体合作,采取政府+企业的形式加大乡村旅游宣传力度，充分利用社会公众（旅游者）对乡村旅游的宣传；再次，加大与乡村旅游相关的网络销售平台合作，构建乡村旅游网络销售平台，加强平台潜在消费者互动交流，加强旅游者意见和建议收集整理，留得住过往旅游者，并扩大乡村旅游消费者群体。

三、从分散粗放转向集约专业

与其他产业发展一样，乡村旅游产业发展也需要通过集约化和专业化开发来提升质量和形成效益。新时代乡村旅游市场需求新的发展趋势，决定了乡村旅游必然要走向资源整合、产业合作、区域分工的发展道路。当前，贵州乡村旅游市场主体小散弱特征明显，乡村旅游企业偏小、偏弱、偏散的现实与现代旅游组织方式不相适应。贵州乡村旅游主要市场主体，包括乡村旅游景区、乡村旅游客栈（农家乐）等规模和层次水平较低的发展现状，已成为影响贵州乡村旅游市场竞争力，制约乡村旅游质量和效益提升的重要因素。新时代贵州乡村旅游提质增效必然要转变原有的分散化、粗放型发展方式，不断推动乡村旅游朝集约化、专业化发展。

（一）推动乡村旅游集约化发展

集约化发展是以综合效益为根本，进行的产业发展各要素重组，实现以最小的要素投入获得最大的回报，其具有显著的质量经营、效益效率经营的特征。现代产业竞争已不再是单一企业的竞争，而是整个企业集群的竞争。现代经济竞争也不再是某一城市的竞争，而是整个区域的竞争。因此，单一向集群发展是乡村旅游高端化和高质量发展的根本出路。乡村旅游自发、分散经营，产业化水平和程度必然不高，不利于土地的节约集约利用，也不利于保护资源环境，并且也难以将乡村旅游做强、做优、做精。推动乡村旅游集约化发展，一方面可以从原来追求"外延扩大""摊大饼"为主的发展思路转向"练内功""强内涵"为主的发展思路，不断提升乡村旅游发展质量（产品质量、服务质量、管理质量等），加快形成区域乡村旅游市场品牌，提升整体竞争力；另一方面，可以做到有效整合乡村旅游发展要素，有利于发挥旅游资源、交通、资本、市场等的综合效能，改变"高成本、低效率"的状况，实现"低投入、高产出"目标，不断提高乡村旅游发展效益、增强旅游者黏性。

1. 推动乡村旅游集团化发展

当前贵州相当部分的乡村旅游经营方式是自发零散型，缺乏组织化经营。为规范乡村旅游经营主体（特别是当地农户）行为，改变乡村旅游产品质量参差不齐、服务标准缺乏、竞争无序等不良现象，促进乡村旅游有序发展，政府要通过政策引导不断推进乡村旅游集体化发展，将分散经营转向合作组织经营，改变"一家一户"分散的传统经营方式。可以采取组建乡村旅游合作社的方式，也可鼓励支持有实力的旅游企业带领当地农户共同发展，实行"公司+农户"的乡村旅游经营模式，积极引导乡村旅游集团化发展。通过集团化发展，有效解决乡村旅游经营者（特别是单个农户）无序、盲目、恶性竞争，规范乡村旅游发展秩序，有利于乡村旅游各类资源的整合和合理开发利用，而且通过集团化统一经营管理，规范和提升了服务标准和流程，能有效确保乡村旅游质量稳定提升，有助于打造乡村旅游"精品"，促进乡村旅游可持续发展。同时，通过经营者间的横向联合，有助于优势互补实现乡村旅游外部规模效应，也便于乡村旅游点能从更大范围、更高层面规划建设和打造乡村旅游特色产品体系，尤其是在民俗表演、农事体验、农家技艺展示等方面充分展现乡村旅游地特色乡土文化，增强县旅游产品的参与性、趣味性和体验性。

2. 推动乡村旅游集聚发展

乡村旅游集聚是乡村旅游发展主体和要素在一定区域的集中协同发展，既包括垂直集聚和水平集聚，也包括跨区域集聚。[1] 乡村旅游集聚有助于推动乡村旅游地加快形成高效的市场资源配置，发挥乡村旅游地基础设施、土地、资本、市场等的综合效能，降低交易成本，提高服务效率，增强创新活

---

[1] 宋博，郑向敏.论乡村旅游产业集聚化发展［J］.浙江旅游职业学院学报，2009（1）：31-35.

力,形成地区规模效应、打造地区品牌、提升区域竞争力。近年来,贵州乡村旅游实现了快速发展,乡村旅游产业规模不断扩大,但是分散发展的乡村旅游产业功能往往较为单一,并且存在资金短缺、技术落后、发展空间小、发展后劲差等问题,面对激烈的市场竞争,需要推动乡村旅游集聚发展,不断打造乡村旅游区域特色品牌、提升地区竞争力。首先,要依托核心乡村旅游资源,如民族村寨、农业产业园等,通过规划,从整体大局利益出发,统筹安排,因势利导、因地制宜,打破各自为政的乡村旅游分散发展局面,有效整合乡村旅游地经济资源,实现区域内乡村旅游资源互补,构建区域一体化乡村旅游产品体系,打造区域乡村旅游品牌。抓好西江千户苗寨、惠水好花红布依寨、肇兴侗寨、三都"万户水寨"、江口云舍土家村寨、务川龙潭仡佬寨、安顺鲍家屯与云峰八寨、六枝牛角村、月亮河村、水城海坪村、盘州市舍烹村、威宁板底彝寨等重点山地民族文化示范村寨建设,积极打造雷公山苗族文化旅游区、松桃腊尔山"千里苗疆"文化旅游区、黎从榕侗族文化旅游区、三都水族文化生态体验区、务川—道真仡佬文化体验旅游区、贞丰布依族民族文化度假区、安顺屯堡文化旅游区、大方古彝文化旅游区、兴义万峰林乡村旅游区等乡村旅游区。围绕乡村旅游供给要素,合理布局乡村旅游产业发展,实现乡村旅游关联产业的区域水平集聚,同时以乡村旅游满足旅游者需求为主线,不断延长乡村旅游产业链条,实现乡村旅游产业垂直集聚。其次,实施乡村旅游跨区合作,通过组织乡村旅游线路,将周边行政区域的乡村旅游景区(点)有效串联,将不同区域的乡村旅游经营者成为乡村旅游产品的供给者,实现乡村旅游跨区域集聚。当然,乡村旅游集聚发展不能一蹴而就,需要一定的条件和时间过程,并且不同地区集聚的方式和进程会有差异。通常是在乡村旅游资源最丰富的地方,通过"旅游+"的形式集中打造乡村旅游中心村和精品村,形成乡村旅游核心区,吸引周边产业要素集聚,并纵向延伸产业链条,通过向外辐射逐步形成点线面结合的乡村旅游多核心集聚发展格局。在此基础上,形成旅游各要素集聚、休闲度假康养为一体、产业文化融合、经济社会生态协调发展的旅游集聚区,实现乡村旅游质量和效益双丰收。

(二) 推动乡村旅游专业化发展

专业化发展是适应乡村旅游市场竞争，满足乡村旅游旅游者需求，提高乡村旅游质量和效益的重要举措。乡村旅游是一门专业。首先，乡村旅游景点的规划编制、功能分区布局，乡村旅游产品的策划、组织、开发、设计，都需要专业的人员。其次，乡村旅游企业经营也需要按照现代企业经营管理进行，需要专业化的企业管理、运营团队。再次，乡村旅游产品和服务的提供也离不开专业化的服务人员。因此，要提高乡村旅游规划开发水平，提高乡村旅游企业规划运营管理水平，提升乡村旅游产品和服务质量水平，推动乡村旅游提质上档，必然要推动乡村旅游专业化发展。当前，贵州乡村旅游主体小、散、弱以及乡村旅游产品质量不高的现状，急需推动乡村旅游专业化发展。

1. 推动乡村旅游开发管理专业化

积极引入专业规划和产品策划团队开展乡村旅游规划设计，加强乡村旅游科学规划管理，推动乡村旅游规划开发、产品设计专业化发展。加快推进乡村旅游经营管理专业化，推进乡村旅游景区（点）企业化运作，通过政府委托积极引导有实力和专业化的运营公司入驻经营乡村旅游。同时，以区域（既可是行政区域，如县、乡镇等，也可是乡村旅游区域）为中心，建立乡村旅游营销主体，设立乡村旅游营销专项资金，引导旅游企业参与地区乡村旅游营销，鼓励乡村旅游企业合作，整合地区乡村旅游力量开展精准化市场营销。利用智慧旅游建设，加快引进驴妈妈、携程等专业平台合作，提升目的地乡村旅游营销专业化程度。加快推进乡村旅游经营标准化工作，积极引导乡村旅游经营主体等级评定，提高乡村旅游经营管理层次。加强乡村旅游管理人才培养和引进，加强现有管理人员培训，提高乡村旅游经营管理者素质，提升乡村旅游经营管理水平。

2. 推动乡村旅游服务专业化

从产业类型上看，乡村旅游归属于现代服务业范畴。乡村旅游经营者和从业者的综合素质决定了乡村旅游产品和服务质量水平。以当地居民作为乡村旅游经营主体是贵州乡村旅游传播地方民俗文化、展现乡村特色的重要模式，同时也是贵州乡村旅游与其他类型旅游的最大区别之处。然而，随着乡村旅游的发展以及旅游者对乡村旅游要求的提高，这种作为乡村旅游发展初期的经营模式正逐渐失去吸引力，也不断失去竞争力，成为制约乡村旅游进一步发展和乡村旅游高质量发展的主要瓶颈。在没有经过系统培训的前提下，当地居民自身的知识和能力结构难以适应乡村旅游发展的需要，包括服务技能、服务意识等。鉴于此，原国家旅游局早在2015年就印发了《关于开展百村万人乡村旅游创客行动的通知》，目的就在于吸收更多高素质人才投身乡村旅游，推动乡村旅游产品和服务升级。当前，贵州要结合脱贫攻坚、乡村振兴等战略实施，加快推进乡村旅游从业人员素质提升，通过开展订单式培养、乡村旅游从业人员培训，提高从业人员服务技能，包括基本知识、礼仪规范、服务标准、职业道德、竞争意识等，打造乡村旅游服务专业团队，切实转变乡村旅游从业人员服务理念，提升乡村旅游整体服务水平。

四、从做大规模转向做优质量

新时代旅游消费市场不仅表现为数量和规模的快速增加，更表现为对质量的提升。近年来，贵州乡村旅游在规模和总量上取得了巨大突破，乡村旅游产品体系初步建立，乡村旅游设施、设备不断完善，乡村旅游整体素质不断提升，乡村旅游行业质量意识不断增强，乡村旅游产品和服务质量明显改善，游客满意度也稳步提升。但贵州乡村旅游产品和服务品质上短板依然明显，乡村旅游质量水平依然与市场需求存在较大差距，乡村旅游质量发展基础依然较为薄弱，乡村旅游质量管理体制不够健全，乡村旅游从业人员素质不高。作为现代服务业的组成部分，乡村旅游与满足人民群众美好生活追求密切相关，新时代人民日益增长的对高品质旅游产品的需要必然要求乡村旅游不断从做大规模转到做高质量、做优产品。

(一)优化乡村旅游产品功能结构

旅游活动分为基本层次、提高层次和专项层次,不同层次对应于不同的旅游产品类型,因此,从提升乡村旅游质量的角度看,优化乡村旅游产品结构主要在于推动乡村旅游产品从满足旅游者基本旅游活动需求向满足旅游者提高层次和专项层次发展,具体表现为乡村旅游在功能上从观光向度假、康养转变。针对当前贵州观光旅游作为乡村旅游主体,休闲产品、度假产品供给不足以及新兴业态和体验型产品缺乏的现状,贵州要注重从以下方面优化乡村旅游产品结构。

1. 大力发展高端品质乡村旅游产品

依托贵州乡村旅游优质资源,推动乡村旅游产品从满足吃住、观光、采摘等初级(基本)功能向休闲度假、康体养生等高级功能转变。具体包括:发挥贵州气候凉爽优势和低纬度、亚高原适宜四季旅游的组合优势,推进"乡村旅游+大健康""乡村旅游+新医药""乡村旅游+户外运动",大力发展乡村避暑休闲度假和健康养生度假旅游,打造乡村休闲度假胜地和健康养生养老基地,大力发展山地运动旅游,健全集健身运动、疗养保健、养生养老为一体的健康旅游产业链。推进"乡村旅游+大健康""乡村旅游+新医药""乡村旅游+民族医药"等养生度假乡村旅游产品。发挥民族医药优势,依托贵州中医药旅游资源,将医疗护理、健康体验、康复疗养与贵州多梯度山地运动、避暑纳凉气候条件相结合,深度开发健康乡村旅游、长寿养生乡村旅游和医药疗养乡村旅游等特色产品,积极发展中医药健康养生乡村旅游、中医药美容美体乡村旅游和中医药医疗等高端度假乡村旅游。开展野外拓展、滑雪、徒步骑行、户外露营、山地越野、攀岩探险、汽车拉力等山地户外体育旅游活动。针对贵州省民宿业尚处于初步发展时期,低端同质化特征明显问题,围绕提升民宿和客栈的舒适性、体验性,以旅游景区、各级乡村旅游示范镇、示范村寨为重点,推动民宿、乡村客栈提质发展。

2. 彰显乡村旅游产品特色

优化提升以多彩民俗文化为重点的文化产品,全力实施"乡村旅游+文化"行动,在乡村旅游资源中注入文化元素,推动乡村文化旅游融合发展,围绕特定主题规划具体线路,打造特色各异的乡村旅游产品系列。以"泉城五韵"乡村民族文化旅游度假区等为重点,出台推动乡村文化旅游发展的指导性意见,推动有条件的地区建设乡村文化旅游发展创新区,加快建成一批文化与旅游融合发展的文化产业示范基地。充分发掘长征文化、抗战文化等红色旅游资源,全方位提升和凸显"伟人足迹""长征之旅"和"抗战文化"三大红色旅游主题产品。依托文化遗产和古城、古镇、古村,大力发展乡村历史文化旅游。深入发掘贵州省丰富多彩的山地民族文化村寨和山地农耕文化元素,大力发展山地民族乡村旅游,着力打造全国山地乡村旅游示范区。创新山地民族乡村旅游业态,着力推进一批山地乡村旅游产业带和组团发展,积极支持各市州发挥山地乡村旅游优势和特色,加快发展山地少数民族文化型、山地古村古寨型、山地乡村文化景观型、城郊游憩型和山地休闲农业型等山地民族乡村旅游业态,因地制宜开发山地田园风光、山地特色村寨、山地民族美食餐饮、山地民俗活动、山地工艺特产等乡村旅游产品。挖掘乡村生态、民俗文化、古村古镇等特色资源,结合乡村旅游和旅游扶贫,采取政策扶持、集中培训等形式,引导农民群众发展具有浓郁地方特色的农村精品民宿;结合去库存、去产能,利用过剩的城市空置房产、废旧厂房、写字楼等,运用分享经济等模式,整合改造提升,打造成度假租赁酒店和城市精品民宿。民宿要满足消费者的个性化需要,如,家庭亲子型的民宿和客栈,要有儿童房,配置亲子活动区,并提供绘本、玩具、儿童车等亲子设施。商务型的民宿和客栈要提供打印机、复印机、扫描仪、胶囊咖啡机、挂烫机等等商旅人士常用设备。实现民宿和客栈原味的文化体验,田园乡野特色的休息环境,现代高端的卫浴条件,专业化的酒店服务。

(二)提升乡村旅游服务质量

乡村旅游作为现代服务业的重要组成部分,服务在乡村旅游产品供给中占据重要地位。乡村旅游服务质量是乡村旅游目的地综合竞争力的体现,是旅游者对乡村旅游目的地全部经历的系统性、全方位感知,是展现和宣传乡村旅游目的地历史文化、增强目的地吸引力的有效途径，成为影响旅游者满意度的重要组成部分。乡村旅游服务质量高低，既是乡村旅游产品质量高低的体现，也是乡村旅游目的地竞争水平高低的体现，其决定着乡村旅游目的地的未来发展和效益提升。针对目前贵州乡村旅游服务质量不高的问题，应从硬件条件和软件水平两个方面加以解决。

1. 提升乡村旅游基础配套设施条件

乡村旅游服务水平的提升要依托于一定的基础配套设施。针对贵州乡村旅游基础配套服务设施较为薄弱的现状，首先要加强乡村旅游基础配套设施建设，提升交通便捷度，加快实现交通干道间的无缝对接，重点打通景区连接高速公路的断头路、主要景区之间的连接线。以游客服务中心、旅游咨询中心、旅游便民服务等公共服务设施建设为重点，加快构建与国际接轨的乡村旅游公共服务体系，实现公共服务的便利化、专业化，全面提升全域化乡村旅游服务水平。大力推进旅游厕所革命，全面满足游客的如厕要求。在保持传统乡村风貌前提下加强乡村旅游地人居环境整治，加大垃圾处理、安全饮水、河塘沟渠清污等投入，为乡村旅游发展营造良好"三生"环境（生产、生活、生态环境）。其次要不断提升乡村旅游基础配套设施智能化水平，通过"旅游+科技"促进乡村旅游服务升级。充分利用大数据、云计算和互联网+等现代信息技术，统筹建设乡村旅游服务平台，加快建立健全贵州乡村旅游目的地管理系统，推进大数据在景区管理、乡村旅游、宾馆饭店、旅行社、旅游交通、旅游商品等领域的服务应用。如在乡村旅游景区（景区）设置虚拟情景展示、宣传，实现人机互动，让旅游者全方位体验乡村文化；引入解说机器人或二维码智能语音，向旅游者传递乡村旅游目的地文化和品牌内涵，提高游客体验感受，增强游客满意度。

2. 提升乡村旅游服务软实力

乡村旅游服务质量提升关键还是要归结于服务软实力提升。首先，加强乡村旅游人才培训。提高人力资源水平是推进贵州乡村旅游提质增效的重要途径，随着贵州乡村旅游"井喷式"发展，乡村旅游旅游人才匮乏的形势将更为迫切。大力发展旅游职业教育，大力支持县级职业学校办好旅游服务专业，扩大旅游技能人才培养规模。加大乡村旅游从业人员培训力度，通过培训解决旅游服务观念不强，旅游服务技能弱，旅游服务水平标准低，管理水平不高等问题，要针对旅游管理和服务质量中存在的"短板"和问题，结合本地的实际和特点，有针对性地组织开展培训。结合全省新时代学习大讲堂和各地讲习所，把农民培训与发展产业、传承文化等结合起来，重点开展餐饮服务、住宿服务、乡村旅游经营管理、乡土文化讲解、民族歌舞表演、民族乐器演奏、刺绣、蜡染、石雕、银饰制作、民族服装服饰、民族手工艺品制作、文化旅游商品制作、电子商务等特色实用技能培训。充分发挥各类培训机构的作用，大力开展基层旅游人才教育培训。结合脱贫攻坚和乡村振兴，整合部门资金，加强乡村旅游从业技术培训。其次，推进乡村旅游标准化实施。深入实施《贵州省标准化推进乡村旅游高质量发展工作方案》，加快完善和实施乡村旅游系列标准，推进乡村旅游规划、建设、经营、管理标准化和规范化。持续开展乡村旅游星级村寨、乡村旅游星级客栈、乡村旅游星级经营户质量等级认定工作，推动乡村旅游高效优质发展。再次，规范乡村旅游市场秩序。良好的市场秩序是彰显乡村旅游目的地形象，促进乡村旅游健康有序发展的重要保障。全面加强乡村旅游市场监管，严厉打击旅行社"零负团费"、购物店欺客宰客、导游诱导或强迫消费，以及"黑社黑导"等违规违法行为。加强监管体系和诚信体系建设，建立行政执法、社会监督、行业自律相结合的乡村旅游服务质量监管体系，发挥各级旅游行业协会的自律作用，逐步建立以游客评价为主的评价机制。实施好乡村旅游服务质量社会监督员制度，以"文明在行动·满意在贵州"为主题，特别是针对大排查梳理的重点问题，提升乡村旅游满意度。以乡村旅游安全风险防范为重点，以完善保险体系为保障，以健全乡村旅游应急救援体系为基础，针对乡村旅游的风险特征，实施"互联网+旅游安全"，加快完善乡村旅游公共安全设施，推动建立乡村旅游医疗与安全急救、乡村旅游危机管理与游客反应快速应变双重旅游救援系统，提高在乡村旅游经营中应对各种危机事件的信息传递和快速反应能力。完善乡村旅游公共安全应急预案与机制，加强应急救援队伍建设，完善乡村旅游保险保障体系，强化对乡村旅游景区的安全管理。

3. 加强监管体系和诚信体系建设

建立行政执法、社会监督、行业自律相结合的旅游服务质量监管体系，实施好旅游服务质量社会监督员制度，做好旅游服务质量监督管理和投诉处理工作，建立健全旅游投诉统一受理机制，综合运用法律、经济、舆论等各种手段加强对旅游经营的规制，拓展服务内容，构建秩序、安全、规范、优良的旅游经营、服务环境。以"文明在行动·满意在贵州"为主题，特别是针对大排查梳理的重点问题，通过培训解决旅游服务观念不强，旅游服务技能弱，旅游服务水平标准低，管理水平不高等问题，各县域要针对旅游管理和服务质量中存在的"短板"和问题，结合本地的实际和特点，有针对性地组织开展培训。加强乡村旅游市场联合监管，通过旅游、工商、卫生防疫等部门的协调行动，规范市场销售秩序，严厉打击强买强卖欺诈等行为。建立严格的市场准入制度和统一的乡村旅游市场交易规则，建立公平的市场竞争机制，同质同价，避免恶性竞争，为所有乡村旅游经营主体创造良好的市场生态。加大对乡村旅游经营监督管理处罚的力度，正确引导培育企业合理合法开拓经营，打击不良的销售行为和不合理的竞争。规范乡村旅游市场管理，以质量信誉为先，建立奖励和惩罚机制，动态梳理乡村旅游经营企业红黑名单，对乡村旅游经营主体进行公共信用综合评价。严格实施旅游市场黑名单管理办法，实施乡村旅游经营主体引领示范工程，建全乡村旅游经营主体诚信体系（名单），实施乡村旅游经营助推扣分制度，及时通报不诚信、违法违规经营企业名录；规范乡村旅游经营主体、乡村旅游从业人员行为，杜绝"强买、强卖"现象，实行强制明码标价，自由退货。建立完善行业自律性管理约束机制，营造公平竞争的市场环境，通过规范行业标准，开展行业自律，推进乡村旅游经营活动有序发展，提升游客消费满意度，加强对乡村旅游经营引导和规范服务，促进乡村市场更好、更快地发展。

第三节　推动乡村旅游发展政策优化

乡村旅游的提质增效离不开政府的有效引导。破解当前乡村旅游发展过程中的困境，需要在政策层面予以突破。鉴于乡村旅游的综合性特征，乡村旅游政策需要各部门的协同发力，同时要提高乡村旅游发展政策的精准度，以不断提升乡村旅游政策的效益。

一、从简单叠加转向协同发力

乡村旅游健康发展需要政府出台相应的政策进行引导和干预，同时新时代乡村旅游提质增效会面临诸多困难和障碍，不会通过乡村旅游自发实现。从国外乡村旅游发展实践来看，几乎所有国家和地区乡村旅游发展都是在一系列的政策干预下实现的，即便是发达的美国和欧洲也不例外。[1] 在国家相关政策基础上，贵州制定了相应的推动乡村旅游提质增效的相关政策，已经初步形成体系，其内容包含于经济社会发展、生态文明建设、相关产业发展、脱贫攻坚和乡村振兴等规划和政策文件中。新时代乡村旅游提质增效是在原来乡村旅游发展基础上的更高层次，因此，必然对乡村旅游政策干预提出更高要求。鉴于乡村旅游涉及的部门较多，乡村旅游政策干预内容涉及广泛，为最大化地发挥各项政策的效用，乡村旅游政策就应实行协同发力，实行"1+1≥2"的效果。

(一) 协调目标，增强引导力度

政府制定乡村旅游发展政策主要目标在于推动乡村旅游发展，实现经济、社会、生态效益。因此，要推进乡村旅游政策在目标功能协调，增强政

---

[1] 何景明. 西方国家乡村旅游发展：政策的维度 [J]. 西南民族大学学报（人文社科版），2010 (6)：205-208.

策在资源产品和开发方式上的引导力度。①

在目标功能上，贵州乡村旅游发展目前适用的政策所强调的目标导向，主要包括经济、社会和生态三类。在经济方面，主要表现为助力经济发展、增加农民收入、促进产业发展、产业结构调整等；在社会方面，主要表现为脱贫攻坚、就业创业、文化保护传承、丰富生活等；在生态方面，生态文明建设、生态保护等。其中，经济目标提及最多，生态目标提及较少。应增强乡村旅游政策目标的协同性，出台多元目标一体化的政策，才能有效推动新时代贵州乡村旅游提质增效。结合新时代社会主要矛盾和经济社会发展新态势，产业政策要突出乡村旅游在充分利用本地资源、盘活乡村闲置资产、带动相关产业发展以及完善和政策乡村产业链的功能；要强调乡村旅游在促进城乡统筹发展、推动乡村振兴、带动地区社会进步、推进健康中国以及保持文化多样性的功能；充分发挥乡村旅游在生态文明建设、促进人与自然和谐共生、促进绿色转型以及改善乡村环境等方面的积极作用。

在资源产品方面，以往的乡村旅游相关政策主要强调依托乡村多种多样的旅游资源，如生态优势、田园风光、乡村文化等，引导发展农业观光、农家乐、农业采摘、休闲农庄、传统村镇、农耕体验、森林旅游等产品。近期又提出发展养生养老、房车露营、休闲度假、精品民宿、创意农业等新产品，并鼓励打造旅游目的地和旅游线路。随着经济社会和旅游市场发展，为充分挖掘乡村资源，拓展乡村旅游发展产品有效供给，要进一步加大对农村资源多样化利用，把人与自然和谐生活方式、民俗风情、遗址遗迹、生物多样性、宽广的空间、清新的空气、宜人的气候等作为乡村旅游的特色和核心产品；加快推进文化和旅游融合发展，在良好的环境和自然景观的基础上，深度开发节庆活动、非遗产品，鼓励乡村资源与传统文化与城市时尚元素结合，开发面向亲子教育、中小型研学、老年康养市场的产品，不断丰富乡村

---

① 李玉新，吕群超. 乡村旅游产业政策演进与优化路径——基于国家层面政策文本分析［J］. 现代经济探讨. 2018（10）：118-124.

旅游产品谱系。

在发展方式方面，经历了从最初的乡村旅游与农业相结合的小范围融合，发展到现在鼓励的"旅游+"大旅游发展政策，积极鼓励乡村旅游多业融合。新时代贵州乡村旅游政策，要进一步加大引导发挥乡村旅游在经济社会发展、环境提升和全域旅游发展中的作用。引导具备乡村旅游发展条件的地方借助旅游发展，撬动城乡资源要素自由流动，促进农业绿色转型、人居环境改善和生态环境恢复；将乡村作为全域旅游实施的重要领域，推进农村地区发展与乡村旅游全面融合，借助特色小镇和田园综合体建设，推动城镇化、集群式和多产业结合的信息化、规模化发展，不断提升乡村旅游效益；引导多元利用主体合作，积极发展社区参与式乡村旅游，实现乡村内生性发展。

（二）提升部门政策的协调性

乡村旅游相关政策的出口部门涉及较多，部门政策之间的协调是最大化地提升政策效应、降低政策实施成本的有效途径。

提升旅游与农村农业"双推进"的政策协调性。按照"现代山地特色高效农业+山地旅游业"的发展理念，提出旅游脱贫攻坚和乡村振兴路线图、时间表和责任清单，推动山地乡村客栈、特色餐饮、文化展示、旅游商品加工等乡村旅游产业分工精准到村、到户、到人。引导各地创建全国旅游休闲示范区、旅游休闲示范乡村。

大力推进乡村旅游互联网+行动，实施乡村旅游电子商务工程，加强乡村旅游消费和体验线上线下联动，实现乡村旅游与金融服务、乡村旅游交通、物流配送等的衔接融合，优化完善覆盖全省范围的乡村旅游电子商务平台，充分利用大数据、云计算和互联网+等现代信息技术，由省旅游局牵头，联合"云上贵州"各云长单位、通讯运营商、互联网企业、科研院校等机构，统筹实施贵州旅游智慧旅游云服务平台。加快建立健全贵州乡村旅游目的地管理系统，推进大数据在景区管理、乡村旅游、宾馆饭店、旅行社、旅游交通、旅游商品等领域的服务应用。

提升乡村旅游商品与制造产业化的政策协调。整合贵州省乡村旅游商品与制造资源，结合举办"中国贵州·国际山地旅游大会"，举办贵州国际山地旅游商品与装备博览会。加强乡村旅游商品设计、生产和营销，建立贵州旅游商品研发中心，重点抓好10个规模化的山地旅游商品产业示范园区。实施山地旅游制造业培育工程，加快引进或合作开发先进山地旅游装备制造技术，重点开发生产一批体育运动装备、户外运动与野营设备、旅游房车、观光缆车和索道、高科技游乐设施和旅游保健防护用品等山地旅游产品，力争形成一批国内知名品牌。

提升乡村旅游建设与投融资政策的协调。研究制定省及市州财政金融支持乡村旅游发展的相关政策，加快完善各级各类旅游投融资平台，积极推动建立省级或市州级乡村旅游产业基金，支持按照PPP等模式推进乡村旅游基础设施和公共服务项目建设。切实贯彻落实国家对旅游企业的税收优惠政策，制定金融机构、债券市场支持乡村旅游企业发展的鼓励政策，积极支持有条件的旅游企业上市或发行企业债券，支持发展旅游项目资产证券化产品，将小微型旅游企业和乡村旅游纳入各级政府创业就业和贷款支持范围。实施差别化的旅游用地政策，适当增加乡村旅游建设项目用地指标，要将旅游建设项目用地分别纳入各地城镇和土地利用规划。

二、从大水漫灌转向精准滴灌

不可否认，上至中央、下至各县（市、区）都出台了一系列引导和支持乡村旅游发展的政策措施，有力地推动了贵州乡村旅游发展和转型升级，但同时也存在政策精准性不够，而导致政策效应不显著问题。新时代乡村旅游提质增效要求在原有发展基础上，进一步规范和优化乡村旅游发展，必然对政策措施效率要求更高，更需要提升乡村旅游政策安排的科学性、针对性和效应上发力，充分调动各方资源，提高乡村旅游政策的精准性。

（一）提高乡村旅游区域发展精准度

从区域层面看，贵州旅游经济发展在区域具有显著的差异性，既表现在旅游资源禀赋上，也体现在旅游经济发展水平和基础上，因此，旅游经济发展政策也应体现出一定的差异性。要提升旅游经济发展政策的精准度，采取分类指导的原则，差异化旅游经济发展评价、考核。按照现有旅游发展基础和发展条件，分层次制定旅游经济发展政策，对旅游发展起步较早、发展程度较高的县域（如旅游收入超过全省平均水平且旅游收入占GDP比重也超过全省平均水平的地区）制定高端化发展激励政策，对发展程度低但具备旅游发展条件的县域（如旅游收入低于全省平均水平且旅游收入占GDP比重也低于全省平均水平的地区）制定加快发展的激励政策，而对旅游发展条件不足或不适宜大规模发展旅游的县域采取有限开发的策略甚至实施不开发就是最好的开发策略。在旅游经济发展考核中，突出宜旅则旅，弱化旅游资源禀赋差、旅游发展条件差县域的旅游经济发展指标甚至取消旅游经济发展考核，而加大旅游发展比较优势明显县域经济评价中旅游经济发展的比重。在旅游发展激励政策上，针对不同县域旅游发展情况采取有差别的激励政策，如对旅游经济发展较好的县域只针对高层次旅游业态项目实施奖励，而非奖励所有旅游业态。

（二）提高乡村旅游政策内容精准度

新时代贵州乡村旅游提质增效需要强有力的政策支持和保障，要针对乡村旅游提质增效中的困难，围绕乡村旅游提质增效存在的问题，补齐政策支持保障短板。

一是增加支持方式，提升质量效益。首先要进一步加大乡村旅游基础设施支持力度，统筹考虑乡村旅游外部交通，采取多种形式的资金筹集方式，积极鼓励社会资本参与，并将统筹美丽乡村建设、人居环境改善、乡村公共服务设施、智慧乡村建设，加快乡村旅游服务体系建设。支持乡村资金使用方式创新，鼓励面向乡村旅游经营者（农户）发放小额贷款（低息免息），鼓励城市社区支持乡村旅游业，探索农村资源社会化融资，通过多元化资金筹集渠道破解乡村旅游发展资金难题。其次，加大技术和智力支持。新时代贵州乡村旅游提质增效的关键是优化乡村旅游结构，其重要途径是发展方式转变，实现要素驱动转向创新驱动。技术上研发适用于乡村旅游的环境保护和资源利用技术，探索高效的乡村旅游经营管理方法。在智力支持上，要完善乡村旅游发展的顶层设计，提高乡村旅游规划、布局、品牌化和组织化论证水平；结合乡村旅游经营主体培育和创新创业支持，加快乡村旅游经营管理人才培养，可采用院校合作、定向考察、集中培训和建立孵化器等方式；鼓励乡村旅游集聚发展地区，在大学村官和基层政府人员选拔上优先考虑乡村旅游相关专业；加大乡村旅游地区和企业对口帮扶力度。再次，加强乡村旅游营销和推广支持。建立完善乡村旅游区域网站、APP、公众号等宣传、咨询、预定、推广乡村旅游，支持大型电子商务平台、网络媒体开展乡村旅游营销，将乡村旅游线路纳入到区域旅游和城市旅游集散中心推介线路，对旅行社实施乡村旅游线路经营奖励。

二是补充规范手段，促进持续发展。首先要提升乡村旅游治理水平。关注乡村旅游利益分享，加强政府服务功能，推动乡村旅游部门管理向部门协同治理转变，提高乡村旅游治理水平，吸纳多元主体参与形成乡村旅游协会以及管委会，提高乡村旅游组织化水平，完善乡村旅游监管、控制乡村旅游负面影响。充分利用农业生产适度规模化发展的机遇，引导农民合作社进行乡村旅游产品经营开发，形成公共管理有序、经营水平提升、个人能力充分发挥的乡村旅游治理方式。其次，完善乡村旅游规范和监管内容。围绕乡村旅游合理开发、经营和服务行为规范、负面影响控制三个方面，进一步完善乡村旅游规范和监管。在现有法律法规基础上，加快细化导则、规范和标准，加强对乡村旅游开发的界限和范围管控，出台针对乡村旅游发展保护细则。完善乡村旅游经营管理制度规范，加强对扰乱市场秩序和危害旅游者利益的经验行为，通过认证制度、评价制度、许可制度等引导乡村旅游经营和服务质量提升，加强乡村旅游经营管理检查、督导。推行乡村旅游发展负面清单，降低乡村旅游在经济、社会、生态、文化方面的负面影响。再次，丰富精细化管控手段。采取多措并举，法律法规、监督检查、奖励惩罚、计划规划、标准规范等手段，政府、企业、社区居民、旅游者等共同参与，政府规制、行业自律、社会监督相结合的乡村旅游综合管控。对各地乡村旅游政策实施效果进行评估，推动政策绩效提升，及时修正和调整带来负面效果的政策和未达到预期效果的政策。

附 录

贵州省乡村旅游甲级村寨、精品级客栈及五星级经营户（农家乐）

序号	名　称	所在市州
全省乡村旅游甲级村寨		
1	开阳县水头寨	贵阳市
2	开阳县龙广村	贵阳市
3	桐梓县娄山关杉坪村	遵义市
4	播州区花茂村	遵义市
5	播州区苟坝村	遵义市
6	凤冈县临江村	遵义市
7	汇川区娄山关村	遵义市
8	汇川区松杉村	遵义市
9	务川县龙潭村	遵义市
10	务川县桃符村	遵义市
11	仁怀市蔺田农庄	遵义市
12	仁怀市神采八卦园	遵义市
13	仁怀市隆堡景区	遵义市

续表

序号	名　称	所在市州
14	仁怀市高大坪镇金山银水风景区	遵义市
15	仁怀市山水涧旅游服务有限公司	遵义市
16	仁怀市五马镇桂花苑	遵义市
17	湄潭县七彩部落	遵义市
18	凤冈县新建镇长碛古寨	遵义市
19	六枝特区落别乡牛角村	六盘水市
20	水城县百车河小镇	六盘水市
21	水城县玉舍镇海坪村	六盘水市
22	盘州市妥乐村	六盘水市
23	盘州市普古乡舍烹村	六盘水市
24	六枝特区落别乡落别村	六盘水市
25	平坝区天龙村	安顺市
26	西秀区碧波居委	安顺市
27	普定县秀水村	安顺市
28	镇宁县高荡村	安顺市
29	关岭县永宁镇中兴村	安顺市
30	平坝区小河湾村	安顺市
31	黔西县洪水镇解放村	毕节市
32	黔西县林泉镇海子村	毕节市
33	黔西县素朴镇灵博村	毕节市
34	大方县凤山乡店子村	毕节市

续表

序号	名　称	所在市州
35	大方县核桃乡木寨村	毕节市
36	赫章县兴发乡中营村	毕节市
37	七星关区碧海街道办事处沙锅寨社区	毕节市
38	金沙县柳塘镇金新村	毕节市
39	万山区高楼坪侗族黄家寨	铜仁市
40	万山区万山镇土坪	铜仁市
41	思南县长坝镇龙门村	铜仁市
42	江口县太平镇云舍村	铜仁市
43	雷山县西江村	黔东南州
44	雷山县郎德村	黔东南州
45	从江岜沙	黔东南州
46	岑巩县水尾镇马家寨村	黔东南州
47	黎平县肇兴镇肇兴侗寨（肇兴村）	黔东南州
48	从江县銮里村	黔东南州
49	榕江县平阳乡丹江村	黔东南州
50	龙里县坝上	黔南州
51	龙里县茶香村	黔南州
52	三都县高平苗族村	黔南州
53	三都县水各卯文化体验村	黔南州
54	平塘县京舟村	黔南州
55	都匀市总阳村	黔南州

附录 贵州省乡村旅游甲级村寨、精品级客栈及五星级经营户（农家乐）

续表

序号	名　称	所在市州
56	龙里县大岩村	黔南州
57	贵定县云雾镇东坪村长寿寨	黔南州
58	三都县都江镇人民政府怎雷村	黔南州
59	三都县冠山街道办大新村	黔南州
60	龙里县湾滩河镇孔雀寨	黔南州
61	龙里县洗马荷香高寨	黔南州
62	龙里县洗马镇平坡村	黔南州
63	龙里县龙山镇幸福村王寨	黔南州
64	龙里县谷脚镇观音村	黔南州
65	平塘县甲茶镇甲茶村	黔南州
66	贵安新区平寨	贵安新区
全省乡村旅游精品客栈		
1	花溪区青岩镇爱书山房文化客栈	贵阳市
2	花溪区青岩镇随园客栈	贵阳市
3	花溪区青岩镇寿福寺客栈	贵阳市
4	花溪区天河潭五彩黔艺酒店	贵阳市
5	花溪区青岩文凡状元别苑；	贵阳市
6	乌当区新堡乡枫叶谷水岸居客栈	贵阳市
7	开阳县河湾庄园	贵阳市
8	开阳县云山茶海	贵阳市
9	开阳县水调歌头	贵阳市

续表

序号	名　称	所在市州
10	修文县黔贵六广温泉度假酒店	贵阳市
11	花溪区黔梓行艺站	贵阳市
12	花溪区易居客栈	贵阳市
13	花溪区怡心别院客栈	贵阳市
14	花溪区观雨轩客栈	贵阳市
15	花溪区西城别院客栈	贵阳市
16	花溪区城南北苑客栈	贵阳市
17	绥阳县温泉镇双河客栈	遵义市
18	桐梓县娄山关街道办事处孔雀家园	遵义市
19	桐梓县马鬃乡红苗客栈	遵义市
20	播州区枫香苑	遵义市
21	习水县箐山森林人家	遵义市
22	习水县红运楼酒店系列客栈	遵义市
23	习水县月亮台客栈	遵义市
24	习水县土城圣地客栈	遵义市
25	习水县古滋客栈	遵义市
26	仁怀市茅台人家	遵义市
27	仁怀市茅台驿站	遵义市
28	仁怀市乡巴佬客栈	遵义市
29	仁怀市合马驿站	遵义市
30	绥阳县近仁阁	遵义市

续表

序号	名　称	所在市州
31	习水县春阳岗客栈	遵义市
32	习水县青瓦房客栈	遵义市
33	盘州市竹园溪	六盘水市
34	六枝特区国家老王山生态型多梯度高原训练示范基地	六盘水市
35	水城县江南别院	六盘水市
36	盘州市娘娘山温泉酒店	六盘水市
37	盘州市榕宿客栈	六盘水市
38	盘州市康养休闲园（客栈）	六盘水市
39	水城县彝心彝意民俗酒店（客栈）	六盘水市
40	开发区三合客栈/安顺北辰五州皇冠花园酒店	安顺市
41	赫章县彝海情深民族客栈	毕节市
42	赫章县彝人牧庄	毕节市
43	百里杜鹃米底河度假山庄	毕节市
44	黔西县乌骡坝有间客栈	毕节市
45	万山区朱砂古镇悬崖酒店	铜仁市
46	万山区九丰农业博览园小木屋	铜仁市
47	万山区印象牙溪	铜仁市
48	万山净山里旅社	铜仁市
49	雷山县西江苗寨循美	黔东南州
50	三穗县锦绣山庄	黔东南州
51	从江县高增驿馆	黔东南州

续表

序号	名　称	所在市州
52	镇远县两湖会馆	黔东南州
53	镇远县江南苑	黔东南州
54	镇远县李寻欢客栈	黔东南州
55	镇远县舞阳镇楚留香客栈	黔东南州
56	镇远县舞阳镇永福荣客栈	黔东南州
57	黎平县肇兴镇水岸肇兴主题酒店	黔东南州
58	黎平县肇兴镇侗赏艺术主题酒店	黔东南州
59	丹寨县龙泉镇尤公客栈	黔东南州
60	丹寨县龙泉镇青云山居社馆	黔东南州
61	丹寨县龙泉镇聚福临客栈馆	黔东南州
62	从江县銮里禾仓客栈	黔东南州
63	榕江县丹江学堂	黔东南州
64	榕江县星空客栈	黔东南州
65	福泉市黄丝江边度假酒店	黔南州
66	荔波县沐兰坊	黔南州
67	荔波石缘客栈	黔南州
68	独山县影山新贵屋顶花园酒店	黔南州
69	贵定县长桌宴山庄	黔南州
70	独山县翰林食府	黔南州
71	龙里县彩歌堂精品客栈	黔南州

续表

序号	名　称	所在市州
72	三都县麒麟山庄	黔南州
73	福泉市万三酒家	黔南州
74	贵定县有客宿宿	黔南州
75	荔波县山月客栈	黔南州
76	荔波含舍民宿	黔南州
77	龙里县九间房客栈	黔南州
78	龙里县云安娜度假酒店	黔南州
79	龙里县二十四度坞别院	黔南州
80	平塘县璞陶酒店	黔南州
81	贞丰县多彩忆境酒店	黔西南州
82	兴义市远方的家	黔西南州
83	兴义市隐山喜院	黔西南州
84	兴义市万峰林缘栖客栈	黔西南州
85	兴义市兜兰小筑客栈	黔西南州
86	兴义市万峰林悦景湾养生客栈	黔西南州
87	兴义市万峰林峰兮半山客栈	黔西南州
五星级经营户（农家乐）		
1	花溪区青岩镇翰林苑酒楼	贵阳市
2	乌当区偏坡布依族乡雅然居	贵阳市
3	乌当区偏坡布依族乡姊妹楼	贵阳市

续表

序号	名　称	所在市州
4	修文县四季农庄	贵阳市
5	花溪区唐门菜饮酒居客栈	贵阳市
6	花溪区半亩方塘客栈	贵阳市
7	开阳县百越酒家	贵阳市
8	乌当区偏坡乡馨香园	贵阳市
9	绥阳县凤凰度假村	遵义市
10	绥阳县公馆别院	遵义市
11	绥阳县暮阳驿站	遵义市
12	绥阳县家和农庄	遵义市
13	播州区顺然农场	遵义市
14	汇川区娄山古镇度假村	遵义市
15	务川县龙潭荷花山庄	遵义市
16	务川县龙潭仡寨山庄	遵义市
17	务川县栗园度假村	遵义市
18	仁怀市杨家大院	遵义市
19	仁怀市凤凰山庄食府	遵义市
20	仁怀市天水人家	遵义市
21	仁怀市隆堡山庄	遵义市
22	仁怀市新农村乐园	遵义市
23	仁怀市忆虾缘餐饮店	遵义市

续表

序号	名　称	所在市州
24	仁怀市酒仙洞山庄	遵义市
25	仁怀市苗家印象酒旅生态园	遵义市
26	仁怀市山畔居	遵义市
27	汇川区娄山关红色拓展园	遵义市
28	桐梓县楚米高山流水避暑山庄	遵义市
29	盘州市听涛轩	六盘水市
30	水城县海坪食常聚农家乐	六盘水市
31	水城县以朵桃源居生态农庄	六盘水市
32	六枝迥龙人家	六盘水市
33	六枝迎祥食府	六盘水市
34	盘州市坪地乡桂花生态园	六盘水市
35	钟山区双洞村月照河农家乐	六盘水市
36	水城县玉舍乡海坪风情街陈家大院	六盘水市
37	普定县秀水旅游资源开发有限公司	安顺市
38	普定县思源现代农业发展有限公司	安顺市
39	七星关区周驿度假休闲山庄	毕节市
40	威宁县花苑山庄	毕节市
41	雷山县西江侯家庄	黔东南州
42	黄平县旧州镇五洋生态园农庄	黔东南州
43	黄平县新州镇好家苑	黔东南州

续表

序号	名　称	所在市州
44	镇远县舞阳镇老桂花村	黔东南州
45	丹寨县龙泉镇侗嘎佬餐馆	黔东南州
46	从江县岜沙枪手农家乐	黔东南州
47	罗甸县黔腊坊生态农庄	黔南州
48	龙里县林芬农家乐食府	黔南州
49	平塘县夏黑子坛子鱼	黔南州
50	三都县重阳孟获休闲山庄	黔南州
51	龙里县聚龙堂肉饼鸡	黔南州
52	三都县桃溪谷田园游乐场	黔南州
53	三都县金洁农家乐	黔南州
54	平塘县紫竹苑山庄	黔南州
55	平塘县京舟三益农家乐	黔南州
56	龙里县富强生态饭庄	黔南州
57	龙里县欣欣农家乐	黔南州
58	龙里县观音塘坊赵文林农家乐	黔南州
59	龙里县半坡松岭山庄	黔南州
60	龙里县福源农家乐食府	黔南州
61	龙里县厉家庄香约人家食府	黔南州
62	龙里县我家农家乐食府	黔南州
63	龙里会仙楼餐饮店	黔南州

续表

序号	名　称	所在市州
64	龙里醉雅轩餐饮服务有限公司	黔南州
65	三都县风宿云舍	黔南州
66	龙里县涵舍民宿	黔南州
67	龙里县醉碟谷	黔南州
68	兴义市山翁青生态美食城	黔西南州
69	兴义市万峰第一家农家乐	黔西南州
70	兴义市良源农庄	黔西南州
71	兴义市吉华源山庄	黔西南州

注：资料来源于贵州省文化和旅游厅，数据截至2018年底。

参考文献

[1] Almeida António Manuel Martins, Correia Antónia, Pimpo Adriano. Segmentation by benefits sought: the case of rural tourism in Madeira [J]. Current Issues in Tourism, 2014, 17 (9): 813 - 831.

[2] Amy Reggers, Simone Grabowski, Stephen L Wearing, Paul Chatterton, Stephen Schweinsberg. Exploring outcomes of community - based tourism on the Kokoda Track, Papua New Guinea: a longitudinal study of participatory rural appraisal techniques [J]. Journal of Sustainable Tourism, 2016, 24 (8 - 9): 1 - 17.

[3] Briedenhann J, Wickens E. Tourism routes as a tool for the economic development of rural areas - vibrant hope or impossible dream? [J]. Tourism Management, 2004, 25 (1): 71 - 79.

[4] Byrd E. T, Bosley H. E, Dronberger M G. Comparisons of stakeholder perceptions of tourism impacts in rural eastern North Carolina [J]. Tourism Management, 2009, 30 (5): 693 - 703.

[5] Cawley M, Gillmor D. A. Integrated rural tourism: concepts and practice [J]. Annals of Tourism Research, 2008, 35 (2): 316 - 337.

[6] Deller S. Rural poverty, tourism and spatial heterogeneity [J]. Annals of Tourism Research, 2010, 37 (1): 180 - 205.

[7] Dickinson J. E, Robbins D. K. Representations of tourism transport

problems in a rural destination [J]. Tourism Management, 2008, 29 (6): 1110 – 1121.

[8] Embacher Hans. Marketing for agritourism in Austria: strategy and realisition in a highly developed tourist destination [J]. Journal of Sustainable Tourism, 1994, 2 (1 – 2): 61 – 76.

[9] Evans G. Contemporary Crafts as Souvenirs, Artifacts and functional goods and their role in local economic diversification and cultural development [M] // Souvenirs: The Material Culture of Tourism. 2019.

[10] Gartner W C. Rural tourism development in the USA [J]. International Journal of Tourism Research, 2004, 6 (3): 151 – 164.

[11] Gilbert D, Tung L. Public organizations and rural marketing planning in England and Wales. Tourism Management, 1990, 11 (2): 164 – 172.

[12] Hall D. Rural tourism development in southeastern Europe: transition and the search for sustainability [J]. 2004, 6 (3): 165 – 176.

[13] Higgins – Desbiolles F. The Hotel Bauen's challenge to cannibalizing capitalism [J]. Annals of Tourism Research, 2012, 39 (2): 620 – 640.

[14] Huang G. Q, Song H, Zhang X. A comparative analysis of quantity and price competitions in tourism supply chain networks for package holidays [J]. Service Industries Journal, 2010, 30 (10), 1593 – 1606.

[15] Hultman J, Hall C. M. Tourism place – making: Governance of Locality in Sweden [J]. Annals of Tourism Research, 2012, 39 (2): 547 – 570.

[16] Hwang D, Stewart W P, Ko D W. Community Behavior and Sustainable Rural Tourism Development [J]. Journal of Travel Research, 2012, 51 (3): 328 – 341.

[17] Jinzhong Y. Cultural involution: tourists, Balinese, and the process of modernization in an anthropological perspective [J]. Annals of Tourism Research, 1982, 9 (2): 337 – 343.

[18] Kelliher F, Reinl L, Johnson T. G, et al. The role of trust in building rural tourism micro firm network engagement: A multi-case study [J]. Tourism Management, 2018, 68 (5): 1-12.

[19] Komppula R, The role of individual entrepreneurs in the development of competitiveness for a rural tourism destination - A case study [J]. Tourism Management, 2014, 40 (1): 361-371.

[20] Lai P. H, Morrison-Saunders A., Grimstad S. Operating small tourism firms in rural destinations: A social representations approach to examining how small tourism firms cope with non-tourism induced changes [J]. Tourism Management, 2017, 58 (1): 164-174.

[21] Lane B. What is rural tourism? [J]. Journal of Sustainable Tourism, 1994, 2 (1): 7-21.

[22] Lengkeek, Jaap. A Thorn for Beauty: Tourism Involution as a Pitfall of Sustainability [J]. Loisir et Société / Society and Leisure, 1999, 22 (1): 83-98.

[23] Li P, Ryan C, Cave J. Chinese rural tourism development: Transition in the case of Qi Yunshan, Anhui 2008—2015 [J]. Tourism Management, 2016, 55 (4): 240-260.

[24] Liu A. Tourism in rural areas: Kedah, Malaysia [J]. Tourism Management, 2006, 27 (5): 878-889.

[25] Nielsen N C. Rural Tourism Development - Localism and Cultural Change [J]. Tourism Management, 2010, 31 (5): 693-695.

[26] Nunkoo R, Ramkissoon H. Residents´ satisfaction with community attributes and support for tourism. Journal of Hospitality and Tourism Research, 2011, 35 (2): 171-190.

[27] O'Halloran R M. Linking Urban and Rural Tourism: Strategies in Sustainability [J]. Annals of Tourism Research, 2018 (1): 75-76.

[28] Oppermann M. Rural tourism in southern Germany [J]. Annals of Tourism Research, 1996, 23 (1): 86-102.

[29] Park D. B, Lee K. W, Choi H. S., et al. Factors influencing social capital in rural tourism communities in South Korea [J]. Tourism Management, 2012, 33 (6): 1511-1520.

[30] Pforr C, Pechlaner H, Volgger M., et al. Overcoming the Limits to Change and Adapting to Future Challenges: Governing the Transformation of Destination Networks in Western Australia [J]. Journal of Travel Research, 2014, 53 (6): 760-777.

[31] Pongponrat K. Participatory management process in local tourism development: a case study on fisherman village on Samui Island, Thailand [J]. Asia Pacific Journal of Tourism Research, 2011, 16 (1): 57-73.

[32] Ramsey D, Malcolm C D. The importance of location and scale in rural and small town tourism product development: The case of the Canadian Fossil Discovery Centre, Manitoba, Canada [J]. Canadian Geographer, 2018, 62 (2): 250-265.

[33] Reid D G, Mair H, Taylor J. Community Participation in Rural Tourism Development [J]. World Leisure Journal, 2000, 42 (2): 20-27.

[34] Roots A, Macdonald M. Outcomes associated with nurse practitioners in collaborative practice with general practitioners in rural settings in Canada: a mixed methods study [J]. Human Resources for Health, 2014, 12 (1): 69.

[35] Salvatore R, Chiodo E, Fantini A. Tourism transition in peripheral rural areas: Theories, issues and strategies [J]. Annals of Tourism Research, 2018, 68 (1): 41-51.

[36] Sharpley R. Flagship Attractions and Sustainable Rural Tourism Development: The Case of the Alnwick Garden, England [J]. Journal of Sustainable Tourism, 2007, 15 (2): 125-143.

[37] Sharpley, Richard. Tourism and vulnerability: a case of pessimism? [J]. Tourism Recreation Research, 2012, 37 (3): 257-260.

[38] Shtudiner Z, Klein G, Zwilling M, et al. The value of souvenirs: Endowment effect and religion [J]. Annals of tourism research, 2019, 74 (1): 17-32.

[39] Smith V L. Hosts and guests: the anthropology of tourism [M]. Philadelphia: University of Pennsylvania Press, 1979.

[40] Streifeneder, Thomas. Agriculture first: assessing European policies and scientific typologies to define authentic agritourism and differentiate it from countryside tourism [J]. Tourism Management Perspectives, 2016 (20): 251-264.

[41] Tamara Gaji?, Mirjana Peni?, Vujko A, et al. Development perspectives of rural tourism policy – a comparative study of rural tourism competitiveness based on perceptions of tourism workers in Slovenia and Serbia [J]. Eastern European Countryside, 2019, 24 (1): 144-154.

[42] Vikneswaran Nair, Kashif Hussain. Conclusions: contemporary responsible rural tourism innovations [J]. Worldwide Hospitality and Tourism Themes, 2013, 5 (4): 412-416.

[43] Wang L. G, Yotsumoto Y. Conflict in tourism development in rural China [J]. Tourism Management, 2019, 70 (2): 188-200.

[44] Wang Y, Pfister R. E. Residents' attitudes toward tourism and perceived personal benefits in a rural community [J]. Journal of Travel Research, 2008, 47 (1): 84-93.

[45] William C. Gartner. Rural tourism development in the USA [J]. International Journal of Tourism Research, 2010, 6 (3): 151-164.

[46] Ying T, Zhou Y. Community, governments and external capitals in China's rural cultural tourism: a comparative study of two adjacent villages [J].

Tourism Management, 2007, 28 (1): 96-107.

[47] Zyl C. V. Tourism marketing: a game theory tool for application in arts festivals [J]. Tourism Economics, 2012, 18 (1): 43-57.

[48] 保继刚, 孙九霞. 社区参与旅游发展的中西差异 [J]. 地理学报, 2006, 61 (4): 401-413.

[49] 蔡克信, 杨红, 马作珍莫. 乡村旅游: 实现乡村振兴战略的一种路径选择 [J]. 农村经济, 2018 (9): 28-33.

[50] 陈丽军. 乡村旅游服务供给提质增效的路径选择 [J]. 商业经济研究, 2016 (11): 199-200.

[51] 陈藻. 幸福美丽新村建设和乡村旅游协调发展——基于成都市特色小 (城) 镇的调查 [J]. 社会科学家, 2018 (5): 86-92.

[52] 陈志永, 李乐京, 梁涛. 利益相关者理论视角下的乡村旅游发展模式研究——以贵州天龙屯堡"四位一体"的乡村旅游模式为例 [J]. 经济问题探索, 2008 (7): 106-114.

[53] 谌静. 乡村振兴战略背景下的乡村旅游发展研究 [M]. 北京: 新华出版社, 2020.

[54] 程丛喜, 段翔宇, 郑静, 等. 乡村振兴背景下湖北省乡村旅游产品提质增效研究 [J]. 武汉轻工大学学报, 2018, 37 (4): 80-84.

[55] 程瑞芳, 程钢海. 乡村振兴: 乡村旅游多元价值功能响应调整及开发路径 [J]. 河北经贸大学学报, 2019, 40 (6): 75-81.

[56] 程瑞芳, 程钢海. 乡村振兴: 乡村旅游多元价值功能响应调整及开发路径 [J]. 河北经贸大学学报, 2019, 40 (6): 75-81.

[57] 代则光, 洪名勇. 区参与乡村旅游利益相关者分析 [J]. 经济与管理, 2009, 23 (11): 27-32.

[58] 戴斌, 夏少颜. 论我国大众旅游发展阶段的运行特征与政策取向 [J]. 旅游学刊, 2009, 24 (12): 13-17.

[59] 邓小海, 曾亮. "农家乐" 应转型走向乡村旅游 [N]. 贵州日报,

2017-06-17 (6).

[60] 邓小海, 曾亮. "五转"新举措深度推进旅游扶贫 [N]. 贵州日报, 2019-04-10 (12).

[61] 邓小海, 曾亮. 构建多元发展模式 推动县域旅游经济发展 [N]. 贵州日报, 2018-07-24 (11).

[62] 邓小海, 曾亮. 凝聚"五力"加快推进乡村旅游发展 [N]. 贵州日报, 2019-08-07 (10).

[63] 邓小海, 方仁, 云建辉. 贵州民族文化旅游发展模式与实现路径新探 [J]. 贵州民族研究, 2017 (5): 173-176.

[64] 邓小海, 吴大华. 大力发展乡村旅游助推脱贫攻坚 [N]. 贵州日报, 2017-12-20 (06).

[65] 邓小海, 徐刚, 王红霞. 贵州生态文明建设与旅游发展互动探析 [J]. 2018 (10): 20-22.

[66] 邓小海, 云建辉. 小、精、特: 贵州山地旅游发展的现实选择 [J]. 贵州社会科学, 2017 (7): 162-168.

[67] 邓小海. "农家乐"向"乡村旅游"转变的内涵、标志和实现路径研究——以贵州为例 [J]. 生态经济评论, 2018 (7): 262-287.

[68] 丁晓楠. 城乡统筹视野下的乡村旅游发展研究 [J]. 农业经济, 2014 (12): 46-48.

[69] 杜江, 向萍. 关于乡村旅游可持续发展的思考 [J]. 旅游学刊, 1999 (1): 15-18, 73.

[70] 杜兴旭, 张小红, 邹林, 等. 娄山关下美如——桐梓县发展乡村旅游助推脱贫攻坚见闻故事 [N]. 贵州日报, 2019-08-16 (15).

[71] 杜宗斌, 苏勤. 乡村旅游的社区参与、居民旅游影响感知与社区归属感的关系研究——以浙江安吉乡村旅游地为例 [J]. 旅游学刊, 2011, 26 (11): 65-70.

[72] 樊忠涛. 基于创新视角的乡村旅游社区参与机制研究 [J]. 南方

农业学报, 2010, 41 (2): 194-196.

[73] 方亚丽. 江口"景区带村": 旅游扶贫富了一方群众 [EB/OL]. http://www.ddcpc.cn/cj/201810/t20181024_264292.shtml, 2020-03-28.

[74] 费巍. 历史文化名镇名村生态旅游开发利益相关者博弈行为研究 [J]. 生态经济, 2015, 31 (6): 143-146.

[75] 冯淑华, 沙润. 乡村旅游的乡村性测评模型——以江西婺源为例 [J]. 地理研究, 2007, 26 (3): 616-624.

[76] 付卉, 张竞, 陶淑芬. 乡村旅游可持续发展研究---以吉林省为例 [M]. 北京: 中国社会科学出版社, 2019.

[77] 高璐, 周全. 乡村旅游转型升级路径的实现 [J]. 安徽农业大学学报 (社会科学版), 2018, 27 (1): 7-11.

[78] 高翔. 多措并举激发农村旅游经济活力 [J]. 人民论坛, 2019 (8): 75-76.

[79] 高元衡. 阳朔乡村旅游发展中各方利益分配问题研究 [J]. 桂林旅游高等专科学校学报, 2004, 15 (6): 59.

[80] 古红梅. 乡村旅游发展与构建农村居民利益分享机制研究——以北京市海淀区西北部地区旅游业发展为例 [J]. 旅游学刊, 2012, 27 (1): 26-30.

[81] 贵阳机场连续9天单日旅客吞吐量突破6万 [EB/OL]. http://www.Gz.chinanews.com/content/2018/03-06/80628.shtml, 2019-07-20.

[82] 贵州民宿行业发展迅速 民宿数量居全国19名 [EB/OL]. http://travel.gog.cn/system/2018/06/07/016627955.shtml, 2020-05-04.

[83] 贵州年鉴编辑部. 贵州年鉴 (2018) [M]. 贵阳:《贵州年鉴》编辑部出版, 2018.

[84] 贵州省地方志编委会. 贵州减贫志 [M]. 北京: 方志出版

社，2016.

[85] 贵州省地方志编纂委员会. 贵州省志·民族志（上册）[M]. 贵阳：贵州民族出版社，1999

[86] 贵州省多举措推动绿色交通发展[EB/OL]. http://www.guizhou.gov.cn/xwdt/gzyw/201806/t20180615_1351096.html，2020-06-09.

[87] 贵州省旅游发展委员会，清研灵智信息咨询（北京）有限公司. 贵州省游客花费及满意度报告（2018年1-12月）[R]，2018。

[88] 贵州省旅游发展委员会，中国（深圳）综合开发研究院. 贵州省旅游发展白皮书——开启中国山地旅游的新时代[R]，2017.

[89] 贵州省旅游局. 贵州旅游供给侧结构性改革研究报告[R]，2016.

[90] 贵州省全面小康建设工作领导小组办公室. 2016年度全省县域经济运行情况监测分析报告（贵康办字〔2017〕6号）[R]，2017.

[91] 贵州省统计局，国家统计局贵州调查总队. 2020年领导干部手册，2020.

[92] 贵州省统计局国家统计局贵州调查总队. 2018年贵州省国民经济和社会发展统计公报[EB/OL]. http://www.guizhou.gov.cn/zfsj/tjgb/201904/t20190409_2380522.html，2019-7-29.

[93] 贵州省统计局，国家统计局贵州调查总队. 贵州统计年鉴2017[M]. 北京：中国统计出版社，2018.

[94] 贵州省统计局，国家统计局贵州调查总队. 贵州统计年鉴2018[M]. 北京：中国统计出版社，2019.

[95] 贵州省文化和旅游厅，贵州省社会科学院. 2018年贵州省旅游产业发展报告[R]. 2019.

[96] 贵州省文化和旅游厅. 2018年度文化和旅游相关数据手册，2019.

[97] 贵州首条全年直飞洲际航线开航，贵阳9小时飞抵莫斯科[EB/OL]. http://www.Ccaonline.cn/news/hot/418479.html，2020-03-21.

[98] 贵州数字经济人才、文化旅游人才、卫生健康人才发展白皮书(2019)"出炉"[EB/OL]. http：//dsjw. Guiyang. gov. cn/c9538/20190422/i2127709. html, 2019-4-30.

[99] 郭焕成. 休闲农业理论与案例实践[M]. 北京：中国建筑工业出版社, 2010.

[100] 郭景福, 赵奥. 民族地区乡村旅游助力乡村振兴的制度与路径[J]. 社会科学家, 2019 (4)：87-91.

[101] 郭文. 乡村居民参与旅游开发的轮流制模式及社区增权效能研究——云南香格里拉雨崩社区个案[J]. 旅游学刊, 2010, 25 (3)：76-83.

[102] 郭晓鸣, 张克俊, 虞洪, 等. 实施乡村振兴战略的系统认识与道路选择[J]. 农村经济, 2018 (1)：11-20.

[103] 国家发展改革委与文化和旅游部. 全国乡村旅游发展典型案例汇编[M]. 中国旅游出版社, 2019.

[104] 国家旅游局：旅游将带动1200万人脱贫[EB/OL]. http：//www. xinhuanet. com/travel/2015-07/15/c_128021646. htm, 2020-2-20.

[105] 合理利用民族文化遗产 走出乡村旅游发展新模式——贵州省黔东南州西江千户苗寨[EB/OL]. https：//www. Baidu. com/link?url=h6vv9_LnIozb RZowerQeyu6nci0iodKWVwYQqUNZ3Juq3bvKtY5uawO0k8xyirj5ei2iy5 WQ3v5RCBymxonOcM0xZY4n7kh4Wk54l4bNpAV PlliffF7 DVuDqaRzcin0gP&wd=&eqid=c45a6e37000f8b2c000000065edef2ee, 2020-05-19.

[106] 何成军, 李晓琴, 曾诚. 乡村振兴战略下美丽乡村建设与乡村旅游耦合发展机制研究[J]. 四川师范大学学报（社会科学版）, 2019, 46 (2)：101-109.

[107] 何景明, 李立华. 关于"乡村旅游"概念的探讨[J]. 西南大学学报（社会科学版）, 2002, 28 (5)：125-128

[108] 何景明. 旅游扶贫的理论及其实践发展——来自贵州的案例

[M]. 北京经济科学出版社, 2016.

[109] 何景明. 西方国家乡村旅游发展: 政策的维度 [J]. 西南民族大学学报 (人文社科版), 2010 (6): 205-208.

[110] 何景明. 乡村旅游发展及其影响研究 [M]. 北京知识产权出版社, 2013.

[111] 何丽芳. 乡村旅游与传统文化 [M]. 北京: 地震出版社, 2006.

[112] 何学欢, 胡东滨, 马北玲, 粟路军. 旅游地社会责任对居民生活质量的影响机制 [J]. 经济地理, 2017, 37 (8): 207-215.

[113] 贺雪峰. 公私观念与农民行动的逻辑 [J] 广东社会科学, 2006 (1): 153-158.

[114] 洪毅. 民族地区旅游商品创新开发研究 [J]. 中南民族大学学报 (人文社会科学版), 2015 (7): 44-47.

[115] 侯兵, 黄震方, 陈肖静等. 文化旅游区域协同发展的空间认知分异——以南京都市圈为例 [J]. 旅游学刊, 2013, 28 (2): 102-110.

[116] 胡敏. 我国乡村旅游专业合作组织的发展和转型——兼论乡村旅游发展模式的升级 [J]. 旅游学刊, 2009, 24 (2): 70-74.

[117] 胡文海. 基于利益相关者的乡村旅游开发研究——以安徽省池州市为例 [J]. 农业经济问题, 2008 (7): 82-86.

[118] 黄承伟. 深化精准扶贫的路径选择——学习贯彻习近平总书记近期关于脱贫攻坚的重要论述 [J]. 南京农业大学学报 (社会科学版), 2017, 17 (4): 2-8.

[119] 季胜武. 供给侧结构性改革: 乡村旅游提质增效的科学路径路径——以浙江省仙居县为例 [J]. 上海农业经济, 2017 (11): 26-30.

[120] 建明. 文化铸魂: 乡村旅游供给侧结构性改革探究 [J]. 经济问题, 2017 (6): 98-102.

[121] 金辉. 财政部财科所所长贾康: 未来改革应从供给侧入手 [N]. 经济参考报, 2013-10-10 (08).

[122] 金颖若,周玲强. 东西部比较视野下的乡村旅游发展研究 [M]. 北京:中国社会科学出版社,2011.

[123] 李创新. 美丽乡村:乡村旅游2.0与美丽中国战略的关键 [J]. 旅游学刊,2016,31 (10):3-5.

[124] 李德明,程久苗. 乡村旅游与农村经济互动持续发展模式与对策探析 [J]. 人文地理,2005 (03):84-87.

[125] 李金早. 2018年全国旅游工作报告 [EB/OL]. http://travel. china. com. cn/txt/2018-01/09/content_ 50205965. htm,2019-5-30.

[126] 李静. 文化创意产业与乡村旅游产业的融合发展研究 [J]. 管理世界,2017 (6):182-183.

[127] 李军. 新时代乡村旅游研究 [M]. 成都:四川人民出版社,2018.

[128] 李岚. 乡村旅游与农村生态环境良性互动机制的构建 [J]. 农业经济,2013 (4):51-52.

[129] 李鹏,杨桂华. 社区参与旅游发展中公平与效率问题研究:以云南梅里雪山雨崩藏族村为例 [J]. 林业经济,2010 (8):120-124.

[130] 李小云,徐进,于乐荣. 中国减贫四十年:基于历史与社会学的尝试性解释 [J]. 社会学研究,2018,33 (6):35-61.

[131] 李旭,董文偲. 贵州地域"乡村旅游"新型旅游模式研究 [J]. 中外企业家,2019 (14):234-236..

[132] 李阳波. 中国乡村旅游发展指数报告:去年乡村旅游人次达13.6亿 [EB/OL]. http://mini. Eastday. com/a/161-105105508693. html,2018-09-06.

[133] 李莺莉,王灿. 新型城镇下我国乡村旅游的生态化转型探讨 [J]. 农业经济问题,2015 (6):29-35.

[134] 李玉新,吕群超. 乡村旅游产业政策演进与优化路径——基于国家层面政策文本分析 [J]. 现代经济探讨. 2018 (10):118-124.

[135] 李玉新. 农村生态文明建设与乡村旅游发展的协同研究 [M]. 北京：中国旅游出版社, 2016.

[136] 李志龙. 乡村振兴-乡村旅游系统耦合机制与协调发展研究——以湖南凤凰县为例 [J]. 地理研究, 2019, 38（3）：187-198.

[137] 立体交通畅达八方 "高速平原"渐行渐近 [N]. 贵州日报, 2019-01-04（04）.

[138] 荔波县统计局. 2018 年荔波县国民经济和社会发展统计公报 [EB/OL]. http：//www. Libo. Gov. cn/zwgk/xxgkml/tjxx_67118/tjgb/201906/t20190627_3447980. html, 2019-7-31.

[139] 梁田. 美国农业旅游立法对我国"乡村振兴"法治建设的启示 [J]. 财经科学, 2019（2）：119-132.

[140] 刘德谦. 关于乡村旅游、农业旅游与民俗旅游的几点辨析 [J]. 旅游学刊, 2006, 21（3）：12-19.

[141] 刘家明. 创建全域旅游的背景、误区与抓手 [J]. 旅游学刊, 2016, 31（12）：7-9.

[142] 刘洁卉, 郭凯. 乡村旅游转型升级的政策与机制研究 [J]. 农业经济, 2019（4）：54-55.

[143] 刘静艳, 李玲. 公平感知视角下居民支持旅游可持续发展的影响因素分析——以喀纳斯图瓦村落为例 [J]. 旅游科学, 2016, 30（04）：1-13.

[144] 刘鲁, 孙佼佼, 王臻真. 新时代中国旅游发展战略——2018《旅游学刊》中国旅游研究年会会议综述 [J]. 旅游学刊, 2018, 33（11）：152-156.

[145] 刘曙霞. 乡村旅游创新发展研究 [M]. 北京：中国经济出版社, 2017.

[146] 刘玉堂, 高睿霞. 文旅融合视域下乡村旅游核心竞争力研究 [J]. 理论月刊, 2020（1）：92-100.

[147] 龙平江. 截至2018年底，全省公总里程达到19.7万公里，是1978年的6.4倍 [EB/OL]. http：//news. gog. cn/system/2018/12/26/017015572. shtml, 2020 - 05 - 24.

[148] 娄伦权. 贵州桐梓：乡村旅游助增收 [N]. 光明日报, 2019 - 09 - 01 (05).

[149] 卢凯翔, 保继刚. 旅游商品的概念辨析与研究框架 [J]. 旅游学刊, 2017, 32 (5): 116 - 126.

[150] 陆林, 任以胜, 朱道才, 等. 乡村旅游引导乡村振兴的研究框架与展望 [J]. 地理研究, 2019, 38 (1): 102 - 118.

[151] 陆婷婷, 蔡建刚, 谢珊. 对"旅游商品产业集群"的若干质疑——兼谈张家界旅游商品产业的发展思路 [J]. 资源市场与开发, 2015, 31 (9): 1146 - 1148.

[152] 罗必良. 明确发展思路, 实施乡村振兴战略 [J]. 南方经济, 2017 (10): 8 - 11.

[153] 罗成华, 刘安全. 武陵山区乡村旅游公共服务供给困境及其破解 [J]. 贵州社会科学, 2019 (10): 85 - 91.

[154] 罗东霞, 石美玉, 杨哲. 政府推进视角下旅游商品特色品牌建设研究 [J]. 吉首大学学报（社会科学版）, 2017 (S1): 55 - 59.

[155] 罗永常. 民族村寨旅游景区转型升级的几点思考——以贵州雷山西江苗寨为例 [J]. 原生态民族文化学刊, 2016 (2): 103 - 107.

[156] 吕家宝, 马娅梅, 肖乐. 服务价值链视角下乡村旅游高质量发展研究 [J]. 安徽农业科学, 2019, 47 (15): 116 - 118, 147.

[157] 马波, 徐福英. 中国旅游业转型升级的理论阐述与实践推进——青岛大学博士生导师马波教授访谈 [J]. 社会科学家, 2012 (6): 3 - 7.

[158] 马波. 开发关中地区乡村旅游业的构想 [J]. 国土开发与整治, 1995, 5 (2): 59 - 64.

[159] 马波. 中国旅游业转型发展的若干重要问题 [J]. 旅游学刊,

2007, 22 (12): 12-17.

[160] 马道明, 陈子晗. 外包制乡村旅游"公地悲剧"的产生机制及调控路径——基于安徽黟县N村的调查 [J]. 河海大学学报 (哲学社会科学版), 2016, 18 (5): 60-65.

[161] 马建云. "乡村旅游+文化创意"产业融合发展的发力点 [J]. 人民论坛, 2019 (16): 138-139.

[162] 毛安然. 赋权与认同: 乡村振兴背景下乡村价值激活农民主体性的路径 [J]. 华东理工大学学报 (社会科学版), 2019, 34 (2): 60-69.

[163] 毛峰. 旅游新时代背景下的乡村旅游转型与发展对策 [J]. 农业经济, 2016 (11): 27-29.

[164] 牛海桢, 高燕, 雷金瑞. 甘肃省乡村旅游发展论纲 [J]. 甘肃联合大学学报 (社会科学版), 2010, 26 (4): 65-70.

[165] 牛海桢, 高燕, 雷金瑞. 甘肃省乡村旅游发展论纲 [J]. 甘肃联合大学学报 (社会科学版), 2010, 26 (4): 65-70.

[166] 庞艳华. 河南省乡村旅游与乡村振兴耦合关联分析 [J]. 中国农业资源与区划, 2019, 40 (11): 315-320.

[167] 山地旅游是贵州旅游发展的"靠山"专访贵州省旅游局局长李三旗 [N]. 贵州都市报, 2015-12-25 (B02).

[168] 生肖红. 2018年全省民航旅客吞吐量再创新高 [N]. 贵州都市报, 2019-01-16 (A03).

[169] 史玉丁, 李建军. 乡村旅游多功能发展与农村可持续生计协同研究 [J]. 旅游学刊, 2018, 33 (2): 15-26.

[170] 舒伯阳, 马静. 中国乡村旅游政策体系的演进历程及趋势研究——基于30年数据的实证分析 [J]. 农业经济问题, 2019 (11): 94-107.

[171] 宋博, 郑向敏. 论乡村旅游产业集聚化发展 [J]. 浙江旅游职业学院学报, 2009 (1): 31-35.

[172] 宋慧娟, 陈明. 乡村振兴战略背景下乡村旅游提质增效路径探析

[J]. 经济体制改革, 2018 (6): 76-81.

[173] 唐德荣. 乡村旅游开发与管理 [M]. 北京: 中国农业出版社, 2011.

[174] 唐任伍, 徐道明. 新时代高质量旅游发展的动力和路径 [J]. 旅游学刊, 2018, 33 (10): 11-13.

[175] 田里, 陈永涛. 旅游产业转型升级研究进展 [J]. 资源开发与市场, 2017 (10): 1265-1270.

[176] 万融. 商品学概论（第五版）[M]. 北京: 人民大学出版社, 2013.

[177] 汪星星, 陈丽丹. 新时代背景下乡村旅游提质增效升级路径研究——以始兴县为例 [J]. 现代农业科技, 2018 (2): 201-203.

[178] 汪宇明. 推进城乡统筹 提升乡村旅游发展质量 [J]. 旅游学刊, 2011 (10): 6-8.

[179] 王兵, 罗振鹏, 郝四平. 对北京郊区乡村旅游发展现状的调查研究 [J]. 旅游学刊, 2006 (10): 63-69.

[180] 王兵. 从中外乡村旅游的现状对比看我国乡村旅游的未来 [J]. 旅游学刊, 1999 (2): 38-43, 79.

[181] 王昌森, 张震, 董文静, 等. 乡村振兴战略下美丽乡村建设与乡村旅游发展的耦合研究 [J]. 统计与决策, 2019 (13): 97-100.

[182] 王超. 贵州旅游商品开发路径的研究 [J]. 四川旅游学院学报, 2016 (3): 83-87.

[183] 王晨光. 集体化乡村旅游发展模式对乡村振兴战略的影响与启示 [J]. 山东社会科学, 2018 (5): 34-42.

[184] 王春光. 贵州省脱贫攻坚及可持续发展研究 [J]. 贵州民族大学学报（哲学社会科学版）, 2018 (6): 44-61.

[185] 王纯阳, 黄福才. 村落遗产地利益相关者界定与分类的实证研究——以开平碉楼与村落为例 [J]. 旅游学刊, 2012, 27 (8): 88-94

[186] 王莉琴, 胡永飞. 乡村振兴战略下休闲农业与乡村旅游高质量发展研究 [J]. 农业经济, 2020 (4): 57-58.

[187] 王龙. 新形势下贵州乡村旅游转型升级研究 [J]. 旅游纵览 (下半月), 2018 (9): 158-159.

[188] 王兴斌. 关于现代旅游业若干特征的探讨 [N]. 中国旅游报, 2007-5-16 (13).

[189] 王雪峰. 遵义湄潭: 用好"旅游+"发力乡村游 振兴底气足 [EB/OL]. http://travel.gog.cn/system/2020/04/11/017578896.shtml, 2020-05-25.

[190] 王野. 乡村旅游产业化之路怎么走 [J]. 人民论坛, 2018 (6): 96-97.

[191] 王涌涛. 生态文明建设视域下我国乡村旅游的生态化转型 [J]. 农业经济, 2016 (6): 43-45.

[192] 温友志. 黔东南州: "西江模式"开辟乡村旅游有效助推脱贫攻坚 [EB/OL]. http://travel.gog.cn/system/2018/07/13/016696551.shtml, 2020-03-04.

[193] 文永辉. 论贵州民族特色旅游商品的商标权保护 [J]. 贵州社会科学, 2013 (6): 160-162.

[194] 吴必虎, 伍佳. 中国乡村旅游发展产业升级问题 [J]. 旅游科学, 2007 (3): 11-13.

[195] 吴必虎. 基于城乡社会交换的第二住宅制度与乡村旅游发展 [J]. 旅游学刊, 2017, 32 (7): 6-9.

[196] 吴红梅, 张香菊, 费广玉, 等. 乡村旅游供给侧改革经验探索——以贵州M村为例 [J]. 成都工业学院学报, 2018 (3): 104-108.

[197] 吴学成, 李江风, 蒋琴, 等. 游客购买旅游商品的影响因素与旅游动机的关联度研究——以黔东南民族村寨旅游商品市场为例 [J]. 生态经济, 2013 (12): 134-138.

[198] 吴亚平. 乡村旅游区域精准与区域协作问题实证分析——以安顺屯堡文化旅游圈为例 [J]. 贵州师范学院学报, 2011, 27 (9): 39-42.

[199] 向富华. 乡村旅游开发: 城镇化背景下"乡村振兴"的战略选择 [J]. 旅游学刊, 2018, 33 (7): 19-20.

[200] 谢彦君. 呵护"姆庇之家", 重塑乡村旅游可持续发展新理念 [J]. 旅游学刊, 2017, 32 (1): 8-10.

[201] 徐福英, 刘涛. 产业融合视域下乡村旅游产品创新路径: 价值链的解构与重构 [J]. 社会科学家, 2018 (4): 106-111.

[202] 徐虹, 李瑾, 李永森, 等. 双创环境下京津冀休闲农业与乡村旅游可持续发展研究 [M]. 北京: 中国旅游出版社, 2018.

[203] 徐虹, 王彩彩. 新时代下的乡村旅游研究再思考 [J]. 旅游导刊, 2018, 2 (3): 20-40.

[204] 徐金海, 王俊. "互联网+"时代的旅游产业融合研究 [J]. 财经问题研究, 2016, 37 (3): 123-129.

[205] 徐晓军, 张楠楠. 乡村振兴与脱贫攻坚的对接: 逻辑转换与实践路径 [J]. 湖北民族学院学报 (哲学社会科学版), 2019 (6): 101-108.

[206] 杨阿莉. 从产业融合视角认识乡村旅游的优化升级 [J]. 旅游学刊, 2011 (4): 9-11.

[207] 杨桂华, 冯艳滨. 乡村旅游精准扶贫要"管好"入驻企业 [J]. 人民论坛, 2019 (23): 72-73.

[208] 杨美霞. 乡村旅游开发的现实困境、不足及其化解 [J]. 社会科学家, 2019 (1): 76-80.

[209] 杨美霞. 新时代乡村旅游转型升级的路径分析 [J]. 安徽农业科学, 2019, 47 (9): 143-145.

[210] 杨学儒, 李浩铭. 乡村旅游企业社区参与和环境行为——粤皖两省家庭农家乐创业者的实证研究 [J]. 南开管理评论, 2019 (1): 76-86.

[211] 杨振之. 城乡统筹下农业产业与乡村旅游的融合发展杨振之

[J]. 旅游学刊, 2011, 26 (10): 10-11.

[212] 姚旻, 郑时友, 孟现睇. 贵州省乡村旅游发展水平评价与高质量发展对策——基于主成分分析法的研究 [J]. 贵阳学院学报 (自然科学版), 2019 (3): 30-36.

[213] 叶兴庆. 新时代中国乡村振兴战略论纲 [J]. 改革, 2018 (1): 65-73.

[214] 银元, 李晓琴. 乡村振兴战略背景下乡村旅游的发展逻辑与路径选择 [J]. 国家行政学院学报, 2018 (5): 182-186.

[215] 尤海涛, 马波, 陈磊. 乡村旅游的本质回归: 乡村性的认知与保护 [J]. 中国人口·资源与环境, 2012 (9): 160-164.

[216] 于法稳. 新时代乡村旅游发展的再思考 [J]. 环境保护, 2019, 47 (2): 16-20.

[217] 于秋阳, 冯学钢. 文化创意助推新时代乡村旅游转型升级之路 [J]. 旅游学刊, 2018, 33 (7): 3-5.

[218] 张碧星. 促进乡村旅游高质量发展 [J]. 人民论坛, 2018 (32): 82-83.

[219] 张恒.《西江模式: 西江千户苗寨景区十年发展报告 (2008—2018)》显示西江苗寨游客数量十年增长近十倍 [N]. 贵州民族报, 2018-06-22 (A1).

[220] 张金岭, 宋军令, 王海. 新乡建与乡村旅游——乡村振兴战略下乡村旅游发展的理念和路径创新研究 [M]. 北京: 中国旅游出版社, 2019.

[221] 张娟, 张晓松. 贵州民族手工艺旅游商品品牌建设与产业化发展研究 [J]. 贵阳学院学报 (自然科学版), 2014 (1): 1-5.

[222] 张强, 张怀超, 刘占芳. 乡村振兴: 从衰落走向复兴的战略选择 [J]. 经济与管理, 2018 (1): 6-10.

[223] 张若阳, 付萧萧, 章牧, 等. 乡村旅游非正规就业居民的社会排斥感知研究——以珠玑古巷为例 [J]. 旅游学刊, 2019, 34 (5): 29-39.

[224] 张树民. 中国乡村旅游发展模式与政策保障研究 [M]. 北京: 中国旅游出版社, 2014.

[225] 张薇, 秦兆祥. 以互联网+乡村旅游为抓手推动农村产业升级的思考 [J]. 农业经济, 2018 (11): 29-30.

[226] 张文祥. 阳朔乡村旅游国内外游客需求分析的启示 [J]. 旅游学刊, 2006, 21 (4): 11-12.

[227] 张香菊. 贵州乡村旅游供给侧结构性改革的全域化路径 [J]. 贵州师范学院学报, 2016 (11): 69-74.

[228] 张旭想. 浅析新时代我国乡村旅游短板及品质提升路径 [J]. 农业经济, 2019 (6): 49-50.

[229] 张众. 乡村旅游与乡村振兴战略关联性研究 [J]. 山东社会科学, 2020 (1): 134-139.

[230] 赵华. 提升乡村旅游品质 助力乡村振兴战略 [J]. 人民论坛, 2018 (25): 82-83.

[231] 赵静, 李树民. 乡村旅游地农家乐经营者旅游影响感知研究——以陕西省袁家村为例 [J]. 云南民族大学学报（哲学社会科学版）, 2018, 35 (3): 97-106.

[232] 赵兴国, 张东强. 特色小镇乡村旅游资源的深度开发——施甸摆椰金布朗风情小镇的实证研究 [J]. 中国农业资源与区划, 2018, 39 (10): 164-170.

[233] 浙江省旅游发展研究中心. 乡村旅游的吉安模式——两山理论的实践与创新, 北京: 中国旅游出版社, 2017.

[234] 郑瑞芳. 新常态下北京经济提质增效升级指标体系研究 [J]. 调研世界, 2016 (6): 57-61.

[235] 郑耀星, 刘国平, 张菲菲. 基于生态文明视角对福建乡村旅游转型升级的思考 [J]. 广东农业科学, 2013 (7): 211-214.

[236] 钟明秀, 文叶. "美丽经济" 激活旅游扶贫——我省乡村旅游助

推脱贫攻坚观察 [N]. 2017-07-26 (12).

[237] 钟真, 余镇涛, 白迪. 乡村振兴背景下的休闲农业和乡村旅游：外来投资重要吗？[J]. 中国农村经济, 2019 (6)：76-93.

[238] 周丹初. 乡村振兴背景下乡村旅游高质量发展路径分析 [J]. 旅游纵览（下半月）, 2020 (2)：64-65.

[239] 周丽娜. 集约化视角下乡村旅游发展路径探究 [J]. 农业经济, 2016 (5)：1-32.

[240] 周玲强, 黄祖辉. 我国乡村旅游可持续发展问题与对策研究 [J]. 经济地理, 2004 (4)：572-576.

[241] 周玲强. 中国旅游发展笔谈——乡村旅游助推乡村振兴 [J]. 旅游学刊, 2018, 33 (7)：1-3.

[242] 周统钎. 乡村旅游发展的围城效应与对策 [J]. 旅游学刊, 2006, 21 (3)：8-9.

[243] 周维现. 中国欠发达县域经济发展研究 [D]. 武汉大学, 2013.

[244] 朱爱芳. 互联网视域下民族地区特色旅游商品营销策略分析 [J]. 商业经济研究, 2016 (18)：77-78.

[245] 朱虹. 论旅游商品发展的标准、重点及路径 [J]. 企业经济, 2015 (11)：5-8.

[246] 朱建江. 乡村振兴与乡村旅游发展：以上海为例 [J]. 上海经济, 2017 (6)：17-24.

[247] 朱显平, 姜杨. 乡村振兴战略下吉林省乡村旅游的发展逻辑、障碍及路径选择 [J]. 延边大学学报（社会科学版）, 2019, 52 (4)：89-95.

[248] 卓毓淼：截至 2018 年底, 全省铁路里程达到 3598 公里 [EB/OL]. http：//news. gog. cn/system/2019/06/21/ 017282206. shtml, 2020-03-18.

[249] 左冰, 万莹. 去内卷化：乡村旅游对农业发展的影响研究 [J]. 中国农业大学学报（社会科学版）, 2015 (4)：23-32.

［250］左晓斯. 可持续乡村旅游研究：基于社会建构论的视角［M］. 社会科学文献出版社，2010.

［251］2018 年 1-12 月西南地区机场生产统计简报［EB/OL］. http：//info.swcaac.gov.cn/sctj/Manage/SimpleReport/SimpleMian.aspx? Id = 18872，2019-05-21.

［252］2018 年全国休闲农业和乡村旅游营业收入超过八千亿元［EB/OL］. http：//country.people.com.cn/n1/2019/0214/c419842-30674249.html，2020-2-20.